BELIN sup

Géographie

W0395982

L'outre-mer français

Un espace singulier

Jean-Christophe **GAY**

BELIN
8, rue Férou 75278 Paris cedex 06
www.editions-belin.com

La géographie aux Éditions Belin

Collection « BelinSup Géographie »

Isabelle Sacareau, *La montagne.*
Christine Zanin, Marie-Laure Trémélo, *Savoir faire une carte.*
Michel Goussot, *Espaces et territoires aux États-Unis.*
Claude Cosandey (éd) et *alii*, *Les eaux courantes, géographie et environnement.*
Mathis Stock (coordination), *Le Tourisme.*
Denis Lamarre (sous la direction de), *Les risques climatiques.*
Bernadette Mérenne-Schoumaker, *Géographie de l'énergie.*

Collection « Atouts Géographie »

Philippe Cadène, *Le commentaire de cartes et de documents géographiques.*
Alain Barré, Philippe Deboudt, Patrick Picouet, *Réussir ses études en géographie.*
Pierre Dumolard, Nathalie Dubus, Laure Charleux, *Les statistiques en géographie.*
Jean-Louis Chaléard, Jean-Paul Charvet, *Géographie agricole et rurale.*
Jean-François Deneux, *Histoire de la pensée géographique.*
Pierre-Jean Thumerelle, Virginie Dufossé, *Géographie du peuplement et des migrations.*

Collection « Mémentos Géographie »

Claude Mangin, *L'Allemagne.*
Yves Boquet, *Les États-Unis.*
Jacques Guillaume, *La France dans l'Union européenne.*
Natacha Aveline, *Le Japon.*
Yannick Lageat, *Les milieux physiques continentaux.*
Claude Mangin, *Le Royaume-Uni.*
Jacques Fache, *Les mutations industrielles.*
Yves Guermond, *La Chine.*

Hors collection

Jacques Lévy, Michel Lussault et *alii*, *Dictionnaire de la géographie et de l'espace des sociétés.*
Michel Foucher (sous la direction de), *Asies nouvelles. Atlas géopolitique.*

En couverture : Les îles Glorieuses, © Jean-Christophe Gay

Cartographie : Bernard Sullerot

ISSN 1158-3762 ISBN 978-2-7011-4889-2

À Marc et Marie-France

Remerciements

Je remercie vivement tous ceux qui, à titre amical, m'ont aidé dans la rédaction de cet ouvrage, particulièrement Jean-François Dupon, qui a eu la gentillesse de relire mon manuscrit, Yves Jacquier, qui n'a cessé de répondre à mes questions sur la Nouvelle-Calédonie et m'a accueilli à Nouméa, Henry Godard, Martine et René-Paul Cheung-Hoï-Ping qui m'ont aidé et hébergé aux Antilles et à la Réunion. Je tiens à témoigner ma reconnaissance à Olivier et Djamila Agussan en Polynésie française, à Fabien Brial et à François Taglioni à la Réunion. Mes remerciements vont aussi à Hervé Bacheré, chef de l'antenne INSEE de Mayotte, à Louise Amo de l'Institut statistique de Polynésie française (ISPF), à Frédéric Angleviel et Christian Jost de l'université de Nouvelle-Calédonie, à Jean-Claude Roux de l'IRD, à M. et Mme Messager de Rangiroa (Polynésie française).

Introduction

« DOM-TOM », « France du lointain », « France d'outre-mer », « outre-mer(s) français », autant d'appellations cherchant à nommer avec plus ou moins de bonheur un ensemble de terres n'appartenant pas au continent européen et sous souveraineté française. Parmi celles-ci, « DOM-TOM », apparu il y a une trentaine d'années, doit sûrement son rapide succès à sa brièveté, mais pas seulement. Sa sonorité onomatopéique, rappelant les tam-tams africains, permet d'associer tout de suite à ces sigles, mués en nom composé courant, des images tropicales voire coloniales, représentations surannées mélangeant paysages exotiques et esclavage. On aurait pu aussi reprocher à « DOM-TOM » d'avoir oublié ces îles qui n'étaient ni des départements d'outre-mer, ni des territoires d'outre-mer, tels Mayotte, Saint-Pierre-et-Miquelon, Clipperton ou les Îles éparses, les Terres australes et antarctiques françaises. Mais s'il faut désormais laisser de côté « DOM-TOM » puisque la révision constitutionnelle de 2003 a supprimé les TOM, force est d'avouer que les solutions de rechange, plus justes, n'ont pas pour elles la concision et peuvent être considérées par des non-spécialistes comme des périphrases, signes d'une certaine préciosité. D'aucuns penseront que « France du lointain » ou « France d'outre-mer » ne sont que des euphémismes de « colonie » et ils n'auront peut-être pas tout à fait tort. Mais le mot, après la critique du colonialisme, est devenu infréquentable. Nous le laisserons aux historiens et préférerons la locution adverbiale « outre-mer » et l'adjectif « ultramarin ». C'est d'ailleurs aussi le choix de l'État, qui créa un « ministère de la France d'Outre-mer » en 1946, à la place du ministère des Colonies, et un « ministère de l'Outre-mer » en 1962.

« Outre-mer » évoque d'abord l'espace marin. Cette France est liée à l'histoire navale : dès 1710 le Bureau des colonies dépendit du département de la Marine et, pendant presque tout le XIXe siècle, du secrétariat d'État à la Marine[1]. Beaucoup d'administrateurs coloniaux étaient des officiers de marine. Les dispositions adoptées lors des onze sessions de la troisième conférence des Nations unies sur le droit de la mer, entre 1973 et 1982, créant des zones économiques exclusives (ZEE) de 200 milles nautiques, réactivèrent ce lien, en circonscrivant un domaine marin de près de 11 millions de km^2 autour des terres françaises extramétropolitaines, dont les deux tiers dans l'océan Pacifique. Pour certains, l'avenir de la France d'outre-mer est dans sa ZEE. Dans un tout autre domaine, les langues créoles sont aussi symptomatiques de ce rapport étroit à la mer avec la conservation de nombreux termes de la marine à voile dans le vocabulaire courant, comme à la Réunion « amarrer » pour attacher, « guetter » pour regarder, « souquer » pour tirer ou sauter. Il y a aussi dans « outre-mer » l'idée d'éloignement, mais c'est une notion toute relative. Quand, vers 1930, il fallait près d'un mois et demi pour se rendre d'Europe en Nouvelle-Calédonie, il faut moins de 24 heures aujourd'hui. Enfin, « outre-mer » correspond à un certain point de vue, celui d'un observateur situé en métropole, c'est-à-dire la partie européenne du territoire français. Cette dénomination, exogène à l'outre-mer lui-même, rappelle qu'on ne peut comprendre cet ensemble sans analyser ses relations avec la métropole et que celles-ci sont depuis toujours très dissymétriques et largement exclusives. Si l'empire colonial français et aujourd'hui l'outre-mer n'ont eu que des effets modérés sur le développement métropolitain, hormis quelques ports tel Marseille, l'outre-mer a été très largement façonné par la métropole. Colonisées, peuplées, administrées, exploitées et aujourd'hui assistées, nos possessions ultramarines sont le produit de cet acteur dominant, auquel on continue toujours de se référer et de recourir. Assurément, celui-ci n'a pas eu partout le même rôle et Mayotte doit moins à la métropole que la Martinique ou que la Réunion. Il n'empêche qu'une géographie de l'outre-mer français ne peut faire l'économie de ce lien, à tel point étroit encore aujourd'hui que les rapports avec les États proches restent ténus et qu'entre elles ces terres françaises ont des relations médiocres, parfois teintées de jalousie et de rivalité.

Quoique la France d'outre-mer soit synonyme de paradis tropical pour nombre de nos concitoyens, rêvant d'y séjourner en vacances ou de s'y installer, l'influence prépondérante de la métropole pose la question de l'exotisme de l'outre-mer français pour un métropolitain. Sûrement, pour celui qui ne connaît pas le monde tropical, la première arrivée à Papeete ou à Cayenne sera un choc. Odeurs, couleurs, chaleur se mêleront pour donner une impression de dépaysement. Mais pour celui qui connaît, l'outre-mer français ressemble étrangement à la métropole. L'impression d'altérité laisse place à un curieux sentiment de ressemblance. Entre l'aéroport et son hôtel, le voyageur fatigué reconnaîtra les mêmes enseignes commerciales qu'en métropole, les mêmes stations-service, la même signalisation routière, les mêmes véhicules, le même mobilier urbain, etc. Manifestement, là encore, tout l'outre-mer français ne peut être confondu et Pointe-à-Pitre ressemble peu à Mata-Utu. On pourrait d'ailleurs s'amuser à élaborer un indice d'altérité ou d'exotisme et le calculer pour chaque département ou territoire, les résultats ne seraient pas inintéressants. Dans un monde où les destinations touristiques tropicales sont de plus en plus nombreuses et où la concurrence ne cesse de s'intensifier, les départements d'outre-mer ont quelques soucis à se faire, car ils ressemblent de plus en plus à la métropole et peuvent de moins en moins jouer sur leur exotisme. Leur tropicalité – 94 % de la superficie de la France d'outre-mer et 99,7 % de sa population sont compris entre 18° 8' Nord et 28° Sud – constitue encore leur fonds de commerce, mais elle est grignotée par leur « francité » croissante. Aujourd'hui, la géographie de la France d'outre-mer est de moins en moins déterminée par le cadre physique, bien que celui-ci n'ait pas perdu toute son importance. C'est la relation à la métropole qui nous semble être l'élément majeur pour comprendre cet ensemble disparate et éparpillé sur lequel le soleil ne se couche jamais, pour reprendre la formule qui qualifiait l'Empire britannique (doc. 1). Ainsi, la question des statuts de ces terres, régissant leur rapport avec la métropole et désormais avec l'Union européenne, est au cœur du sujet.

La France d'outre-mer actuelle représente bien peu de choses par rapport à l'Empire qu'on exhibait glorieusement à l'Exposition coloniale internationale de 1931 à Paris. À ce moment-là, les possessions françaises couvraient 12 millions de km^2 et comptaient près de 70 millions d'habitants. On en est bien loin aujourd'hui avec 2,6 millions d'habitants estimés en 2008 – l'équivalent du Languedoc-Roussillon ou de la Lorraine – et environ 120 000 km^2 (doc. 2), en excluant la Terre-Adélie, sur laquelle la France n'a qu'une souveraineté limitée depuis la signature, en 1959, du traité de l'Antarctique. Pour cette raison, et parce que la souveraineté des « États possessionnés » ne cesse de se réduire, suite notamment au protocole de Madrid (1991) sur la protection de l'environnement, interdisant notamment toute activité relative aux ressources minérales pendant 50 ans, nous n'étudierons pas la Terre-Adélie dans cet ouvrage. Après l'hémorragie des années 1950 et du début des années 1960, avec la décolonisation principalement de l'Indochine, de Madagascar, de l'Afrique occidentale française (AOF), de l'Afrique équatoriale française (AEF) et de l'Algérie, la France perdit encore 37 000 km^2 et plus de 400 000 habitants entre 1975 et 1980 : indépendances de la République fédérale islamique des Comores (ex Territoire d'outre-mer des Comores amputés de Mayotte, restée française), de la république de Djibouti (ex Territoire français des Afars et des Issas – TFAI – et antérieurement Côte française des Somalis) et du Vanuatu (ex condominium franco-britannique des Nouvelles-Hébrides).

Depuis plus de vingt ans, la configuration de la France d'outre-mer n'a pas bougé. En revanche, les évolutions statutaires sont notables et l'on s'achemine vers des statuts à la carte : les départements français d'Amérique (DFA) se différencient de la Réunion ; à la suite des accords de Nouméa de 1998, la Nouvelle-Calédonie est dotée d'un statut particulier ; la révision constitutionnelle de 2003 a créé les collectivités d'outre-mer (COM), à la place des TOM.

Si lointains et si proches, tels apparaissent aujourd'hui ces petits morceaux disséminés de France, regroupant un 1/25 de sa population. Cet ouvrage tâchera de comprendre cette ambivalence en insistant sur les processus à l'œuvre dans la construction de cet espace géographique original qu'est la France d'outre-mer. Toutefois, nous ne perdrons pas de vue le risque de trop schématiser et de préférer le général au particulier, tant la diversité culturelle et naturelle de cet ensemble est

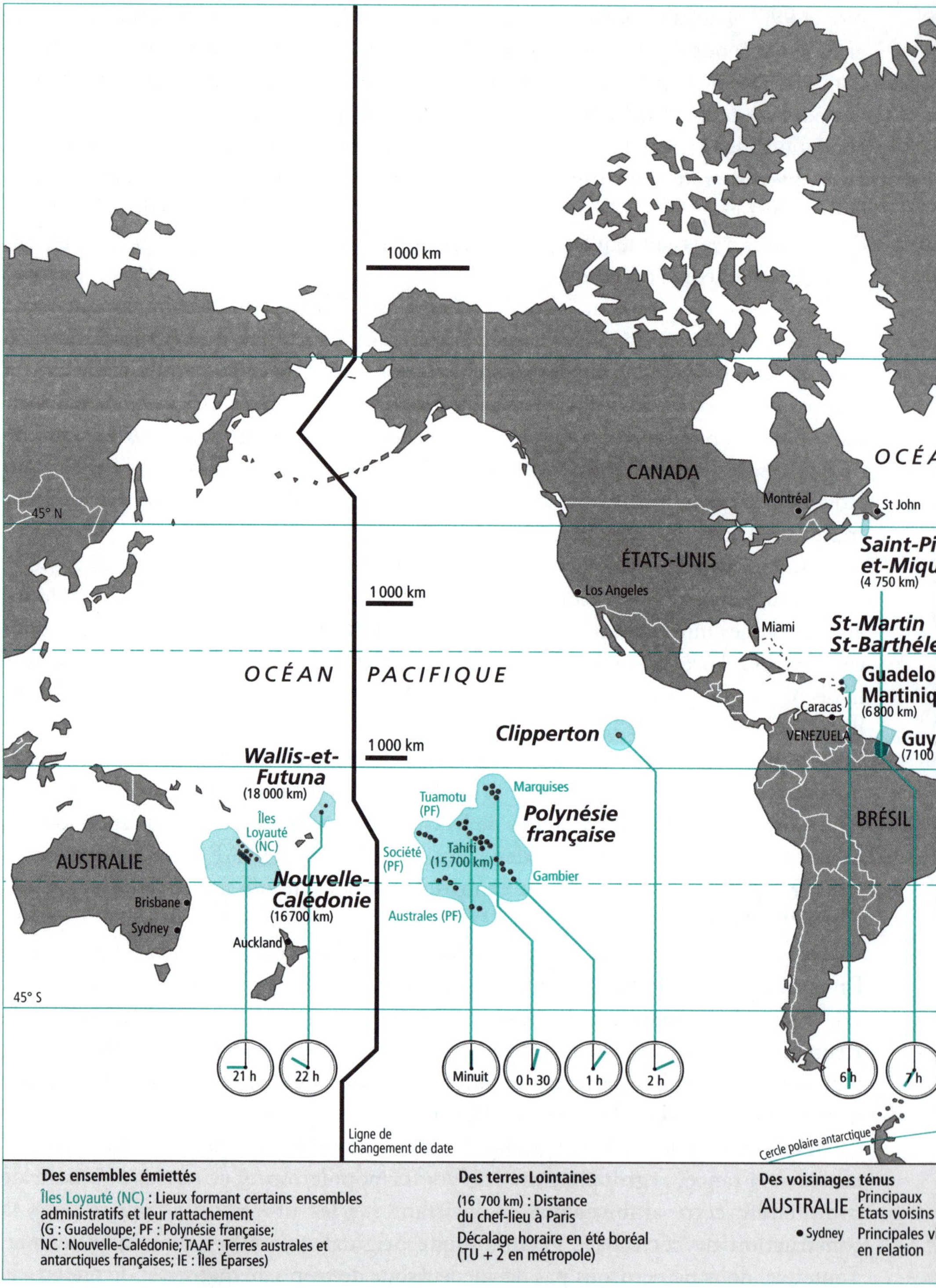

Des ensembles émiettés

Îles Loyauté (NC) : Lieux formant certains ensembles administratifs et leur rattachement
(G : Guadeloupe; PF : Polynésie française; NC : Nouvelle-Calédonie; TAAF : Terres australes et antarctiques françaises; IE : Îles Éparses)

Des terres Lointaines

(16 700 km) : Distance du chef-lieu à Paris

Décalage horaire en été boréal (TU + 2 en métropole)

Des voisinages ténus

AUSTRALIE Principaux États voisins

• Sydney Principales vil en relation

Document 1 : La France d'outre-mer, fractionnement et dispersion.

cercle polaire arctique
45° N
Tropique du Cancer
Équateur
Tropique du Capricorne
45° S
.TLANTIQUE
Îles Éparses
1 Tromelin
2 Îles Glorieuses (IE)
3 Juan de Nova (IE)
4 Bassa da India (IE)
5 Europa (IE)
Mayotte
Réunion
(9 300 km)
OCÉAN
INDIEN
MADAGASCAR
AUSTRALIE
Brisbane
Sydney
NOUVELLE-
ZÉLANDE
Auckland
Nlle-Amsterdam
St-Paul (TAAF)
Crozet
(TAAF)
15 h
Terres
australes et
antarctiques
françaises
Kerguelen
(TAAF)
(12 600 km)
20 h
Terre Adélie
(TAAF)
Midi
TU + 2
en été boréal
13 h
14 h
Des statuts différents
Réunion Département d'outre-mer
Polynésie française Autres statuts
ZEE
(zone économique exclusive)

grande. Notre navigation intellectuelle tentera de passer entre ces deux écueils de la géographie, en ne tombant pas de «*caraïbe en syllabe*», plaisante déformation de la célèbre expression due à Balzac[2]. En conséquence, cet ouvrage débutera par une analyse de la manière dont a été produit l'espace ultramarin français au travers de son appropriation, de sa mise en valeur, en relation avec ses caractéristiques physiques, et de sa gestion. À la suite de cette partie générale, nous aborderons la variété de la France d'outre-mer à deux niveaux. Tout d'abord, en distinguant ces contrées en considération de leur statut, avec le contraste fondamental entre les DOM et le reste; ensuite, à une échelle plus fine, en analysant leur organisation spatiale à partir du fait urbain et des espaces laissés à l'écart.

Document 2 : La France d'outre-mer aujourd'hui.

	Superficie (km^2)	Population au dernier recensement (ou à la dernière estimation)	Densité de population (hab./km^2)
Guadeloupe**	**1705**	**452 000 (E 07)**	**265**
dont Basse-Terre	848	172 693 (R 99)	204
Grande-Terre	590	196 767 (R 99)	334
Marie-Galante	158	12 009 (R 06)	76
Les Saintes	13	2 883 (R 05)	222
La Désirade et l'île de la Petite-Terre	22	1 620 (R 99)	74
Guyane	**83 534**	**210 000 (E 07)**	**2,5**
Martinique	**1 128**	**403 000 (E 07)**	**357**
La Réunion	**2 512**	**784 000 (E 06)**	**312**
Total DOM**	**88 879**	**1 849 000 (E 07)**	**21**
Saint-Martin (partie française)	53	29 078 (R 99)	549
Saint-Barthélemy	21	8 450 (R 07)	402
Nouvelle-Calédonie	**18 600 env.**	**244 600 (E 08)**	**13**
dont la Grande Terre	16 373	205 939 (R 04)	12
Îles Loyauté	1 981	22 080 (R 04)	11
Île des Pins	152	1 840 (R 04)	12
Îles Belep	70	930 (R 04)	13
autres îles	?	0	0
Polynésie française	**3 814**	**259 596 (R 07)**	**68**
dont Tahiti	1 042	178 133 (R 07)	171
autres Îles du Vent (Moorea, Maiao…)	145	16 490 (R 07)	114
Îles Sous-le-Vent	398	33 184 (R 07)	83

Îles Marquises	1274	8632 (R 07)	7
Îles Australes	145	6310 (R 07)	44
Îles Tuamotu-Gambier	810	16847 (R 07)	21
Wallis-et-Futuna	**142**	**14944 (R 03)**	**105**
dont Wallis	78	10071 (R 03)	129
Archipel de Horn (Futuna et Alofi)	64	4873 (R 03)	76
Terres australes et antarctiques	**7391***	**Population non permanente**	–
Mayotte	**374**	**186452 (R 07)**	**498**
Saint-Pierre-et-Miquelon	**242**	**6125 (R 06)**	**25**
dont Saint-Pierre	30	5509 (R 06)	184
Miquelon et Langlade	212	616 (R 06)	3
Îles Éparses	**44**	**Population non permanente**	–
Clipperton	**2**	**0**	**0**
TOTAL non DOM	**30662**	**749245**	**23**
TOTAL GÉNÉRAL	**119500 env.**	**2600000 env.**	**21**

E = estimation, R = recensement, 07 = année de l'estimation ou du recensement

* La Terre-Adélie n'est pas prise en compte.
** Avec Saint-Martin et Saint-Barthélemy.

Les chiffres des superficies varient assez sensiblement suivant les sources. Ainsi, on trouve encore dans des publications récentes les chiffres de 90000 ou 91 000 km^2 pour la Guyane, alors que depuis 1960 l'INSEE et les services du Cadastre ont abouti à un chiffre de 83 534 km^2 ; l'IGN, quant à lui, après numérisation de sa carte au 1/500000, donne une surface de 83 992 km^2. Cette différence entre la superficie exacte, inférieure à 84000 km^2, et les 91 000 km^2 provient d'une erreur du Service géographique des colonies qui plaça sur une carte au 1/500000, éditée en 1926, « les sources » du fleuve Oyapock, à la frontière avec le Brésil, 70 km trop au sud, ce qui eut pour conséquence d'agrandir artificiellement le territoire guyanais. On remarque le même flottement dans le Pacifique, notamment à propos de Wallis-et-Futuna, généralement indiqué entre 250 et 280 km^2. Suite à un planimétrage de F. Sodter (ORSTOM), à partir des cartes au 1/25000, on aboutit à une superficie totale de seulement 142 km^2. Une source d'erreurs semble être la prise en compte fautive des étendues lagonaires dans le calcul des surfaces de certaines îles. Sur le sujet, on peut se reporter à l'article de F. Angleviel : « Notule sur les superficies des TOM français du Pacifique », *Bulletin de la SEHNC*, 1996, n° 107, pp. 63-70. En dépit de nos précautions, des incertitudes persistent, spécialement pour la Polynésie française. En outre, nous sommes dans l'ignorance des superficies des petites îles de la Nouvelle-Calédonie (Walpole, Hunter, Matthew, etc.). Force est donc de constater que personne n'est capable de donner la superficie exacte de la France d'outre-mer.

Chapitre 1

La production de l'espace ultramarin français

L'espace géographique est une construction humaine. Il est produit et organisé par une communauté, des individus. Dans le cas de la France d'outre-mer, les compagnies à charte, qui détenaient une sorte de concession de service public, puis l'État ont été les acteurs fondamentaux qui ont structuré ces espaces et façonné jadis, souvent dans la douleur, des sociétés originales. Nous nous attacherons dans cette première partie à décortiquer l'espace ultramarin actuel, en particulier sous l'angle des actions humaines (appropriation, exploitation, administration…), sans omettre cependant les milieux physiques qui sont également intervenus comme facteurs d'organisation.

I. Un domaine tardivement occupé par l'homme

À l'échelle de l'histoire de l'humanité, les différents morceaux composant la France d'outre-mer ont été occupés très récemment. Ce sont des lieux en marge des grands courants migratoires préhistoriques, par leur insularité ou par leur éloignement des premiers foyers occupés par l'homme. L'arrivée des Européens constitue un événement capital pour cet ensemble, qu'il soit habité ou inhabité à ce moment-là.

1 La période précoloniale

a. Les contrées habitées

Des civilisations anciennes ont occupé et exploité certains territoires, mais il n'est pas facile de reconstituer leur mise en place. Des chasseurs auraient vécu sur le territoire de l'actuel Surinam il y a environ 10 000 ans, mais c'est bien plus tard qu'arriva l'essentiel des populations amérindiennes actuelles. Les Arawak, venant de l'Amazonie centrale, se rendent jusqu'aux bouches de l'Orénoque. Là, ils se divisent, pour cheminer soit vers le nord, dans les Antilles, soit vers l'est, le long de la côte guyanaise. On peut dater leur installation en Guyane française au tout début de notre ère et ils durent rencontrer des Paléo-Indiens. Ceux qui se sont dirigés vers le nord sautent d'île en île et on trouve leurs traces vers la fin du premier siècle de notre ère à la Martinique, jusqu'alors inhabitée. En Guyane, une autre population, les Karib, s'installe majoritairement vers l'an 900, mais d'autres arrivent plus tard et l'on peut opposer les Karib de type Galibi, sur la côte, au Karib de type Wayana, dans l'intérieur. Peu avant la conquête européenne, ce fut au tour des Tupi-Guarani de s'installer. La situation ethnique est donc complexe et mouvementée lorsque les Européens débarquent, car une lutte ancestrale oppose les Arawak aux Karib-Galibi. Aux Petites-Antilles, des Indiens de culture caraïbe, partis comme les Arawak du Venezuela, s'installent à partir de l'an 800 et provoquent le déclin de la civilisation Arawak.

Saint-Pierre-et-Miquelon, la Nouvelle-Calédonie et Wallis-et-Futuna ont aussi été peuplés avant notre ère, vers 2000-1400 av. J.-C., le premier par des populations Inuit puis probablement par des indiens Béothuks de Terre-Neuve, les derniers par des navigateurs venus du Nord de la Mélanésie, spécialement des îles Salomon. Dans l'océan Pacifique, pendant plus d'un millénaire, la progression de l'homme vers l'est va être interrompue. Relativement isolée de la Mélanésie au cours de cette période, la population de l'ensemble Samoa-Tonga se différencie progressivement des Mélanésiens et forge son identité polynésienne, puis reprend son mouvement vers l'est pour atteindre d'abord les îles Marquises et l'archipel de la Société, vers le IIIe siècle de notre ère, avant de découvrir les archipels voisins (Australes, Tuamotu, Cook) et enfin les trois sommets du « triangle polynésien » : Hawaii et l'île de Pâques vers 400, la Nouvelle-Zélande vers 800 (doc. 3). Cependant, les spécialistes ne sont pas tous d'accord sur l'occupation de l'actuelle Polynésie française, notamment sur les dates et la question du premier archipel oriental peuplé, certains remettant en cause l'antériorité de la découverte des Marquises.

Si l'Océanie n'a été colonisée que par un seul groupe humain, il n'en va pas de même de l'archipel comorien, probablement occupé d'abord par des Bantous, eu égard à la proximité des côtes mozambicaines qui ne sont qu'à 300 km. Mais un certain nombre d'éléments plaide aussi pour un ancien peuplement venu soit directement d'Indonésie soit après une étape à Madagascar. Les premières traces de cette occupation ancienne datent du VIe siècle de notre ère. Par ailleurs, les navigateurs arabes utilisent ces îles comme escale et il est très probable qu'il y eut, entre le Xe et le XVIe siècle, plusieurs vagues de peuplement musulman, en particulier de la péninsule arabique et d'Iran, précisément de Chiraz. Prospère au XVIe et au XVIIe siècle, grâce au commerce très actif dans cette zone de l'océan Indien, l'archipel subit de nombreuses razzias malgaches à partir de la deuxième moitié du XVIIIe siècle, ce qui conduit les sultans à

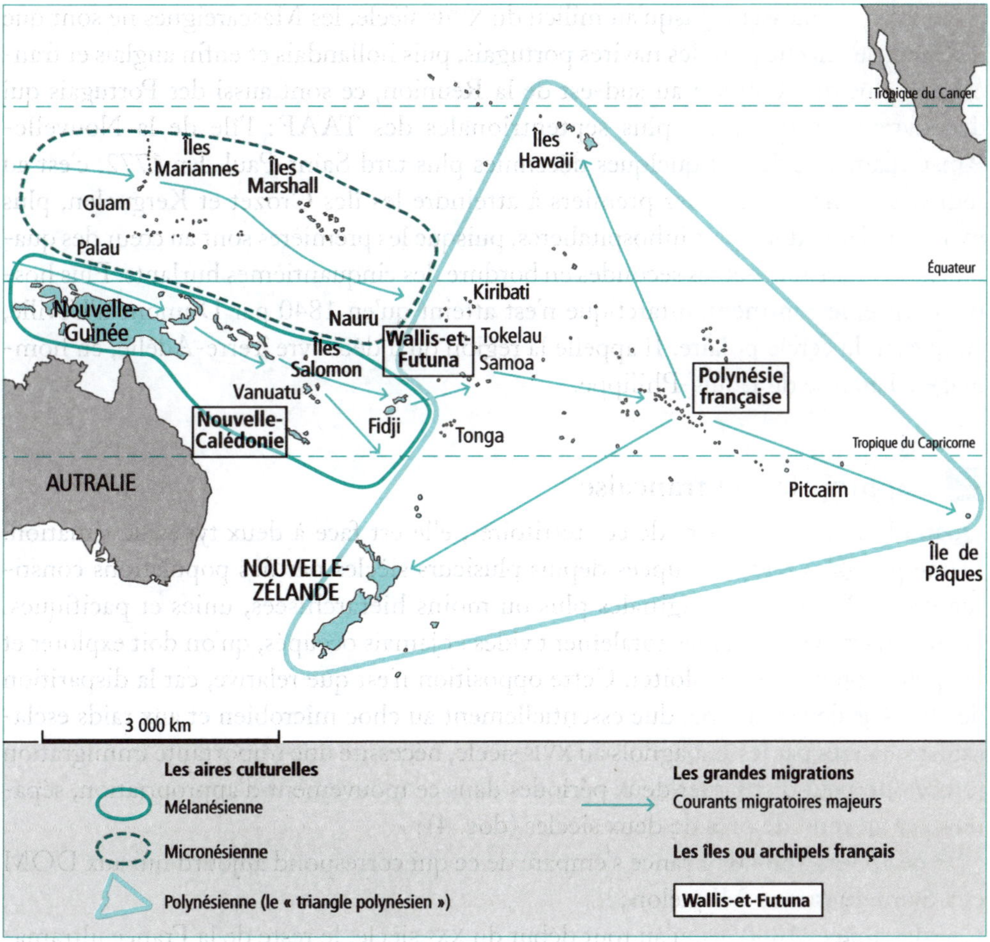

Document 3 : Mise en place et diversité des populations océaniennes.

rechercher la protection des grandes puissances et précipite la colonisation. Cette histoire confuse explique le caractère métissé de la population mahoraise et sa conversion à l'islam.

b. Les contrées inhabitées

À 600 km des côtes orientales malgaches, la Réunion est difficile d'accès quand on vient de l'ouest, puisqu'il faut lutter contre les alizés. Vers l'est, hormis les deux autres îles des Mascareignes, la terre la plus proche est l'Australie, à plusieurs milliers de kilomètres. En conséquence, l'île est restée déserte très longtemps. Ce sont les Portugais, dans les premières décennies du XVIe siècle, qui la découvrent. Toutefois, la carte de Cantino de 1502, dessinée d'après les indications d'un navigateur musulman, mentionne trois petites îles à l'Est de Madagascar, ce qui laisse entendre que les

Arabes les connaissent. Jusqu'au milieu du XVIIe siècle, les Mascareignes ne sont que des lieux de relâche pour les navires portugais, puis hollandais et enfin anglais et français. À plus de 2000 km au sud-est de la Réunion, ce sont aussi des Portugais qui découvrent les terres les plus septentrionales des TAAF : l'île de la Nouvelle-Amsterdam en 1522 et quelques décennies plus tard Saint-Paul. En 1772, c'est au tour des Français d'être les premiers à atteindre les îles Crozet et Kerguelen, plus méridionales et donc plus inhospitalières, puisque les premières sont au cœur des quarantièmes rugissants et les secondes en bordure des cinquantièmes hurlants. Plus hostile encore, le continent antarctique n'est atteint qu'en 1840 par Dumont d'Urville, au niveau du cercle polaire. Il appelle la région qu'il découvre Terre-Adélie, en hommage à l'épouse de Louis-Philippe.

2 L'appropriation française

Quand la France s'empare de ces territoires, elle est face à deux types de situation. D'une part, des terres occupées depuis plusieurs siècles par des populations constituant des civilisations originales plus ou moins hiérarchisées, unies et pacifiques. D'autre part, des domaines totalement vides et jamais occupés, qu'on doit explorer et peupler si on veut les exploiter. Cette opposition n'est que relative, car la disparition des Indiens de la Caraïbe, due essentiellement au choc microbien et aux raids esclavagistes opérés par les Espagnols au XVIe siècle, nécessite une importante immigration forcée. On peut distinguer deux périodes dans ce mouvement d'appropriation, séparées par un répit de près de deux siècles (doc. 4) :

– de 1536 à 1664, la France s'empare de ce qui correspond aujourd'hui aux DOM et à Saint-Pierre-et-Miquelon ;

– des années 1840 jusqu'au tout début du XXe siècle, le reste de la France ultramarine actuelle est annexé, la Terre-Adélie exceptée.

a. Les conquêtes d'Ancien Régime (XVIe et XVIIe siècles)

C'est avec François Ier que débute, timidement, l'histoire coloniale française. Jacques Cartier prend possession des îles Saint-Pierre-et-Miquelon en 1536, au retour de son deuxième voyage au Canada. Ces explorations n'apportent pas les richesses escomptées et l'on dit bientôt « *Faux comme diamants de Canada* ». Le premier véritable homme d'État français d'esprit colonial est l'amiral Coligny, qui pense fonder des lieux de refuge ultramarins pour les protestants, mais les installations en baie de Rio de Janeiro et en Floride, dans les années 1550-1560, se soldent par des échecs et ne laissent aucunes traces. L'année 1626 marque le début d'une période de conquêtes, avec l'arrivée de Richelieu au poste de « grand maître, chef et surintendant général de la navigation et du commerce de France ». Pour le cardinal, la politique coloniale cherche avant tout à affaiblir les rivaux espagnols, anglais et hollandais. Il s'agit de les contrer sans qu'il y ait un réel plan d'ensemble. Il crée des écoles d'hydrographie, organise un système de recrutement des matelots et constitue un corps d'officiers. Sous son

Document 4 : L'appropriation de la France d'outre-mer.

	Date de la première prise de possession	Périodes d'occupation étrangère ou de non appartenance à la France
Saint-Pierre-et-Miquelon	1536	À la Grande-Bretagne de 1713 à 1763, de 1778 à 1783, de 1794 à 1802, de 1803 à 1814 et en 1815
Martinique	1635	À la Grande-Bretagne de 1762 à 1763, de 1794 à 1802, de 1809 à 1814 et en 1815
Basse-Terre et Grande-Terre (Guadeloupe)	1635	À la Grande-Bretagne de 1759 à 1763, en 1794, de 1810 à 1814 et de 1815 à 1816
Les Saintes, La Désirade et Marie-Galante	1648	À peu près comme pour la Basse-Terre et la Grande-Terre
Saint-Martin (partie française)	1648	Plusieurs changements de mains au XVIIIe siècle
Saint-Barthélemy	1648	À la Suède de 1784 à 1878
La Réunion	1638	À la Grande-Bretagne de 1810 à 1815
Guyane	1664	Au Portugal de 1809 à 1817
Mayotte	1843	
Crozet et Kerguelen (TAAF)	1772 et 1893 (officiellement)	
Nouvelle-Amsterdam et Saint-Paul (TAAF)	1843 (officieusement) et 1893 (officiellement)	
Îles Marquises (PF)	1842 (annexion)	
Tahiti, Moorea, Tuamotu, Tubuai (PF)	1842 (protectorat) et 1880 (annexion)	
Îles Sous-le-Vent (PF)	1842 (protectorat) et 1888 (annexion)	Indépendantes de 1847 à 1888
Gambier (PF)	1844 (protectorat) et 1881 (annexion)	
Raivavae (PF)	1861 (protectorat) et 1880 (annexion)	
Rapa (PF)	1867 (protectorat) et 1881 (annexion)	
Rurutu (PF)	1889 (protectorat) et 1900 (annexion)	
Rimatara (PF)	1889 (protectorat) et 1901 (annexion)	
Grande Terre et Île des Pins (NC)	1853	
Îles de Lifou et de Maré (NC)	1864	
Île d'Ouvéa (NC)	1865	
Wallis-et-Futuna	1887	
Tromelin	1761	À la Grande-Bretagne de 1810 à 1815
Clipperton	1858	
Glorieuses (IE)	1892	
Autres Îles Éparses	1897	
Terre-Adélie (TAAF)	1938	Depuis 1959, statut international

Source : élaboration de l'auteur.

patronage, des financiers français fondent la *Compagnie des îles d'Amérique* qui organise la colonisation de la Guadeloupe et de la Martinique en 1635. Ces îles, découvertes par Christophe Colomb respectivement en 1493 et 1502, étaient négligées par les Espagnols. Il n'est donc pas difficile de s'en emparer, contrairement à Saint-Martin où, en 1648, Hollandais et Français signent le traité du mont Concorde pour se partager l'île. En regard à la Martinique et à la Guadeloupe surtout, le développement de la Guyane reste très limité et se réduit à la région de Cayenne. Il faut attendre 1709 et l'action des Jésuites pour que des missions soient créées à l'extérieur de l'île de Cayenne et ce n'est qu'en 1725 que le poste de l'Oyapock est réoccupé. Un fort y est construit pour contrer les empiétements portugais. Dans le sud de l'océan Indien, Hollandais et Français se partagent sans grande rivalité les trois îles inhabitées des Mascareignes : Mauritius (Maurice) en 1598 pour les premiers ; la Réunion (nommée d'abord Mascarhène puis île Bourbon) et Rodrigues, respectivement en 1638 et 1642, par les seconds.

Malgré les pertes enregistrées au traité d'Utrecht (1713), ce premier empire colonial français, qui comprend – outre les quatre DOM actuels et Saint-Pierre-et-Miquelon – les pays du Saint-Laurent et les Lacs, la Louisiane, la moitié de Saint-Domingue, Rodrigues, des établissements au Sénégal et comptoirs en Inde, reste plus vaste que celui de Grande-Bretagne. En retard sur l'Espagne, le Portugal et les Provinces-Unies, mais en pleine expansion économique, les deux pays se livrent une lutte acharnée à partir de 1755 (guerre de Sept Ans), qui s'achève par une victoire britannique éclatante et par le traité de Paris en 1763. Au cours de ce conflit, la Martinique et la Guadeloupe sont occupées par les Britanniques, alors que la Guyane et la Réunion restent à l'écart. Si la Grande-Bretagne rétrocède Saint-Pierre-et-Miquelon, la France doit abandonner ses terres d'Amérique du Nord. Elle recouvre néanmoins la Martinique et la Guadeloupe, dont l'importance augmente. En 1784, la France cède Saint-Barthélemy à la Suède en échange de privilèges commerciaux dans l'important port de Göteborg. De 1793 à 1815, les possessions d'outre-mer connaissent à nouveau une histoire mouvementée. Les Britanniques occupent à plusieurs reprises les îles antillaises, leur pression sur les Mascareignes est permanente. Ils s'emparent de l'île Rodrigues en 1809 et administrent la Réunion de 1810 à 1815, à la suite de la bataille de Saint-Denis. En Guyane, les Portugais, aidés des Anglais, prennent Cayenne en 1809 et occupent la colonie durant huit ans. Les traités de Paris de 1814 et 1815 restituent à la France ses possessions de 1792, à l'exception de Tobago, Sainte-Lucie, Maurice, Rodrigues et les Seychelles. Le domaine colonial est réduit et ruiné.

Cette première appropriation nécessite peu d'hommes. Vers 1760, la communauté d'origine européenne installée à Saint-Pierre-et-Miquelon, en Guyane, en Martinique, en Guadeloupe et à la Réunion ne compte au total que 30 000 personnes environ. Outre que la conquête se fait avec des moyens humains limités, les tropiques, à cette époque-là, sont un « *véritable mouroir* » autant pour les Blancs que pour les esclaves, selon B. Etemad[3]. Le paludisme, la dysenterie, la fièvre jaune et le choléra font des ravages. L'épisode de l'« expédition de Kourou » est particulièrement édifiant. Au milieu du

XVIIIe siècle, la Guyane est misérable. Un plan de colonisation est alors mis sur pied, reposant sur l'arrivée massive de petits colons blancs, venus surtout de Lorraine et d'Alsace. Il en vient 10000 à 12000 en 1763-1764. Maladies et épidémies sévissent rapidement, plus de la moitié meurt, quelques centaines restent, les autres sont rapatriés. Vers 1830, la mortalité des soldats français à la Guadeloupe reste cinq fois supérieure à celle en métropole, toutes choses égales par ailleurs. Les médecins sont alors persuadés de l'insalubrité des Antilles. Ainsi le docteur Dupont écrit que « *l'humidité chaude et énervante contribue à produire ces prostrations de forces, ces anxiétés précordiales, cette faiblesse, cette extrême débilité qui rend les nouveaux débarqués incapables de travail ni même de réflexion* »[4] et Mahé débute en 1875 son cours de pathologie tropicale à Brest en évoquant de manière épouvantée les Antilles : « *Là-bas, sur les rives empestées de l'Atlantique, vous rencontrerez le redoutable sphinx de la malaria, pernicieux Protée, le fantôme délirant du typhus, le spectre livide et glacé du choléra, le masque jaune du* vomito-negro. *Défiez-vous ! De la terre et des eaux s'exhale un souffle empoisonné* »[5]. La quinine est une innovation de taille au XIXe siècle et a des conséquences non négligeables sur la colonisation.

b. La seconde phase (XIXe siècle)

Même au cours de ce siècle où la France s'approprie des terres sur tous les continents, il n'y a pas eu de véritable doctrine coloniale. Seuls quelques dirigeants ont des idées conductrices, tel Guizot avec sa politique peu expansionniste des « points d'appui », c'est-à-dire des ports pour les marines de guerre et de commerce françaises. L'expédition d'Alger en 1830 est un galop d'essai pour l'armée, acteur majeur de l'expansion coloniale, à l'instar de l'église catholique, qui se livre à un combat tenace contre les missionnaires protestants, parfois en précédant les troupes. Du reste, la protection des missions catholiques sert souvent de prétexte à une intervention. En Afrique, en Extrême-Orient, dans les océans Indien et Pacifique, la France s'agrandit de toute part. À la veille de la Seconde Guerre mondiale, la France possède le deuxième plus vaste empire colonial (doc. 5).

Document 5 : Les empires coloniaux européens en 1938.

États	Superficie en millions de km²	Population en millions
Royaume-Uni	33,6	497
France	12	70
Pays-Bas	2,1	68
Italie	3,4	13
Belgique	2,4	14
Portugal	2,1	11
Espagne	0,3	1

Source : B. Etemad, *op. cit.*

Si l'achat de Mayotte en 1841, entériné par Louis-Philippe en 1843, n'a pas posé de gros problèmes et permet à la flotte de disposer d'un bon mouillage puisque l'île a un grand lagon, contrairement aux autres îles comoriennes, ce qui explique qu'elles ne seront colonisées que plusieurs décennies plus tard, il en est tout autrement dans le Pacifique. À la différence des conquêtes du XVIe et XVIIe siècle, les populations résistent souvent et le danger vient plus de l'intérieur de ces colonies que de l'extérieur. On le constate très vite dans le Pacifique oriental, avec la guerre franco-tahitienne de 1844 à 1846 et la guerre des Îles Sous-le-Vent de 1888 à 1897, ou en Nouvelle-Calédonie avec la grande révolte kanake de 1878-1879.

L'installation de la France dans ces contrées lointaines tient du souhait de se doter de points d'escale. C'est la Nouvelle-Zélande qui intéresse, tardivement, les responsables politiques. Une communauté française y est installée, mais la Grande-Bretagne, par le traité de Waitangi en 1840, en prend possession. Il faut donc chercher ailleurs. L'amiral Dupetit-Thouars choisit les îles Marquises et les annexe sans difficulté en 1842. Toutefois, très vite, cet archipel est délaissé au profit de Tahiti où il y a de plus en plus d'Européens. La dynastie des Pomare y règne et après l'acceptation d'un protectorat en 1842, les relations s'enveniment entre les autorités françaises et la reine Pomare IV, conduisant à un conflit qui dura plus de deux ans et qui se solda par l'acceptation définitive du protectorat. En dehors des Îles du Vent, la présence française est très discrète. Il faut, par exemple, attendre 1864 pour que l'administration s'installe au Tuamotu et la défaite de 1870 n'arrange rien. La France laisse échapper à ce moment-là un certain nombre d'îles, telles les Cook, les Hawaii ou l'île de Pâques, alors que la reine demande son annexion à la France en 1872 ! Toutefois, et non sans mal, les Établissements français de l'Océanie (EFO) – rebaptisés Polynésie française en 1957 en dépit des contestations locales arguant justement de ce que Wallis-et-Futuna est aussi dans l'aire polynésienne – regroupent au début du siècle dernier quatre archipels (Société, Tuamotu-Gambier, Marquises et Australes). C'est souvent par crainte d'une appropriation étrangère que les gouvernements français se décident à agir. Les visées allemandes sur les Îles Sous-le-Vent à la fin des années 1870 amènent à leur annexion. Pour Rapa, où en 1867 la *Panama-New Zealand and Australian Mail Royal Company* installe une station de ravitaillement, les ambitions anglaises sont d'en faire une base navale importante. C'est en 1881, alors que le projet de percement du canal de Panama est relancé et que l'île se trouve sur la route entre le canal et la Nouvelle-Zélande, que la France décide de l'annexer, au grand désarroi des Britanniques qui tentent d'obtenir sa cession contre l'abandon des Nouvelle-Hébrides à la France.

S'il a été question, un temps, d'installer une colonie pénitentiaire aux Marquises, le projet n'a pas abouti. La prise de possession de la Grande Terre néo-calédonienne en 1853 est la première étape de l'accomplissement de ce dessein, alors que pour l'Île des Pins, appropriée la même année, il s'agit aussi de contrer les Britanniques, qui voulaient installer une station charbonnière sur la route Sydney-Panama. Le chef-lieu de cette nouvelle colonie prend le nom de Port-de-France, rebaptisé en 1866 Nouméa. Au milieu des années 1860, les îles Loyauté sont annexées. Entre les Français et les Mélanésiens la méfiance s'instaure rapidement. La colonisation terrienne provoque l'opposition de certains chefs autochtones, insurrections et expéditions militaires punitives. La révolte de 1878-1879 fait un millier de morts, dont 200 Européens et 800 Kanaks, et 1 500 autres sont déportés, majoritairement dans les îles Belep et à l'Île des Pins. La colonisation reprend, mais cet épisode marque durablement les esprits dans les deux camps.

Le protectorat de la France sur Wallis-et-Futuna, en 1887, est moins conflictuel. Il faut dire que la présence française est discrète avec un « résident » à Wallis dont le rôle dans ces îles se limite aux affaires extérieures. Entre la grande influence des missionnaires et le pouvoir des trois rois, l'administration française a longtemps du mal à trouver sa place dans ce lieu à l'écart du monde, qui attendra 1931 pour qu'une liaison maritime régulière le relie à la Nouvelle-Calédonie et pour voir circuler la monnaie française, en remplacement du piastre chilien, de la livre britannique et du dollar américain utilisés par les commerçants étrangers pour acheter le coprah. La France reste à l'écart de la colonisation du Pacifique central, partie diplomatique qui se joue entre les Allemands et les Britanniques à la fin du XIXe siècle, bien que Paris, conscient de l'importance de ces îles pour les futurs câbles télégraphiques transocéaniques, s'intéressât, un temps, aux îles Tonga.

Dans cette seconde phase d'appropriation, ce sont des civilisations très éloignées de l'Occident qui vont être colonisées. Dès les premiers contacts, les Français, mais aussi d'autres Occidentaux, introduisent dans ces milieux exotiques, en plus de l'alcool, des microbes ou des virus allogènes à l'origine d'épidémies meurtrières (rougeole, variole, grippe, etc.) ou de pathologies dégénératives du type tuberculose ou syphilis. Il faut ajouter à cela la désespérance de populations vaincues par le

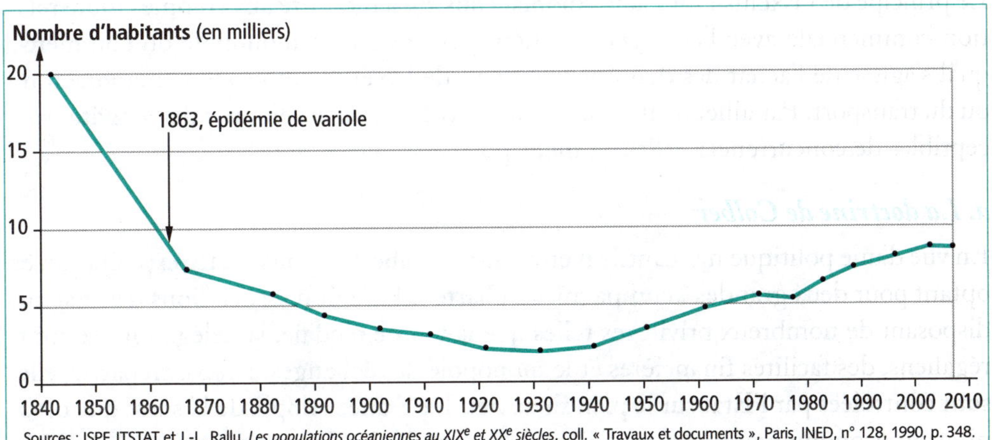

Sources : ISPF, ITSTAT et J.-L. Rallu, *Les populations océaniennes au XIXe et XXe siècles*, coll. « Travaux et documents », Paris, INED, n° 128, 1990, p. 348.

Document 6 : L'exemple de l'évolution de la population des îles Marquises (Polynésie française).

colonisateur et dont les modes de vie sont bouleversés. À l'exception de Wallis-et-Futuna, qui échappe à ces fléaux par son isolement, le bilan démographique est catastrophique (doc. 6), au point que certains, à la fin du XIXe siècle, prédisent la disparition des Polynésiens ou des Kanaks, particulièrement vulnérables à l'instar des Indiens de la Caraïbe (cf. supra). En un siècle, le nombre de Tahitiens se contracte des deux tiers ; celui des Kanaks de plus d'un tiers entre 1860 et 1910. Le renouveau démographique intervient au XXe siècle.

II. Une mise en valeur extravertie

Depuis plus de trois siècles, la production de la France d'outre-mer est orientée vers l'extérieur, spécialement la métropole. Par ses capitaux, ses besoins ou sa politique, celle-ci orchestre la mise en valeur et le développement de ces territoires. Cette extraversion empêche l'apparition de processus locaux d'entraînement financier, commercial et social. La division intracoloniale du travail qui se met en place, avec échanges de matières premières et de produits tropicaux contre des produits manufacturés, soumet les colonies à une succession de périodes de prospérité et de crise, dont l'intensité s'explique par la spécialisation forte de ces contrées. La concurrence d'un produit de substitution, la remise en cause d'une protection douanière, la baisse des cours, une maladie cryptogamique ou l'épuisement d'une ressource peuvent ébranler non seulement leur économie mais aussi l'ensemble de leur société.

1 Au fondement d'une économie dépendante : l'Exclusif

Le principe de l'Exclusif ou Pacte colonial consiste à interdire aux colonies toute relation commerciale avec l'étranger. La métropole a donc le monopole du commerce, qu'il s'agisse de l'achat des denrées exotiques, de la vente des produits manufacturés ou du transport. Par ailleurs, il est interdit à la colonie de développer des activités susceptibles de concurrencer celles de métropole.

a. La doctrine de Colbert

En vue d'une politique mercantile d'envergure, Colbert organise cette exploitation en optant pour deux grandes « compagnies à charte ». Il s'agit d'associations d'armateurs disposant de nombreux privilèges telles que la tenure féodale, la délégation de droits régaliens, des facilités financières et le monopole des échanges. En contrepartie, elles sont contrôlées par l'État sur le plan financier. La France adopte de la sorte une organisation économique mixte, plus libérale que celle des Portugais et des Espagnols, mais plus dirigiste que celle des Britanniques et des Hollandais, dont les compagnies agissent librement. Ainsi, naît en 1664 la *Compagnie des Indes occidentales*, dont le siège est au Havre et qui est chargée de l'exploitation des colonies d'Amérique, dont les Antilles et la Guyane. Depuis le cap de Bonne-Espérance « jusque dans toutes les Indes », la *Compagnie des Indes orientales* gère des comptoirs de vente et d'achat. C'est elle qui prend la décision d'occuper la Réunion – appelée Bourbon – de façon permanente et qui fonde la ville de Lorient, où elle installe son siège et construit un port destiné au commerce avec « l'Orient ». Le système des compagnies connaît de fortes turbulences. La *Compagnie des Indes occidentales* ne dure que dix ans en raison de son endettement, du renforcement du pouvoir central et de considérations diplomatiques, alors qu'elle avait reçu pour 40 ans le monopole de l'exploitation du « Domaine d'Occident ». En 1674, la Guadeloupe, la Martinique et la Guyane rentrent donc dans le Domaine royal. Ce n'est qu'en 1767 que la Réunion passe sous administration royale, à la suite du traité de Paris (1763), qui sacrifie les Indes et précipite la disparition de la *Compagnie des Indes orientales*. Le gouvernement direct est désormais généralisé à toutes les colonies.

b. Une libéralisation à sens unique

Le traité de commerce franco-britannique de 1860, admettant l'entrée en France de produits coloniaux étrangers augure de l'abolition, par Napoléon III, du Pacte colonial qui intervient l'année suivante. Avec cette politique économique libérale, les productions coloniales ne sont plus protégées en métropole, mais l'outre-mer reste une chasse gardée du capitalisme national, et il y a continuité entre le Second Empire et la Troisième République sur ce plan-là. Jules Ferry, dans son discours du 28 juillet 1885, le dit clairement : « *La question coloniale, c'est, pour les pays voués par la nature même de leur industrie à une grande exportation comme la nôtre, la question même des débouchés* [...]. *Je le répète, la fondation d'une colonie, c'est la création d'un débouché* [...] ». On comprend alors les réticences à remettre en cause le fonctionnement économique des colonies, vouées à l'exportation de produits agricoles, et secondairement de matières premières, et à l'importation de produits manufacturés.

2 La longue domination de l'agriculture

Tandis que, dans les pays colonisateurs, l'agriculture n'est l'activité dominante que jusqu'à la révolution industrielle, qui prend progressivement le relais, le système de la division du travail sacrifie le développement des pays colonisés, y prolongeant l'hégémonie de l'agriculture.

a. L'enchaînement des cultures d'exportation

Destinées à la métropole et en l'absence d'un marché local régulateur, les cultures commerciales d'exportation se succèdent au gré des contextes national et international. La canne à sucre est la spéculation agricole la plus importante dans les DOM et procède de leur singularité, ce qui explique que nous l'aborderons en deuxième partie. Ailleurs, elle n'est qu'un cycle parmi d'autres. Mayotte se lance dans l'aventure sucrière au lendemain de son acquisition, mais la production ne dépasse guère les 3000 tonnes à la fin des années 1860 avant de s'effondrer complètement dans les années 1880. Le manque de main-d'œuvre fait glisser progressivement la Nouvelle-Calédonie dans le système pénal, en dépit de l'arrivée de quelques Réunionnais au début des années 1860, à une époque où il existe des relations entre les deux îles. Effectivement, le canal de Suez n'étant pas encore ouvert, les navires de la ligne maritime de Nouvelle-Calédonie contournent l'Afrique et font escale à la Réunion. L'économie sucrière calédonienne connaît bien des mécomptes : inondations, sécheresses, sauterelles, révolte mélanésienne de 1878-1879 (cf. supra). Malgré l'obstination de l'administration pénitentiaire, l'épisode du sucre s'achève en 1890.

Le coton connaît son heure de gloire dans les années 1865-1890, en raison de cours élevés dus à la guerre de Sécession. Au sud de l'île de Tahiti, la plantation d'Atimaono, qui attire un millier de travailleurs chinois de Hong Kong, fait des émules et des petits planteurs européens ou polynésiens se lancent dans cette aventure. Mais une vingtaine d'années d'exploitation intensive épuise les sols et aujourd'hui la « grande plantation » d'Atimaono est un golf. En Nouvelle-Calédonie, le coton apparaît également durant la guerre de Sécession, mais il reste discret puis disparaît dans les années 1880. Il réapparaît au début du XXe siècle, après l'échec de la canne à sucre et une crise passagère du café. Il bénéficie alors d'une conjoncture internationale favorable, bientôt suppléé par les besoins importants de la Première Guerre mondiale. La chute des cours dans les années 1920 et la prolifération de parasites affaiblissent cette production, que la crise de 1929 achève.

À l'instar du tabac, le café est cultivé très tôt dans les premières colonies. À la Réunion, c'est la culture commerciale initiale et le pilier de l'économie de plantation durant tout le XVIIIe siècle. Toutefois, c'est en Nouvelle-Calédonie qu'il joue le plus grand rôle en étant le fondement de l'économie rurale de la première moitié du XXe siècle, avec l'élevage extensif. Mais son rôle ne s'arrête pas là, attendu qu'il est aussi cultivé par des Mélanésiens, dont certains basculent de la sorte de l'horticulture vivrière à l'économie de traite. Son apogée se situe dans les années 1930, avec une production maximale de 2000 tonnes en 1939. Après la Seconde Guerre mondiale, si la production globale décline, il continue de se répandre dans les tribus mélanésiennes et leur part dans la production totale passe de 35 % vers 1950 à près de 60 % en 1965. Le « boom du nickel » de la fin des années 1960 (cf. infra) clôt cette spéculation.

Dès que les procédés de séchage de l'amande de noix de coco, fournissant le coprah, et d'extraction de son huile sont au point dans la seconde moitié du XIXe siècle, de nombreux archipels de l'océan Pacifique se lancent dans cette culture qui se répand dans les îles Loyauté, à Wallis-et-Futuna, et domine les exportations de la Polynésie française durant le siècle suivant. Les cocoteraies se multiplient, notamment aux Îles Sous-le-Vent, aux Marquises et aux Tuamotu. Dans l'entre-deux-guerres, 50 000 hectares (soit plus du huitième de la superficie totale des EFO !) fournissent chaque année de 20 000 à 30 000 tonnes de coprah. Il faut lutter contre les rats, problème résolu par la fixation sur le tronc de manchons métalliques lisses empêchant les rongeurs de grimper. Les cocoteraies assurent des revenus confortables à leurs propriétaires, tant que des parasites n'attaquent pas l'arbre, tel l'*Oryctes rhinoceros*, qui fit vaciller toute l'économie de Wallis dans les années 1930 où le cocotier était l'unique culture d'exportation. Depuis les années 1960, la production polynésienne baisse (25 000 tonnes en 1964, moins de 9 700 tonnes en 2006). Bien que résiduelle, eu égard au vieillissement des cocoteraies et à la mauvaise qualité du coprah, cette spéculation est largement subventionnée parce qu'il s'agit assez fréquemment de la seule source de revenus monétaires pour les habitants des îles éloignées, particulièrement ceux des atolls des Tuamotu.

La vanille et les plantes à parfums sont aussi cultivées dans l'outre-mer français. À la Réunion, cette dernière se répand à partir de 1841, après qu'un jeune esclave, Edmond Albius, eut découvert la technique de la fécondation artificielle de la fleur. La crise sucrière de la seconde moitié du XIXe siècle favorise l'extension de cette culture délicate, particulièrement sensible aux conditions climatiques, ce qui explique les variations très fortes de la production au cours des dernières décennies. Toutefois, l'ensemble géranium-vétiver-vanille n'occupe plus que 1,7 % de la surface agricole utilisée (SAU) en 2000, contre plus de 7 % en 1978. Ce déclin est dû à la concurrence de pays producteurs où le coût de la main-d'œuvre est très faible, tels Madagascar et l'Indonésie pour la vanille, la Chine ou l'Égypte pour l'essence de géranium, les pays asiatiques pour l'essence de vétiver, utilisée dans la parfumerie. La Réunion n'est plus qu'un producteur marginal sur ces marchés mondiaux, de même que Mayotte avec l'essence d'ylang-ylang, qui représente 42 % des recettes d'exportation issue de la production mahoraise en 2006, mais qui connaît des problèmes dus à un vieillissement des plantations, à un coût de production élevé et à une demande mondiale étroite. **Voir photo A, page I, dans le hors-texte couleur.** Quant à la réputée vanille polynésienne, après avoir été un des piliers de l'économie jusqu'aux années 1960, avec plus de 200 tonnes produites, c'est aujourd'hui une production très secondaire puisque la production a été de 49 tonnes en 2005.

La banane est, chronologiquement, la dernière grande culture d'exportation de la France d'outre-mer. Elle domine aujourd'hui l'agriculture martiniquaise, en occupant presque la moitié des actifs agricoles et en couvrant 27 % de la SAU en 2006, tandis qu'elle ne couvre plus que 5 % de la SAU en Guadeloupe, essentiellement concentrée sur la commune de Capesterre-Belle-Eau, sur Basse-Terre. La Martinique a commencé à exporter avant 1914, mais la mise en place d'une véritable industrie bananière date de la fin des années 1920, grâce à l'instauration d'un régime de protection de la banane coloniale. Après la Seconde Guerre mondiale, la reprise de la production est vite stoppée par la cercosporiose, une affection d'origine fongique, qui n'est jugulée que vers 1954-1955. La conjoncture devient très favorable avec l'indépendance de la Guinée, grand fournisseur du marché métropolitain. Les années 1960 se caractérisent par une intervention croissante des pouvoirs publics dans le fonctionnement du marché. En 1962, un arbitrage assure les deux tiers des importations métropolitaines aux Antilles françaises, le dernier tiers aux pays africains de la zone franc. Face à la concurrence de plus en plus forte des multinationales produisant essentiellement en Amérique latine à des coûts bien moindre des « bananes dollars », l'Union européenne mit en vigueur, en 1993, l'Organisation commune du marché de la banane (OCMB). Elle apporta une garantie d'écoulement et de prix aux bananes martiniquaises ou guadeloupéennes, favorisées par rapport à celles des pays ACP, non taxées mais contingentées, et surtout par rapport aux « bananes dollars », contingentées et taxées. Ce système fut condamné par l'Organisation mondiale du commerce (OMC) en 1999 et, suite à un accord avec les États-Unis, un dispositif transitoire fut adopté en 2001, jusqu'en 2006. Désormais, le marché de la banane est libéralisé dans l'UE, avec l'instauration d'un tarif unique à l'importation. Quant au volet interne, la réforme s'est alignée sur les évolutions de la politique agricole commune (PAC) et sur les principes de l'OMC. Ainsi, les États membres versent 280 millions d'euros sur un programme d'aide à la production agricole dans les régions ultra-périphériques (RUP) de l'Union, dont 129 millions aux producteurs des Antilles françaises.

b. La Nouvelle-Calédonie, terre d'élevage

L'élevage est un élément majeur de l'économie et des paysages néo-calédoniens, ainsi que de la société caldoche, c'est-à-dire d'origine européenne, comme le montre la foire annuelle de Bourail. Les bovins furent introduits quelques années avant la prise de possession et le troupeau augmenta très vite avec l'accaparement de la « brousse » par les colons. En 1880, on compte 100 000 bêtes, soit approximativement deux par habitant. Les paysages de savane piquetée de niaoulis – une sorte d'eucalyptus – sont, aujourd'hui, profondément marqués par cette activité. Éoliennes, abreuvoirs, clôtures, grandes fermes isolées, paddocks donnent une note australienne à la côte Ouest. Il faut dire qu'on y a appliqué les méthodes des grands élevages extensifs du Queensland, ce que traduit le vocabulaire en usage actuellement en Nouvelle-Calédonie : le domaine du propriétaire-éleveur est appelé *station* ; le *stock* désigne le troupeau ; le *stockyard* est l'enclos à bétail ; le *stockman* est l'éleveur ; le *creek* est un petit cours d'eau ; etc. L'écoulement de la production est un obstacle au développement de cet élevage et si la fourniture de conserves aux armées est un exutoire sûr jusque dans les années 1960, le marché local constitue aujourd'hui son débouché, la Nouvelle-Calédonie étant presque autosuffisante en matière de viande bovine.

Les Terres australes auraient pu devenir des îles d'élevage, à l'instar des Falkland, mais toutes les tentatives échouèrent. En 1871, un Réunionnais introduit des bovins à la Nouvelle-Amsterdam et rêve d'en faire une nouvelle Normandie. Il ne reste que six mois, mais plusieurs centaines de descendants de ces animaux peuplent présentement cette île. À Kerguelen, il y eut plusieurs essais désastreux d'élevage ovin entre 1908 et 1931. Par exemple, en 1913, 1600 moutons à laine, achetés aux Falkland, sont installés, mais le manque de nourriture en hiver décime le troupeau. L'exploitation des ressources de la mer à partir de ces îles a également échoué et n'a donc pas réussi à fixer une population permanente (cf. infra).

3 L'exploitation des matières premières et de la mer

Par rapport à l'agriculture, l'exploitation des matières premières et de la mer apparaît mineure à l'échelle de l'ensemble de la France ultramarine. En revanche, localement, elle a pu jouer ou joue encore un rôle non négligeable, voire primordial. Quatre territoires se détachent nettement: la Guyane avec l'or; la Polynésie française avec le phosphate et la perliculture; la Nouvelle-Calédonie avec les minerais; Saint-Pierre-et-Miquelon avec la pêche.

a. Le Caillou métallifère

Contrairement aux autres îles tropicales ultramarines, la Grande Terre néo-calédonienne n'est pas récente et il faut un long processus d'altération des péridotites pour que s'élaborent les minerais de nickel. En découvrant la côte orientale de la Grande Terre néo-calédonienne, Cook note dans son journal de bord: « *C'est la moins fertile des terres que j'ai eu l'occasion d'aborder, mais je ne serais pas surpris qu'elle recèle des richesses minières* ». Cette intuition devait se confirmer un peu moins d'un siècle plus tard, quand on découvre de l'or sur cette île qui, à la différence des autres îles tropicales d'outre-mer, n'est pas d'origine volcanique. À ce moment-là, l'obsession des pionniers est l'or et la houille. On en trouve, mais l'exploitation de celui-là ne dure que quelques années et les Charbonnages de Moindou cessent toute activité dans les années 1930. La réelle prospérité vient du nickel, découvert en 1864, mais aussi du cuivre, du plomb, du zinc, du cobalt, du chrome, du fer ou du manganèse qui sont exploités plus ou moins longtemps. Le territoire est le premier producteur mondial de cobalt entre 1890 et 1910, tout comme pour le chrome en 1901. C'est dire la richesse de ce sous-sol et l'intensité avec laquelle on le prospecte et l'exploite. Des localités minières sortent de terre, telle Tiébaghi dans le Nord de la Grande Terre, habitée par plus de 2000 personnes, et ville fantôme depuis le milieu des années 1960, à la fermeture de la mine de chrome.

Aujourd'hui, seul le nickel est exploité et la Nouvelle-Calédonie, troisième producteur mondial derrière le Canada et l'Australie, recèlerait 10% environ des réserves de la planète. Les paysages sont marqués par l'extraction qui se fait à ciel ouvert: haut des versants dénudés et taillés en gradins, éboulis en contrebas, cicatrices des pistes d'accès, etc. L'économie locale vit de concert avec les cours de ce minerai, ce que traduisent les fluctuations du taux de couverture (doc. 27). La période du « boom du nickel », entre 1968 et 1971, transforme profondément la Nouvelle-Calédonie. Les pays industrialisés sont en pleine croissance, les États-Unis accentuent leur effort d'armement avec la guerre du Viêtnam, et la demande mondiale est donc très forte. Aux quatre coins de la Grande Terre des mines s'ouvrent, des wharfs et des pistes sont construits, des immigrants affluent. L'inflation est forte et à Nouméa de nouveaux quartiers sortent de terre. La fin de la guerre du Viêtnam, la chute des cours du dollar et le premier choc pétrolier stoppent cette euphorie. Aujourd'hui, le nickel emploie environ 3 800 personnes, soit 5 % des emplois salariés. La transformation locale du nickel est plus intéressante que l'exportation à l'état brut et, depuis 1877, une bonne part du nickel extrait est traitée sur place. Il existe actuellement une seule usine, à Nouméa, appartenant à la Société le nickel (SLN). **Voir photo C, page II, dans le hors-texte couleur.** Cette société, fondée en 1880 et aujourd'hui filiale du groupe Eramet, a fait de la Nouvelle-Calédonie son pré carré, mais les deux usines de traitement du minerai en construction mettront un terme à cette hégémonie et verront trois grandes sociétés nickélifères mondiales (Eramet, CVRD et Xstrata) exploiter et transformer sur place le minerai. Ils auront un impact considérable sur l'emploi et l'organisation de l'espace (doc. 61).

b. L'or guyanais

À peu près en même temps que l'on trouve du nickel en Nouvelle-Calédonie, de l'or est découvert en Guyane. Les ruées se succèdent à partir des années 1870 et il semble que l'on dépasse les 20 000 orpailleurs à la fin du XIXe siècle. L'orpaillage décline dès les années 1930, et à la fin des années 1970 il n'y a plus que quelques dizaines de personnes se consacrant encore à cette activité. La dernière ruée date du début des années 1990 avec une cohabitation de quatre types d'opérateurs miniers : des groupes miniers internationaux ; des PME locales ; des artisans mineurs ; des exploitations clandestines. La production d'or déclarée atteignait 2,7 tonnes en 2006. En fait, selon Mme Taubira-Delannon qui a remis un rapport au gouvernement en décembre 2000, cette activité est largement dissimulée. La production dépasserait les 7 tonnes et on compterait plusieurs milliers d'orpailleurs contre les 900 officiellement recensés. La commune de Maripasoula, qui occupe tout le sud-ouest guyanais, connaît une impressionnante croissance démographique : 1 000 habitants en 1982, 1 700 en 1990 et plus de 4 200 en 2004. Sur les berges du Maroni, on remarque une multiplication de hameaux-campements, les *kampus*, organisés autour d'une épicerie et d'une boîte de nuit. Outre la fraude fiscale, cette zone aurifère, en plein cœur de la forêt amazonienne, est devenue un espace de non-droit. L'insécurité est problématique sur les chantiers, des bandes armées se forment, les actes de torture et les meurtres se multiplient. L'État a beaucoup de mal à y faire respecter la loi.

« Pour l'or de Maripasoula »

« Nous sommes à 8 000 km de l'Hexagone, en Guyane, un département de la République. Pourtant on y passe à tabac, on y torture, on y tue. Régulièrement, depuis dix ans. Comme aux plus belles heures du Far West américain. Car Maripasoula n'est pas une commune comme les autres, elle est au cœur de la plus riche zone aurifère du pays. Et, à son tour, victime de la fièvre de l'or. Les cibles sont toujours les mêmes : des étrangers en situation irrégulière, Brésiliens, Surinamiens voire Guyanais, qui viennent chercher fortune en vendant leur travail aux chercheurs d'or locaux. Les prétextes, toujours semblables : braquages ou vols sur les sites d'orpaillage. Les forfaits, prémédités à Maripasoula, sont en général commis sur l'autre rive, au Surinam, une zone inhabitée, ce qui explique en partie l'absence d'enquête et l'impunité dont jouissent jusqu'ici les coupables. [...]

Que fait l'État ? De son mieux, c'est-à-dire pas grand-chose. Faute de moyens adaptés, faute peut-être d'avoir pris la mesure du problème, ses représentants, traumatisés par le syndrome calédonien, sont restés largement impuissants face aux orpailleurs locaux. "Ces gens sont chez eux. On ne veut pas de nouvel Ouvéa en Guyane", *lâchait en juin 1998 le sous-préfet de Saint-Laurent-du-Maroni.* [...]

De dérive en dérive, un ordre para-républicain s'est installé dans la zone du haut Maroni. [...] *Depuis la mi-janvier* [2001], *un demi-escadron est en permanence à Maripasoula, sur le modèle mis en place dans les banlieues sensibles de l'Hexagone. Objectif : la dissuasion. Mais les responsables politiques guyanais rechignent à dénoncer les exactions liées à l'orpaillage.* [...] *Les indépendantistes du Mouvement de décolonisation et d'émancipation sociale, eux, ont choisi de soutenir les orpailleurs du cru au nom de* "l'or aux Guyanais". [...]

Combien de morts la forêt cache-t-elle ? Longtemps muettes, les autorités brésiliennes commencent à se préoccuper du sort de leurs ressortissants. [...] *Le consulat du Brésil à Cayenne recueille des témoignages.* [...] *Selon certaines victimes des* "tribunaux" *en pleine forêt procéderaient à des* "jugements" *avant de passer à des actes de torture. »*

Marot L. et Farine F.,
Le Monde, 7 juillet 2001.

c. Le phosphate, la nacre et les perles polynésiennes

L'industrie des engrais est à la recherche de gisements de phosphate dès la deuxième moitié du XIXe siècle. Or, les guanos étant une source de phosphate non négligeable, des sociétés australiennes ou californiennes se lancent dans l'exploitation de dépôts superficiels sur certaines îles du Pacifique central. Deux îles dépendantes de la Nouvelle-Calédonie, Surprise et Walpole, sont mises à contribution. De cette dernière, on tire 150 000 tonnes de guano. Cependant, cette exploitation se concentre principalement dans trois îles : Nauru, Banaba (ex île Océan, au Kiribati), et Makatea en Polynésie française. Ces trois îles sont des atolls soulevés, ce qui a entraîné des sujétions multiples : accès difficile, absence d'abri pour les bateaux, manque d'eau, etc.

C'est vers 1905, qu'on prend conscience de l'intérêt d'exploiter industriellement le gisement de Makatea et la Compagnie française des phosphates d'Océanie (CFPO), fondée en 1908, obtient une concession sur l'ensemble de cette île petite et peu peuplée (130 habitants en 1902). Une véritable ville minière sort de terre et atteint plus de 3 000 habitants en 1960 – alors que la population totale du Territoire est à ce moment-là de 80 000 habitants environ – ce qui en faisait l'île la plus peuplée en dehors de l'archipel de la Société. Il faut construire des habitations, des écoles, des lieux de culte, des commerces, une poste, une gendarmerie, une usine électrique, un réseau de chemin de fer – le seul de Polynésie française – pour acheminer le phosphate des lieux d'extraction jusqu'au port de chargement... Pour remplacer le transbordement par chalands, puisqu'il n'y a pas de quai pour les cargos phosphatiers, on met en service, dans les années 1950, une structure métallique permettant de charger les navires à plus de 100 mètres du rivage. Les travailleurs asiatiques ou des îles Cook sont progressivement remplacés, après la Seconde Guerre mondiale, par des Polynésiens français.

Il reste de tout cela une ville fantôme, mangée par la végétation, une topographie du centre de l'île complètement remaniée et des installations portuaires rouillées, car l'exploitation s'arrêta en 1966, avec l'épuisement du gisement. En 2007, 61 habitants y sont recensés. 11 millions de tonnes de phosphate ont été extraites de l'île, dont le poids économique devient fondamental à partir des années 1930. La CFPO, à la source de la monétarisation de la Polynésie française, est représentative de la mise en valeur coloniale : exploitation maximale de la ressource jusqu'à épuisement et sans plan de reconversion ; importation de main-d'œuvre et de matériels ; production totalement exportée brute, etc. Au-delà de ces considérations économiques, l'épisode phosphatier a des implications sociales de taille sur le Territoire quand la majorité de la main-d'œuvre devint locale. Dans un monde rural, il introduit un mode de travail industriel et une rationalisation du temps, avec des contraintes jusqu'alors inconnues chez les Polynésiens, telles la régularité et la ponctualité. Des centaines d'ouvriers qualifiés sont formés et certains partent en Nouvelle-Calédonie au moment du « boom du nickel ». Un genre de vie urbain se développe sur Makatea et si l'arrêt de son exploitation passe presque inaperçu, c'est qu'au même moment s'installe le Centre d'expérimentation du Pacifique (CEP), qui devient le moteur de l'économie de la Polynésie française (cf. infra).

Recherchées à l'origine pour les perles qu'elles contiennent parfois, les huîtres (*Pinctada margaritifera*) sont progressivement commercialisées pour leur coquille, largement utilisée en bijouterie, marqueterie et boutonnerie. L'exploitation commence très tôt, puisque, dès le milieu du XIXe siècle, on s'inquiète de l'épuisement des lagons. Après l'effondrement du coton, vers 1885, la nacre va être, avec le coprah, le principal produit d'exportation du Territoire, mais celui-ci prend définitivement la tête au début du siècle dernier, à la suite de la chute des cours de la nacre, concomitante d'une surproduction mondiale. En 1904, une nouvelle législation rationalise l'exploitation qui dépasse, certaines années, les 1 200 tonnes. Peu à peu, la production se concentre dans quelques atolls des Tuamotu et, eu égard à l'épuisement des stocks, baisse à partir des années 1950. L'aquaculture nacrière et perlière apparaît à la fin des années 1960. Les fermes voient le jour et se multiplient aux Tuamotu-Gambier, avec une période euphorique dans les années 1990.

La perliculture aboutit à un produit à haute valeur ajoutée : la perle noire. Pour y parvenir, il faut collecter les naissains, élever les nacres, les greffer, c'est-à-dire y introduire un corps étranger, le nucléus, contre lequel elle va se défendre en l'enrobant de couches concentriques du matériau dont est fait sa coquille. L'huître greffée est remise à l'eau pendant 18 mois à 2 ans, le temps que se développe la perle, avec un taux de réussite variant de quelques pour cent à 40 %. La ferme perlière, installée sur le domaine public maritime à la suite de l'attribution d'une concession, est matérialisée par une maison de greffe, qui dorénavant ne doit plus être construite sur pilotis dans le lagon mais à terre. Jusqu'à récemment, la greffe n'était pratiquée que par des spécialistes japonais hautement qualifiés et rémunérés.

La perliculture est devenue la deuxième activité économique du Territoire, derrière le tourisme, et a constitué, en valeur, 76 % des exportations en 2006 avec 101 millions d'euros. Avec plus de 2 000 emplois directs, elle fait vivre un actif sur trois aux Tuamotu. À l'échelle mondiale, le Territoire est dans le peloton de tête des exportateurs de perles de culture ; à la première place en 1998 et 1999, à la deuxième en 2000. La perle noire de Tahiti a acquis une renommée et une image de produit de luxe dans les pays développés. Mais ces dernières années ont été moroses avec la détérioration de la conjoncture mondiale. Des mesures ont été prises par le gouvernement polynésien pour freiner la chute des cours, comme la création d'un Service de la perliculture. Une limitation du nombre de greffeurs étrangers et un renforcement de la qualité des perles cultivées ont été décidés, eu égard à l'afflux de produits de qualité moyenne.

d. Saint-Pierre-et-Miquelon : haut lieu de la grande pêche

Si la pêche n'est pas absente des autres contrées ultramarines, elle n'en demeure pas moins une activité secondaire. Certes, en Guyane, la pêche crevettière est la troisième activité exportatrice, mais elle ne représente en valeur que le sixième des exportations officielles d'or (cf. supra), à l'instar de la Nouvelle-Calédonie, où l'aquaculture de crevettes est en plein essor, mais reste une spéculation mineure. Quant à la Polynésie française, en dépit de son immense ZEE, ce secteur économique demeure assez faible, quoiqu'il constitue un domaine essentiel pour réduire la dépendance extérieure et développer l'emploi (cf. infra). Finalement, seuls les TAAF peuvent rivaliser avec Saint-Pierre-et-Miquelon. Autour de ces îles australes la pêche est ancienne, la chasse aux otaries pour leur fourrure débutant au XVIIIe siècle. Les éléphants de mer sont eux aussi tués au siècle suivant pour leur huile. L'activité phoquière et baleinière est intense jusqu'au milieu du XXe siècle. Entre 1908 et 1929, une usine baleinière fonctionne à Port-Jeanne-d'Arc (Kerguelen), de même que, durant quelques années à partir de 1957, une usine d'exploitation d'huile d'éléphants de mer près de Port-aux-Français (Kerguelen). L'île Saint-Paul est marquée par les langoustiers, mais toutes les entreprises d'installations permanentes furent vouées à l'échec. Ces exploitations ne donnèrent lieu qu'à des occupations temporaires et modestes.

C'est uniquement à Saint-Pierre-et-Miquelon que la pêche a été la raison d'être de la colonie et de son peuplement. Son économie fut liée aux incertitudes de l'industrie morutière. Dès le XVIe siècle, les bancs de Terre-Neuve attirent les marins basques et bretons. À côté de la petite pêche, pratiquée par les locaux, la grande pêche morutière atteint son apogée au XIXe siècle. La fréquentation des navires métropolitains est une source majeure de profits et d'emplois avec l'avitaillement, la réparation, le négoce… De surcroît, les flottilles de grands voiliers sont désarmées à Saint-Pierre en hiver et une partie des équipages reste sur place. Ces « hivernants » délaissent ces îles quand les chalutiers à vapeur apparaissent au début du siècle dernier. Ceux-ci ont moins besoin de Saint-Pierre, ce qui entraîne une crise des pêcheries et le départ de plus du tiers de la population. Après la Seconde Guerre mondiale, la pêche est relancée par la mise en place d'une flotte industrielle locale avec transformation sur place et par l'amélioration des infrastructures portuaires, incitant les autres bateaux à venir avitailler et transborder leur capture.

Cependant, on ne peut pas comprendre la pêche à Saint-Pierre-et-Miquelon sans tenir compte du contexte régional et donc des relations avec le Canada. Or, un contentieux franco-canadien prend naissance à la fin des années 1960 et aboutit à une révision des frontières maritimes en 1992, par décision d'un tribunal international d'arbitrage. Les conclusions de celui-ci sont défavorables à la France, qui revendique une zone de 47 000 km^2 et qui n'obtient que 12 400 km^2. La même année, un moratoire interdit la pêche à la morue en raison de sa surexploitation. Un accord de pêche franco-canadien est signé en 1994 et instaure un taux autorisé de captures (TAC) pour la morue et quelques autres espèces. La pêche industrielle subit de plein fouet les effets du moratoire puis des quotas, tout comme le secteur de la transformation. L'usine Interpêche, qui emploie 75 personnes, ne fonctionne plus que 4 à 5 mois par an à plein régime. Trois nouvelles usines apparaissent et répondent à une volonté de diversification du secteur avec le traitement des œufs de lompe, des bulots et des crabes des neiges. Toutefois, sans les aides financières des pouvoirs publics, le secteur serait totalement sinistré et, avec lui, le territoire.

4 La colonisation pénale

L'appropriation et la mise en valeur des colonies françaises se réalisent avec peu de métropolitains : seule l'Algérie est une incontestable colonie de peuplement, et encore pas au sens de celles d'Amérique du Nord, d'Océanie, d'Australie et de Nouvelle-Zélande. Elle ressemble plutôt à l'Afrique du Sud, par la cohabitation de deux populations numériquement inégales. Bien que la colonisation pénale chercha à répondre à un problème de peuplement en Guyane, suite à l'abolition de l'esclavage qui provoque la désertion des habitations (cf. infra), son véritable ressort était ailleurs.

a. Des fondements plus politiques qu'économiques

Les raisons de la colonisation pénale sont à chercher dans les premiers bouleversements de la révolution industrielle, avec la progression de la misère ouvrière et du chômage, le gonflement des villes et la montée de l'insécurité. Les troubles sociaux de la révolution de 1848 accentuent l'inquiétude des dominants, alors que les bagnes de Toulon, Rochefort et Brest sont vétustes et encombrés. La métropole cherche à se débarrasser des indésirables : la colonisation pénale a pour mission de désamorcer les velléités révolutionnaires et sert de régulateur social. C'est d'ailleurs la Deuxième République, en 1848, qui met pour la première fois ces idées en application, en expulsant 13 000 sans-emploi parisiens en Algérie. Ernest Renan écrit : « *Une nation qui ne colonise pas est irrévocablement vouée au socialisme, à la guerre du riche et du pauvre.* »[6]

L'exemple du système britannique est une référence pour certains. Depuis la fin du XVIIIe siècle, les prisonniers sont envoyés en Australie. Ces *convicts*, à la fin de leur peine, sont à l'origine de la prospérité de ces colonies. Mais, si les conditions de vie dans certains bagnes sont très dures, tels ceux de Tasmanie ou de Norfolk Island, on a du mal en Grande-Bretagne à accepter l'aisance des anciens *convicts* dans ces territoires prospères où le niveau de vie est supérieur à celui de l'Angleterre en 1840. Par ailleurs, les bagnes australiens n'ont pas empêché la criminalité d'augmenter dans les villes anglaises. C'est pour ces raisons que la Grande-Bretagne décrète l'arrêt de ce système au milieu du XIXe siècle, au moment même où la France l'adopte en le transformant, par la loi de 1854. Napoléon III choisit d'éloigner les seuls condamnés aux travaux forcés, contrairement aux Britanniques qui exilent massivement. En revanche, à la fin de sa peine, le *convict* peut, dans la mesure de ses moyens, retourner en Grande-Bretagne, quand la loi de 1854 pose le principe de l'exil à vie pour ceux condamnés à une peine égale ou supérieure à 8 ans. En outre, cette loi exclut les mineurs et les personnes de plus de 60 ans, alors que les femmes doivent être volontaires.

b. Bagne guyanais et bagne néo-calédonien

Les premiers convois arrivent en Guyane en 1852, mais la malaria fait beaucoup de victimes chez les bagnards, la mortalité atteignant 26 % en 1856-1857. La réputation de « mouroir » qu'avait la Guyane se confirme (cf. supra). Aux antipodes, la Nouvelle-Calédonie vient d'être annexée, en partie pour devenir une colonie pénitentiaire et, devant les échecs du bagne guyanais, l'administration pénale décide, en 1867, de diriger tous les condamnés vers la Nouvelle-Calédonie, jugée plus salubre. Cependant, dès 1873, les convois reprennent vers la Guyane. Jusqu'à l'arrêt des convois vers la Nouvelle-Calédonie, en 1897, on a plutôt tendance à orienter les forçats de « race blanche » vers le Pacifique, avec la volonté de faire de la Nouvelle-Calédonie une colonie « blanche », et ceux « de couleur » vers la Guyane, qui reçoit son dernier convoi en 1938. Les centres pénitentiaires ferment définitivement en 1922 en Nouvelle-Calédonie et en 1953 en Guyane. 70 000 bagnards sont passés par la seconde et 29 000 par la première. Ainsi se termine une histoire d'un siècle qui marque fortement les esprits en métropole, avec la multiplication de romans populaires sur le bagne ou les bagnards et une image ternie des colonies, spécialement la Guyane.

À l'origine, deux types de peine conduisent au bagne : la *transportation* pour les criminels de droit commun, issus des cours d'assises, et la *déportation* pour les prisonniers politiques. En 1885, une loi crée la *relégation*, en décidant que les délinquants récidivistes doivent être « relégués » outre-mer. Les bagnards les plus célèbres sont des déportés, tel Alfred Dreyfus, sur l'Île du Diable en Guyane, ou les insurgés de la Commune de Paris, qui sont plus de 4 000 à arriver en Nouvelle-Calédonie, majoritairement sur l'Île des Pins, dont Louise Michel et Henri Rochefort. On utilise aussi la déportation pour se débarrasser des colonisés activistes politiques et rebelles, comme les Kabyles de l'insurrection algérienne d'El Mokrani de 1871 et qui s'intègrent à la société néo-calédonienne après leur amnistie, ou les Indochinois en 1931, pour qui on crée des établissements spéciaux sur le nouveau Territoire de l'Inini (cf. infra), en Guyane[7].

c. Un bilan négatif

La colonisation pénale est à l'origine de nombreuses infrastructures (routes, ponts, etc.) et on doit largement aux forçats la construction de Nouméa (assainissement, adduction d'eau, voirie, principaux édifices publics…). En Guyane, ils cultivent la canne à sucre, assurent la garde et l'entretien de troupeaux de bovidés, se chargent de l'abattage du bois, creusent des canaux d'assainissement… Mais tout cela coûte très cher à l'État. Des dépenses considérables sont engagées pour le transport sur des milliers de kilomètres des condamnés, pour la construction de camps fermés, pour le personnel de surveillance, d'encadrement, de santé, etc. En Guyane, l'administration pénale fonde et entretient pendant des décennies Saint-Laurent-du-Maroni, érigée « commune pénitentiaire spéciale » en 1878 et siège de la direction de l'administration pénitentiaire. Cette localité compte plusieurs milliers d'habitants. Au début du siècle dernier on la décrit comme une « *commune administrative dépourvue d'électeurs dont les conseillers municipaux sont des fonctionnaires, qui la régissent par la* loi du galon, *une cité ouvrière dont le* convict *apprend un métier s'il en a le goût, ou bien l'agriculture coloniale. À l'emplacement de la forêt défrichée, de belles prairies donnent aux environs immédiats de la petite agglomération un aspect presque européen. C'est une ville beaucoup mieux construite que tout autre en Guyane : belles avenues ombragées, maisons à murs épais, construites avec goût et entourées de jardins.* »[8] Le travail des bagnards ne couvre pas, loin s'en faut, toutes ces dépenses. Le bagne est pour la France un véritable gouffre financier.

D'un point de vue démographique, le bilan est moins négatif. Certes, il ne transforme pas la Guyane ou la Nouvelle-Calédonie en petite Australie et Elisée Reclus notait que « *l'exemple de la Guyane est celui que l'on choisit d'ordinaire pour démontrer l'incapacité des Français en fait de colonisation* »[9]. Cependant, il est à l'origine du groupe le plus nombreux de l'immigration rurale néo-calédonienne. Cela ne peut faire oublier les incohérences de la politique coloniale, voyant dans le bagne un moyen de peupler certaines colonies, mais qui n'a pas su résoudre le problème de la réinsertion des libérés obligés de rester sur place jusqu'à la fin de leur vie. Sans travail, ces parias cherchent à s'employer dans les mines, mais les crises de cette activité les mettent à plusieurs reprises sur les routes. Comme l'écrit un journaliste : « *La libération, c'est le bagne sans le pain.* »[10] Ce groupe est craint et détesté par la population, alors que l'administration locale est désemparée. Moins de 10 % des 29 000 bagnards qui passent par la Nouvelle-Calédonie s'installent sur un lopin de terre ; une minorité s'y maintient.

5 Les effets des guerres mondiales

Les deux guerres mondiales révèlent la dépendance de l'outre-mer vis-à-vis de la métropole, car l'affaiblissement de leurs relations plonge certains territoires dans une crise grave. Par ailleurs, de nouvelles formes de valorisation apparaissent et ont des effets contradictoires sur les économies et les sociétés ultramarines.

a. L'effort de guerre

D'aucuns craignent que les colonies ne se soulèvent et soient une charge supplémentaire en cas de guerre. Ce n'est pas le cas, bien que des tribus kanakes aient profité de la diminution des effectifs militaires pour se révolter en 1917. Au contraire, la France utilise massivement des combattants et des ouvriers des colonies, car les champs de bataille sont en Europe et pas outre-mer. Plus d'un demi-million vient s'y battre, 20 % y laissent leur vie, tandis qu'ils sont 200 000 à travailler dans les usines ou les arsenaux. Alors que la Réunion compte moins de 200 000 habitants, elle envoie 14 000 hommes. Seuls 700 meurent, car la majorité est affectée en usines. Cet « impôt du sang », les Antillais et les Océaniens le payent davantage. Parmi les premiers, plus de 10 000 rejoignent la métropole et un tiers disparaît. Les seconds, regroupés au sein du Bataillon mixte du Pacifique (BMP), comptant 3 000 Néo-Calédoniens et Polynésiens, sont 800 à tomber au combat.

L'empire colonial se mobilise aussi en 1940, mais la défaite provoque sa fracture. La majorité des colonies se rallie au gouvernement de Vichy. Une minorité se met du côté de la France libre, telle la Polynésie française et la Nouvelle-Calédonie dès 1940. Bien évidemment, l'effort de guerre n'y est pas identique, la première continuant dans la mesure du possible à ravitailler la métropole, la seconde constituant promptement le premier bataillon du Pacifique qui est incorporé à la division française libre du général Koenig, s'illustrant à Bir-Hakeim, Monte Cassino, débarquant en Provence en août 1944 et revenant dans le Pacifique après cinq ans d'absence ! L'effort financier est aussi conséquent. Des fonds sont collectés pour les soldats et les orphelins, alors que les souscriptions aux emprunts nationaux et aux bons de la Défense nationale s'élèvent à 1,5 milliard de francs or pour l'ensemble des colonies.

Ces efforts traduisent une véritable ferveur patriotique et donc, d'une certaine façon, un renforcement du lien à la métropole, d'autant qu'ils sont nombreux à la découvrir et ramènent chez eux des souvenirs les attachant à cette terre lointaine si exotique. En même temps, ces deux conflits soulignent la dépendance de certaines colonies et le caractère extraverti de leur économie, au travers de la diminution des échanges avec la métropole. La Réunion est un exemple particulièrement édifiant. L'agriculture de plantation y est si prégnante que la production vivrière locale est incapable de nourrir tous les Réunionnais. Tout le système d'approvisionnement doit être repensé avec la raréfaction des bateaux et le blocus britannique. Il faut trouver des produits alimentaires locaux pour remplacer le riz, base de la nourriture réunionnaise, mais qui était importé. L'île est au bord de la famine et son économie totalement ruinée en 1945. Les carences alimentaires, le manque d'hygiène, les endémies (tuberculose, paludisme, amibiase…) font bondir la mortalité jusqu'à 30 pour 1 000 en 1948 (doc. 34). La départementalisation la relance tout en l'arrimant un peu plus à la métropole.

b. La parenthèse américaine dans le Pacifique

L'océan Indien, spécialement sa partie australe, joue un rôle très secondaire pendant la Seconde Guerre mondiale et, hormis quelques rares îles qui sont dotées d'une piste d'aviation et d'une garnison, telle Gan aux Maldives avec l'installation de la Royal Air Force, le conflit ne bénéficie pas aux possessions françaises, comme l'exemple réunionnais l'a démontré (cf. supra). Les choses sont bien différentes dans le Pacifique qui, à la suite de l'attaque de Pearl Harbor, devient un immense champ de bataille, du moins dans sa partie occidentale. Face à l'avancée japonaise, qui menace l'Australie (bombardements de Darwin, de Broome, de Townsville ou de Port Hedland en 1942-1943) et s'empare de la Micronésie et du nord de la Mélanésie, les États-Unis entament une opération de reconquête, qui commence par Guadalcanal dans les îles Salomon en 1942.

Cette opération de très grande envergure, s'étendant sur des milliers de kilomètres, a besoin de bases arrières aériennes et de tête de pont. Clipperton (cf. infra), Bora Bora et Wallis rentrent dans la première catégorie, la Nouvelle-Calédonie dans la seconde. Du jour au lendemain, la vie de ces îles est totalement bouleversée. Les 5 000 Wallisiens, vivant à l'écart du monde, voient arriver en quelques semaines 2 000 soldats américains qui deviennent, au plus fort de la guerre du Pacifique, plus nombreux que la population locale. Des aérodromes, un wharf, une base navale, une station radar, un hôpital, un quartier général sortent de terre rapidement. Nombreux sont ceux employés par les Américains. Ils délaissent leurs plantations de coprah au profit des dollars. Il en est de même à Bora Bora, où l'on achève en 1943 une piste d'aviation de 2 km de long, la première en Polynésie française. Les choses sont à une toute autre échelle en Nouvelle-Calédonie, qui voit passer environ un million de soldats américains en quatre ans et dont la population bondit en quelques mois de 40 000 à 300 000 personnes ! Ce territoire a été choisi en raison de sa taille, qui permet un étalement des troupes et des infrastructures, de ses possibilités de mouillage et de sa proximité des zones occupées par les Japonais. Le territoire, qui vivotait jusque-là, est désormais sillonné par des camions, des jeeps et des bulldozers. Les hangars en « demi-lune » se multiplient, les aérodromes aussi, tout comme les dispensaires, les centres hospitaliers, les snack-bars... Les Néo-Calédoniens découvrent le cinéma, le chewing-gum, le Coca-Cola, les glaces... Beaucoup font fortune.

« Le temps béni des Américains »

« Nouméa s'en porte bien. Mieux, s'en réjouit. Cette vague énorme qui déferle la tonifie étrangement. [...] Les restaurateurs locaux font fortune. On paie très cher le rôti de cerf aux papayes vertes ou la salade de poisson cru. Les dollars pleuvent. [...] Sur les alcools, c'est la ruée. Les plus opportunistes des trafiquants locaux s'ingénieront à les mélanger dangereusement pour se livrer à un commerce clandestin. [...] Les Calédoniens n'en croient pas leurs yeux. Cette clientèle inattendue leur est venue du ciel. Ils tendent les mains : la manne tombe. Tout est devenu rentable : ravitailler les militaires en légumes et en fruits donne lieu à d'avantageux contrats ; laver leur linge, c'est s'acheminer aussitôt vers la certitude de posséder bientôt une laverie des plus sophistiquées ; distraire leurs nuits, c'est se garantir à peu de frais des assurances de millionnaires. [...]

Les tribus aussi explosent : les plus reculées dans les îles ou sur la Grande Terre voient un beau jour arriver sur leurs jeeps ces demi-dieux porteurs de nourriture et de tabac. Ils gavent les enfants de sucreries, comblent les femmes de nylon et de pacotilles brillantes. Les indigènes adoptent vite les treillis des parachutistes. [...] Ces hommes donnent enfin ce que les missionnaires prodigues en promesses de salut n'ont jamais donné : l'abondance du manger et du boire [...] »

Sénès J., *La Vie quotidienne en Nouvelle-Calédonie de 1850 à nos jours*, Paris, Hachette, 1985, pp. 277-279.

En 1946, les Américains partent, laissant un nombre appréciable d'enfants issus de relations éphémères. Le retour à la torpeur séculaire est difficile et de nombreux Néo-Calédoniens ont une profonde nostalgie de cette époque, collectionnant le matériel abandonné sur place, tels les membres du *Jeep army club* calédonien ou de *l'American museum association*, ces derniers militant pour la sauvegarde et la mise en valeur du patrimoine de la guerre du Pacifique. Du reste, les manifestations de 1992 pour le jubilé de l'arrivée des forces armées américaines, qui laisse un monument au cœur de Nouméa, prouvent la place de cet événement dans l'imaginaire néo-calédonien. Cet épisode n'est pas qu'une parenthèse dans l'histoire néo-calédonienne ou wallisienne ; il a des conséquences importantes sur les plans politique, économique et social. La métropole perd de son aura, un autre horizon est apparu, bien plus séduisant. Des Wallisiens manifestent en 1946 pour que leur île soit annexée par les États-Unis et, au moment des événements néo-calédoniens des années 1980 (cf. infra), l'association *Les Amis des États-Unis* réunit à Nouméa plusieurs milliers de personnes réclamant que le Territoire devienne le 51e État fédéré des États-Unis ! Les fortunes amassées provoquent un développement économique et accélèrent la modernisation de la Nouvelle-Calédonie, alors qu'à Wallis l'enrichissement de certains a pour conséquence un déclassement social de la noblesse et une perte d'autorité des chefs traditionnels. Cet argent « facile » détourne aussi définitivement des colons européens de la « brousse » néo-calédonienne, pour s'installer en ville, et les Wallisiens du coprah. Enfin, on doit à la présence américaine la création en 1945 du franc CFP (cf. infra), pour permettre le maintien de la parité de la monnaie de ces territoires avec le dollar, suite aux dévaluations du franc français. Ceci démontre la place prise par l'unité monétaire américaine dans l'économie de ces îles.

6 L'exploitation de la position : alcool, atome et espace

Alors que la position stratégique des colonies du Pacifique n'a été exploitée que temporairement par les États-Unis, d'autres types d'avantages de position ont été valorisés plus longuement par les autochtones ou par la métropole.

a. L'euphorie de la prohibition à Saint-Pierre-et-Miquelon

Le *Volstead Act*, voté aux États-Unis en octobre 1919, et le *Canada Temperance Act*, la même année, ouvrent une douzaine d'années de prospérité à la petite colonie, bien située par rapport à ces deux grands voisins pour organiser un trafic illégal et clandestin. L'administration française ferme les yeux.

Les prohibitions américaine et canadienne ne sont pas identiques. Aux États-Unis sont interdits la fabrication, l'achat et la vente d'alcool. Au Canada, il est possible de distiller et de vendre de l'alcool. Dans le premier cas, Saint-Pierre-et-Miquelon devient un centre de redistribution, à l'instar des Bahamas, des Bermudes et du Honduras britannique. Dans le second cas, le Canada exporte légalement de l'alcool, celui-ci repart vers les deux États nord-américains, sans être déchargé. Le premier type de trafic est plus rémunérateur que le second. Pendant toute cette période, des centaines de bateaux débarquent chaque année sur le port de Saint-Pierre des caisses d'alcool provenant d'Europe et des Antilles. Elles sont stockées dans des entrepôts proches, les caisses vidées et l'alcool repartent dans des ballots de toile sur des vedettes rapides, les *rum runners*, qui se dirigent vers les côtes américaines ou attendent à la limite des eaux territoriales des *speed-boats* qui les débarquent.

Cette fraude dynamise l'économie locale. Les anciens pêcheurs deviennent des dockers gagnant très bien leur vie. Des importateurs font d'énormes bénéfices. Les taxes perçues sur chaque caisse d'alcool alimentent le budget de la petite colonie, ce qui permet d'effectuer des travaux routiers et portuaires. Les centaines de milliers de caisses vides servent au chauffage, permettant ainsi des économies conséquentes de charbon. Cette activité s'écroule quand Roosevelt abolit le *Volstead Act*, en 1933. Le trafic continue quelques mois, mais Saint-Pierre-et-Miquelon ne peut échapper à la crise économique, à l'origine du départ de nombreuses familles qui s'étaient installées dans les années 1920.

b. Le CEP et après

L'indépendance de l'Algérie conduit au remplacement d'Hammaguir, la première base spatiale française, par le site de Kourou en Guyane. Il en est de même pour les essais nucléaires, deux îles de Polynésie française prennent la relève du Centre saharien d'expérimentation militaire de Reggane et du centre du Hoggar. C'est en juillet 1962 qu'est créé le Centre d'expérimentation du Pacifique (CEP). La France ne fait que suivre les choix de localisation américains qui se sont portés, au départ, sur le désert du Nevada et sur l'atoll de Bikini, en Micronésie. Il est, en effet, impératif de trouver des lieux éloignés des zones habitées et la Polynésie française répond bien à cet élément du cahier des charges. Le CEP s'établit sur plusieurs îles (doc. 7), principalement à Tahiti où est situé le centre de commandement et où s'installent de nombreux métropolitains, civils et militaires, avec leur famille. Le port de Papeete est complètement réaménagé. Les sites d'expérimentation sont à environ 1200 km au sud-est, dans la partie orientale des Tuamotu : les atolls de Moruroa et de Fangataufa. Ils présentent l'avantage d'être inoccupés, isolés – l'île habitée la plus proche étant à plus de 100 km et, en 1996, on ne comptait que 4000 habitants (hors effectifs du CEP et militaires) dans un rayon de 500 km – et de taille suffisante pour pouvoir accueillir des infrastructures importantes, Moruroa mesurant 28 km de long sur 10 km de large, Fangataufa 10 km de long sur 9 km de large.

On y construit des pistes d'aviation, des ouvrages portuaires avec l'ouverture ou l'approfondissement des passes dans le récif, des routes, un gigantesque poste de contrôle de tir fait de plusieurs milliers de tonnes de béton, des zones d'habitation appelées « bases vie », celle de Moruroa pouvant accueillir 2500 personnes. Elle est dotée d'une usine de dessalement de l'eau de mer, d'une centrale électrique, d'un incinérateur, etc.[11] À ces deux îles, il faut rajouter la base arrière de Hao, à près de 500 km au nord-ouest, sur laquelle est construite une piste d'aviation très longue pour accueillir les long-courriers en provenance de métropole et qui sera choisie par la NASA comme un des cinq terrains de secours pour les navettes spatiales dans l'océan Pacifique. Tureia, à un peu plus de 100 km des zones de tir, ou Mangareva, à 400 km environ, sont dotées de vastes abris dans lesquels la population est rassemblée lors des essais aériens afin d'éviter les risques d'irradiation. De 1966 à 1996, 181 essais sont effectués par le CEP (167 à Moruroa et 14 à Fangataufa), dont 41 aériens, de 1966 à 1974, les autres étant souterrains. La dernière campagne se déroule en 1995-1996, suite à la décision du président de la République Jacques Chirac de reprendre les essais, suspendus en 1992 par François Mitterrand.

Les retombées du CEP sur la Polynésie française sont considérables. En quelques années, plus de 10000 métropolitains s'installent à Tahiti. Cet afflux est synonyme de besoins en matière de biens d'équipement et de consommation, d'autant qu'il s'agit d'une population au pouvoir d'achat très élevé. Des Polynésiens quittent leur île pour s'installer à Tahiti, en même temps que la Compagnie française des phosphates

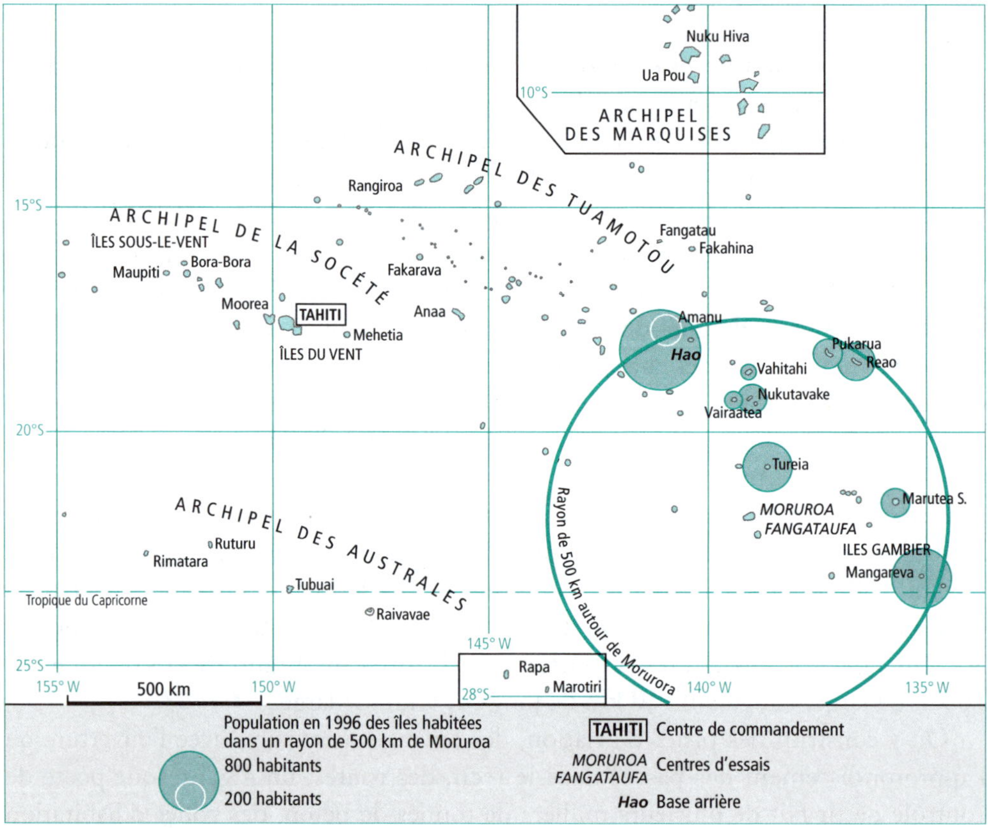

Document 7 : Le CEP en Polynésie française.

d'Océanie arrête l'exploitation de Makatea (cf. supra). Des milliers de Polynésiens sont embauchés par le CEP. La population de Tahiti passe de 45 000 habitants en 1962 à 79 000 en 1971. Le secteur du BTP est en plein boom, la politique d'investissements sociaux, en matière d'éducation et de santé spécialement, crée des emplois administratifs et une catégorie de fonctionnaires aisés apparaît. Mais cette croissance à son revers : la dépendance. Le taux de couverture chute ainsi de 83 % en 1960 à 12 % en 1970. Pendant longtemps, la population est peu sensible aux arguments antinucléaires, car elle y trouve son compte : les Polynésiens voient le niveau de vie progresser et les salaires s'envoler ; les métropolitains sont grassement payés et bénéficient d'une qualité de vie appréciable. Le CEP porte ainsi à bout de bras le Territoire. Lorsque les essais s'arrêtent, il n'est pas possible que le robinet financier soit fermé du jour au lendemain, car cela aurait provoqué une catastrophe économique et sociale. Finalement, en juillet 1996, six mois après le dernier essai, l'État s'engage à maintenir pendant dix ans le niveau des flux financiers qui résultaient de l'activité du CEP, à savoir 152 millions d'euros par an. Un « Programme stratégique pour le renforcement de l'autonomie économique et financière de la Polynésie française » est approuvé par l'Assemblée territoriale quelques mois plus tard et un Fonds pour la reconversion économique de la Polynésie française (FREPF) est créé, consacré surtout au financement de grands travaux d'infrastructures et à la construction de logements sociaux, tels les «*fare* MTR», *fare* signifiant «maison» en tahitien et MTR pour Mission territoriale de reconstruction. En 2002, une nouvelle convention remplace celle de 1996. L'État s'engage à maintenir de manière permanente, et non plus pour 10 ans, ce flux financier de 152 millions d'euros, dont 111 millions en 2005 correspondant à une dotation globale de développement économique (DGDE). La Collectivité aujourd'hui n'a plus le couteau sous la gorge, mais le tourisme, la pêche et la perliculture arriveront-ils à remplacer l'atome ?

Reste la question, pendante, des conséquences sur la santé des essais nucléaires. Des associations se créent, en métropole comme en Polynésie française. Les plaintes se multiplient pour faire reconnaître la responsabilité de l'État dans des pathologies fréquemment mortelles pouvant être liées à des radiations ionisantes qui affectent des personnes ayant travaillé sur les sites du CEP et des Polynésiens d'atolls voisins. L'absence d'explications à la forte prévalence avérée des cancers de la thyroïde en Polynésie française laisse libre cours à toutes les conjectures focalisées sur les essais nucléaires. Pour le moment, il n'y a pas de preuves scientifiques, mais une nouvelle étude menée par l'Institut national de la santé et de la recherche médicale (INSERM) doit permettre de faire la lumière sur ce grave problème.

c. Ariane ou les bienfaits de la position guyanaise

La décision de construire le Centre spatial guyanais (CSG) date de 1964. Ce choix est dicté par deux facteurs principaux : la position en latitude et la localisation des grands foyers de peuplement par rapport à la Guyane. Concernant le premier, la vitesse tangentielle fournie par la rotation de la terre augmente plus on s'approche de l'équateur. Kourou, à 5° de latitude Nord, est dans une situation quasi idéale, avec 463 mètres par seconde, soit 53 mètres par seconde de plus qu'à Cap Canaveral et 135 mètres par seconde de plus qu'à Baïkonour, ce qui, concrètement, se traduit par un gain en charge utile à puissance équivalente. Cette vitesse n'est favorable que si le tir se fait vers l'est, ce qui détermine un autre facteur de localisation. En effet, pour éviter que des étages ou la fusée toute entière ne retombent sur des zones habitées, le mieux est de s'installer sur une façade orientale de continent, c'est le cas de Cap Canaveral et de Kourou ou à l'ouest d'étendue désertique, c'est le cas de Baïkonour. À Kourou, lorsque l'on vise une orbite équatoriale, la première zone continentale survolée est l'Afrique, au niveau du Gabon, c'est-à-dire après l'extinction du troisième étage, quand il n'y a plus de danger. Si l'on vise une orbite polaire, on a une zone de sécurité appréciable, puisque c'est la Nouvelle-Écosse qui est la première terre survolée[12]. Aucune autre base spatiale dans le monde n'offre autant d'avantages, attendu que l'on est ici à l'abri des cyclones et que l'activité sismique semble très faible. Par ailleurs, la vacuité guyanaise rend possible l'occupation d'une zone très vaste de 600 km^2, favorable à de futures extensions du CSG. Il faut toutefois détourner la RN 1 et exproprier des agriculteurs-éleveurs qui s'adaptent très difficilement à la vie citadine kouroucienne et s'installent dans la « Cité du stade », dite « Cité des relogés ». Enfin, la proximité du fleuve Kourou a permis la construction du port de Pariacabo, qui réceptionne les modules des fusées construits en Europe et transportés par bateau.

Le CSG est sous la responsabilité du Centre national d'études spatiales (CNES). Il devient opérationnel en 1968. À partir de 1977, le programme Ariane, mené avec l'Agence spatiale européenne (ESA), garantit son développement. Un dernier acteur apparaît en 1980 : la société Arianespace, qui assure le financement et la direction de la production industrielle d'Ariane. Outre son personnel permanent, on trouve plusieurs autres industriels sur le site : Régulus, Europropulsion, Air Liquide ou EADS-Space Transportation. Dernière évolution, et pas des moindres : l'arrivée des fusées Soyouz, avec la construction d'un nouveau pas de tir qui leur est dédié, achevé aux alentours de 2009.

Simultanément au développement du centre de tir, qui emploie actuellement plus de 1300 personnes, Kourou et ses environs profitent également de la situation. De 659 habitants en 1961, cette commune passe à 19000 en 1999. À l'échelle de la Guyane, le poids du CSG est considérable, constituant le quart du PIB et la moitié de la production totale du département. Environ le quart des actifs travaille directement, indirectement ou de manière induite pour le spatial. Ses conséquences sont particulièrement nettes sur les infrastructures lourdes, comme la modernisation du réseau routier ou la construction d'équipements publics (centrale électrique, écoles, centre médical, etc.). Le CSG a transformé ce département en eldorado aux yeux des populations environnantes qui affluent. Des fusées sur fond de bidonvilles, telle semble être la nouvelle caricature de la Guyane, après celle du bagne.

7 Les espoirs du tourisme

Le tourisme est devenu aujourd'hui un secteur essentiel de la France d'outre-mer. Pourtant les espoirs qu'on met en lui, et qui sont *grosso modo* proportionnels aux difficultés économiques, ne doivent pas faire oublier un certain nombre de problèmes planant sur son développement.

a. Une activité longtemps secondaire

Naguère encore, l'outre-mer était à l'écart de cette activité, apparue au XVIIIe siècle en Angleterre. Son éloignement des grands foyers émetteurs, européens ou nord-américains, ne permet pas d'effectuer un séjour dans le cadre des vacances. Seuls quelques artistes, aventuriers, commerçants, hommes d'affaires ou fonctionnaires en mission fréquentent ces contrées lointaines et constituent la clientèle de ses rares hôtels. Il existe toutefois des pratiques touristiques chez les élites locales, telle, à la Réunion, la villégiature d'altitude dans le cirque de Cilaos durant la saison chaude. Au début du

XXe siècle, les croisières commencent à se développer dans la Caraïbe et les Antilles françaises voient arriver les premiers Américains. La catastrophe de la montagne Pelée n'est pas étrangère au développement de l'escale martiniquaise avec la visite de Saint-Pierre, considérée comme la « Pompéi de la Caraïbe »[13]. Le nombre de croisiéristes est estimé à 5 000 en 1926 et 11 000 en 1937. Il faut attendre la seconde moitié du siècle dernier pour que se développe véritablement le tourisme, en retard par rapport aux îles voisines. Ainsi, en 1952, les Antilles françaises ne constituent que 1 % de la capacité hôtelière de la Caraïbe et la Guadeloupe ne représente que 0,6 % des touristes et croisiéristes.

C'est seulement en 1956 que le ministère de la France d'outre-mer convoque le tourisme pour développer économiquement et socialement les territoires dont il a la charge et diversifier leur économie[14]. Dans ce dessein, il crée la Société immobilière et touristique d'outre-mer (SITO). Sa mission est de mettre en place une infrastructure hôtelière et divers aménagements d'intérêt touristique, tels les aéroports. Peu active, car disposant de moyens très faibles, la SITO est remplacée, en 1965, par une Mission interministérielle pour le développement du tourisme des départements et territoires d'outre-mer, présidée par le ministre des DOM-TOM. Cette mission, supprimée en 1975 après quelques hésitations, n'a pas l'efficacité, il s'en faut de beaucoup, de la Mission Racine en Languedoc-Roussillon ou de la Mission interministérielle d'aménagement de la côte aquitaine. Cependant, dans le cadre du VIe Plan (1971-1975) principalement, la Martinique et la Guadeloupe sont dotées d'une infrastructure hôtelière de standard international. Au cours des années 1970, la capacité hôtelière guadeloupéenne est multipliée par 2,5.

Au début des années 1970, les touristes sont rares dans l'outre-mer : quelques dizaines de milliers à la Martinique et à la Guadeloupe ; quelques milliers à la Réunion. Seule la Polynésie française connaît un développement touristique conséquent, avec la mise en service en 1960 de l'aéroport de Faaa : de 1 500 en 1959, on y compte 8 500 touristes en 1961 et plus de 50 000 en 1970. Beaucoup doutent de la réussite du tourisme en outre-mer, et pensent que seul un « tourisme collectif » dans quelques clubs de vacances se développera. On peut, par exemple, lire dans *l'Atlas de la Réunion*, publié en 1975 : « *L'éloignement, les prix des transports, le dépaysement, tout porte à penser que le tourisme individuel n'a guère de chance de devenir important à la Réunion.* »[15]

b. Une croissance à relativiser

Un peu plus d'un quart de siècle après cette opinion, on constate que le tourisme a pris son essor et s'est diffusé largement dans la France d'outre-mer (doc. 8), qui reçoit désormais plus de 2 millions de touristes par an, dont près des deux tiers aux Antilles, tandis que la fréquentation reste faible en Guyane, à Mayotte, à Saint-Pierre-et-Miquelon et à Wallis-et-Futuna, au point de n'être pas comptabilisée dans cette COM.

Document 8 : Fréquentation touristique en 2006.

	Nombre de touristes (en milliers)	Nombre de touristes par habitant	Part des métropolitains dans les touristes (en %)	Nombre de croisiéristes (en milliers)
Martinique	535	1,34	79	96
Guadeloupe	381 (en 2005)	0,95	92	72
Guyane	95	0,48	64	0
La Réunion	278	0,35	75	6
Polynésie française	221	0,85	19	39
Nouvelle-Calédonie	100	0,42	29	118
Wallis-et-Futuna	Inconnu	Inconnu	Inconnu	0
Saint-Pierre-et-Miquelon	7	1,1	?	2
Mayotte	31	0,16	44	7
Ensemble de l'outre-mer	**1 648**	**0,64**	**57**	**340**

Cette progression spectaculaire ne doit pas faire oublier que ces destinations, reposant sur les 3 S (*Sea, Sand and Sun*) avec une mer chaude à longueur d'année, sont toutes bien moins fréquentées que nombre d'îles environnantes. Quand la Polynésie française reçoit 221 000 touristes en 2006, Hawaii en accueille 33 fois plus, Guam 5 fois plus, les Mariannes du Nord et les Fidji plus de 2 fois plus. Dans l'océan Indien, le constat est le même : la Réunion, avec 278 000 touristes en 2006, est loin de Maurice (788 000 touristes) et derrière les Maldives (602 000 touristes). La Caraïbe confirme cette situation avec Porto-Rico, 3 fois plus fréquenté que la Martinique et la Guadeloupe réunies (en 2000), la République dominicaine 2,6 fois plus fréquentée, alors que Cuba et les Bahamas sont aussi loin devant. Par ailleurs, leur croissance est généralement plus lente. Par exemple, dans l'océan Pacifique, la Polynésie française et la Nouvelle-Calédonie sont parmi les territoires ou États qui ont connu les progressions les plus faibles ces vingt dernières années (doc. 9).

À ce flux touristique, il faut rajouter les croisiéristes. Avec plus de la moitié de la flotte mondiale, la Caraïbe est le premier bassin de croisières du monde (19 millions de croisiéristes en 2005). Or, dans un contexte aussi favorable et dynamique, les performances de la Guadeloupe et de la Martinique sont calamiteuses. Depuis 1996, année où ces deux DOM réunis dépassèrent le million de croisiéristes, le reflux de cette activité a été spectaculaire avec une chute de plus de 80 %. Martinique et Guadeloupe réunies représentent aujourd'hui moins de 1 % des flux caraïbes. Cette chute vertigineuse s'explique par une détérioration de leur réputation due à la multiplication de conflits sociaux durs, une qualité d'accueil à revoir, des infrastructures

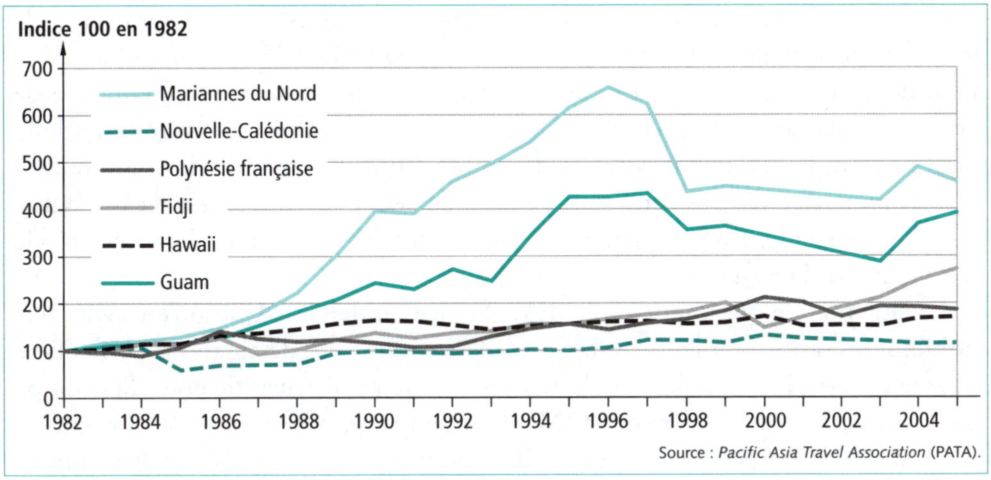

Document 9 : Fréquentation touristique de quelques États et territoires insulaires du Pacifique depuis 1982.

portuaires inadaptées et des pratiques dissuasives de la part des taxis, ce qui n'est pas nouveau puisque, dès les années 1920, on note des conflits entre la maison Albert, qui organisait le séjour des croisiéristes en Martinique, et les chauffeurs de taxi.

Plus généralement, les faiblesses du tourisme dans l'outre-mer tiennent à un certain nombre de handicaps structurels. L'appartenance à la France, synonyme d'aides multiples, de protections douanières ou d'activités stratégiques (cf. supra), a retardé la prise de conscience que le tourisme pouvait être une activité fondamentale. L'hôtellerie y est chère et la qualité du service perfectible, et il faut bien dire que les emplois dans le tourisme n'attirent pas beaucoup. Les tarifs hôteliers de Cuba ou de la République dominicaine, pays à bas salaires, sont inférieurs de 30 à 45 % à ceux des Antilles françaises. À Maurice, un employé dans l'hôtellerie est cinq fois moins payé qu'à la Réunion. Dès lors, le tourisme ultramarin a du mal à supporter la comparaison avec celui des îles voisines. Pourtant, il a bénéficié d'une série de mesures, particulièrement la « loi Pons », de juillet 1986, dont le dessein était de favoriser les investissements dans des secteurs considérés comme prioritaires pour l'outre-mer français (industrie, pêche, tourisme, agriculture, BTP, énergies nouvelles, cinéma), en contrepartie d'une réduction ou d'une exonération d'impôt.

Cette défiscalisation joue un rôle majeur, puisqu'aux Antilles françaises les investissements réalisés suite à cette loi apportent près d'un milliard d'euros dans l'hôtellerie. La Réunion connaît aussi une forte croissance du secteur de la location de voitures et de son parc d'hébergement, où ce sont particulièrement des opérateurs locaux qui profitent de ces mesures incitatives, en particulier le groupe d'affaires Apavou, très présent dans le secteur de l'immobilier. En Polynésie française, l'impact de la « loi Pons » est plus tardif, en raison surtout du moindre encouragement fiscal des ménages résidents. Il faut les délibérations territoriales de 1995-1996, connues sous le nom de « loi Flosse », renforçant le dispositif, pour voir les investissements défiscalisés fortement progresser. Mais la « loi Pons » engendre des effets pervers et beaucoup d'investisseurs privilégient l'intérêt fiscal au détriment de la rentabilité. Pour limiter ces abus, telle la très forte augmentation des bateaux de plaisance, dont la faible commercialisation révèle un usage essentiellement privatif, le Parlement vote, en décembre 1997, une refonte de la loi, notamment la limitation du très contestable cumul de déduction des pertes d'exploitation avec l'investissement lui-même. En 2001, la « loi Pons » est remplacée par la « loi Paul » puis par la « loi Girardin » en 2003.

La situation de quasi monopole d'Air France ou de l'UTA, jusqu'en 1986, rend prohibitif les tarifs pour l'outre-mer, considéré comme des destinations particulièrement onéreuses. La libéralisation du transport aérien et l'arrivée de nouvelles compagnies, telles Minerve, Corsair et AOM, ont un impact sur le nombre de sièges offerts et sur les tarifs. La politique agressive des compagnies charters oblige Air France à réduire ses prix et le flux touristique connaît à partir de 1987 une progression presque continue, quoiqu'à relativiser puisque les destinations concurrentes progressent fortement en raison de la déréglementation du transport aérien. Il reste le problème de la desserte. Dans des îles indépendantes, des compagnies aériennes sont créées afin d'exploiter des foyers émetteurs de touristes. Les nouvelles compagnies, souvent financièrement fragiles, choisissent la sécurité en reliant l'outre-mer à la métropole plutôt que d'ouvrir des lignes internationales non rentables au départ. Il en résulte une grande dépendance au marché métropolitain. La comparaison entre Maurice et la Réunion est édifiante. Ces îles voisines, de taille et de population comparables (1 865 km^2 et 1,25 million d'habitants pour la première, 2 512 km^2 et 0,8 million d'habitants pour la seconde), ne disposent pas du tout de la même offre aérienne, en raison de la politique du jeune État mauricien qui se dote d'une compagnie nationale, Air Mauritius, conçue comme un outil de développement (doc. 10).

c. Des destinations majoritairement confidentielles hors de métropole

À l'exception du Pacifique, l'outre-mer est presque inexistant sur le plan international. À l'étranger, la Réunion, la Martinique ou la Guadeloupe ont une image, au mieux, très floue. Les pays environnants n'envoient que peu de touristes, telle l'Afrique du Sud vis-à-vis de la Réunion et surtout les États-Unis dans les Antilles françaises (moins de 5 % des touristes en 2006). La part de la clientèle nord-américaine baisse depuis les années 1970. Les Européens non français sont eux aussi très discrets (3,4 % à la Réunion, 5,4 % à la Martinique en 2006). Il est d'ailleurs significatif qu'il n'existe aucune liaison aérienne régulière directe entre une ville européenne non française et l'outre-mer. Ainsi, quatre touristes sur cinq dans les DOM viennent de métropole (doc. 8).

À ce poids des nationaux vient se rajouter l'importance du « tourisme affinitaire », c'est-à-dire des personnes rendant visite à la famille ou à des amis, qu'il s'agisse de personnes originaires de l'outre-mer retournant sur leur terre d'origine pour les vacances ou de personnes qui ne sont pas originaires de l'outre-mer mais qui ont des liens familiaux

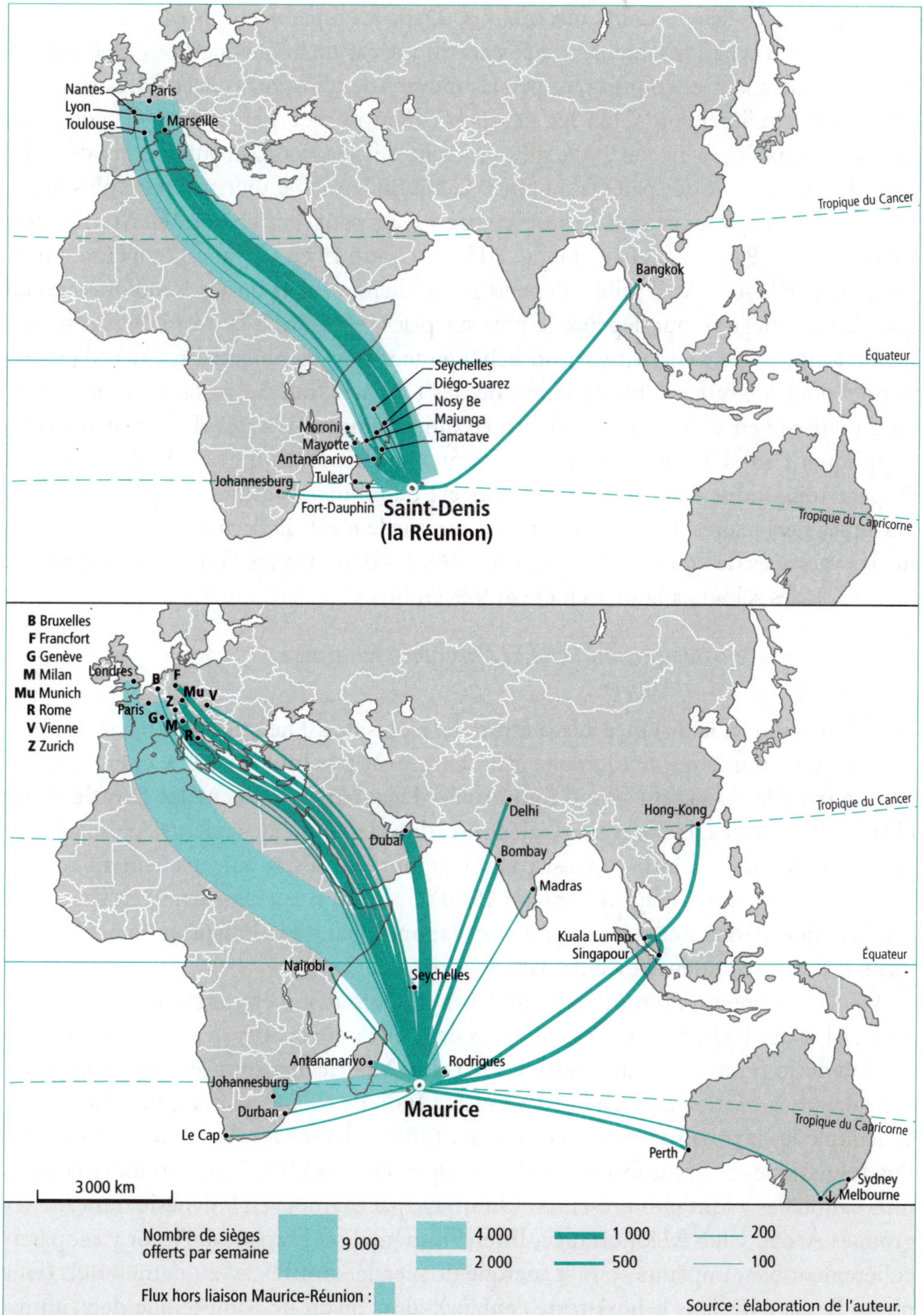

Document 10 : L'offre aérienne au départ de Maurice et de la Réunion en 2007.

ou amicaux avec des résidents ultramarins. Dans les espaces continentaux, c'est une population qui échappe largement aux statistiques, car ne fréquentant pas les hébergements commerciaux et empruntant peu les moyens de transport collectif. Les enquêtes effectuées régulièrement dans les aéroports d'outre-mer permettent de constater l'ampleur du phénomène : en 2006, 48 % des touristes à la Réunion ont pour mode principal d'hébergement des parents ou amis. Cette catégorie de touristes reste plus longtemps sur place que les autres : 25 jours contre 9 jours pour ceux en hôtel en Martinique ; 19 jours contre 9 jours en Guadeloupe ; 20 jours contre 14 en Guyane, compensant partiellement de la sorte leurs faibles dépenses quotidiennes, alors qu'à la Réunion, on note que c'est la catégorie qui dépense le plus sur place, eu égard à la durée de son séjour.

Ce tourisme se tournant vers un hébergement non commercial n'a rien d'exceptionnel pour la France. Plus de la moitié des touristes français restant en métropole opte pour ce genre de comportement, ce qui montre qu'il s'agit d'un trait national s'appliquant aussi à l'outre-mer, confirmant l'incorporation avancée de celui-ci à l'espace touristique français. L'outre-mer est de moins en moins marginal dans les pratiques vacancières des métropolitains, comme le révèle la dernière grande enquête sur les vacances des métropolitains. En 1999, les départs vers l'outre-mer représentaient 3 % des séjours à la mer en été et 9 % en hiver[16].

d. La renommée internationale de la Polynésie française et de la Nouvelle-Calédonie

Dans le Pacifique, la distance à la métropole, à plus de 20 heures d'avion, est un frein à ce genre de tourisme : le tourisme affinitaire y est très minoritaire. Cependant, ces deux territoires jouissent d'une renommée dépassant largement les frontières de l'Hexagone. Certes, la Nouvelle-Calédonie, dont le nom a des relents coloniaux, n'a pas le charme de « Tahiti » et n'est pas un support de désirs universellement connu. Les événements politiques des années 1980 (cf. infra) n'ont rien arrangé. Toutefois, elle bénéficie d'une image très positive au Japon. Quant à la Polynésie française, elle incarne universellement l'idée de paradis terrestre.

Ces bonnes réputations permettent d'attirer des touristes étrangers, constituant, en 2006, 61 % des 100 000 touristes en Nouvelle-Calédonie et 80 % des 221 000 touristes en Polynésie française. Dans cette COM, les Américains sont les plus nombreux (32 %), suivis par les Japonais (10 %) et les Italiens (6 %), tandis qu'en Nouvelle-Calédonie les Japonais viennent en premier (30 %), devant les Australiens (15 %). Le flux touristique est à plus forte contribution que dans les DOM et les grandes chaînes internationales y sont plus présentes. On trouve par exemple en Polynésie française les groupes Accor, Club Méditerranée, Intercontinental ou Starwood. Accor y est particulièrement bien implanté sous sa marque de prestige Sofitel, avec quatre hôtels **(voir photo B, page II, dans le hors-texte couleur)**, alors qu'on ne compte que deux autres hôtels Sofitel dans tout le reste de l'outre-mer français et que le groupe Accor prend ses distances avec les Antilles françaises. On peut faire les mêmes constatations en ce qui concerne la présence de la chaîne Le Méridien. Ces localisations sont symptomatiques d'un tourisme plus haut de gamme en Polynésie française qu'à la Réunion ou aux Antilles, à l'exception de Saint-Martin et Saint-Barthélemy.

La Polynésie française est l'espace ultramarin qui s'est le plus engagé dans le tourisme. Ce secteur a été identifié comme l'un des axes majeurs de développement économique de la Collectivité dans le cadre de la loi d'orientation pour la Polynésie française promulguée en 1994, et du Contrat de développement quadriennal signé la même année, auxquels il faut rajouter le « Programme stratégique pour le renforcement de l'autonomie économique de la Polynésie française » de 1996 (cf. supra). Une des mesures les plus spectaculaires a été la création d'une compagnie aérienne tahitienne, Air Tahiti Nui, dont les activités ont débuté en 1998. Dotée de cinq quadriréacteurs long-courriers (Airbus A 340), elle a clairement pour mission de desservir les principaux foyers touristiques et propose des liaisons avec Paris, Los Angeles, New York, Sydney, Tokyo, Osaka et Auckland. De la sorte, la Collectivité cherche à réduire sa dépendance vis-à-vis des compagnies métropolitaines et étrangères, à l'instar de nombreux micro-États insulaires.

e. Un poids croissant mais critiqué dans les économies ultramarines

Le tourisme constitue actuellement le meilleur espoir de développement de la France d'outre-mer. En dépit des handicaps bridant sa croissance, ce secteur est devenu vital, et sa marge de progression est grande. À la Réunion, en 2006, les recettes qu'il a générées ont été 2,3 fois supérieures aux exportations de sucre. À la Guadeloupe, l'hôtellerie-restauration représente 5,5 % de la population active occupée. En Polynésie française, il fournit les trois quarts des ressources propres du Territoire et représente 11 % du PIB. Incontestablement, il s'agit d'une activité dépendante de la conjoncture internationale, comme l'ont rappelé la guerre du Golfe, la crise économique japonaise de 1998 ou les attentats du 11 septembre 2001, mais la fréquentation métropolitaine permet d'atténuer ces turbulences. C'est une des raisons de l'intérêt porté à la clientèle métropolitaine, plus stable que le flux international.

Nombreux sont ceux qui attaquent ce choix de développement. Il faut reconnaître que certains projets ont laissé des traces dans les populations locales, qui ont alors pris conscience des risques de privatisation d'espaces littoraux publics. L'exemple de l'affaire Asathalama en Martinique est édifiant, des capitaux internationaux et locaux voulant s'emparer de toute l'extrémité Sud de la Martinique pour en faire un immense complexe enclavé avec son propre aéroport. La mobilisation de la population fit échouer le projet et les Martiniquais peuvent continuer de jouir de la zone des Salines. On arguë aussi du fait que le tourisme ne laisserait sur place qu'une partie des bénéfices[17]. C'est exact, mais quelle activité peut se prévaloir de laisser *in situ* tous les bénéfices générés ? Les profits du nickel néo-calédonien ou du phosphate polynésien ont plus bénéficié à la métropole qu'à ces contrées océaniennes. On peut comprendre les réticences de certains à servir les touristes, majoritairement blancs, alors que leurs ancêtres étaient des esclaves appartenant à des propriétaires d'origine européenne : cela peut être vécu comme un retour à une situation servile. Cependant, l'assistanat actuel nous apparaît bien plus pervers, parce qu'il déresponsabilise les populations locales. Le tourisme permet d'être moins dépendant des transferts de l'État et constitue une alternative à l'émigration.

Un autre argument souvent avancé évoque la déstructuration des cultures locales. Ce point de vue est contestable. Assurément, le tourisme les modifie, mais le souci de préservation repose sur des postulats discutables. Tout d'abord, il y a l'idée sous-jacente que toute culture serait en équilibre stable et que, sans influence extérieure, elle ne bougerait pas. Ensuite, il y a la croyance en la pureté et en la singularité des cultures. Enfin, les processus d'acculturation sont considérés comme forcément négatifs. Cette idolâtrie contemporaine pour les « cultures traditionnelles » ignore les individus. Or, une culture n'est pas un patrimoine qui préexisterait à leurs pratiques. Elle évolue, et les peuples n'ont aucune inclination à conserver leurs traditions. Un regard sur l'histoire des populations de la France d'outre-mer, évangélisées, exploitées, spoliées, déplacées, devrait amener certains à relativiser la déstructuration due au tourisme, venant après une succession de processus bien plus violents et radicaux qui ont totalement transformé les comportements et les modes de vie « traditionnels », si tant est que ce mot ait un sens dans les DOM. On peut même aller plus loin en affirmant que le tourisme peut être un outil de construction identitaire et de revitalisation culturelle, comme l'a montré Sara Le Menestrel à propos des Cadiens de Louisiane[18]. Cet argument fera sûrement bondir les nombreux touristophobes, catégorie d'individus aussi ancienne que le tourisme. E. Aubert de la Rüe, dans son ouvrage *L'Homme et les îles*, publié en 1935, à une époque où Tahiti ne reçoit que quelques centaines de visiteurs par an, n'hésite pas à affirmer : « *En beaucoup d'îles, l'arrivée des hordes touristiques* [sic] *a largement contribué à faire disparaître le pittoresque et la couleur locale qui étaient un de leurs grands attraits. C'est ainsi qu'en Océanie française les beautés naturelles demeurent, et des îles telles que Tahiti, Moorea et Raiatea étalent toujours leurs splendides paysages aux yeux émerveillés du voyageur, mais les mœurs des habitants, leur manière de vivre se sont profondément modifiés et ont perdu toute originalité.* »[19]

Conclusion : Des élites locales qui ont prospéré sur l'extraversion

La division intracoloniale du travail n'est pas seulement due à la métropole. Les élites locales d'origine européenne (Békés et Gros-Blancs), particulièrement l'oligarchie sucrière, n'avaient pas intérêt à un développement autonome, parce que leur prospérité reposait sur la propriété foncière et le contrôle par leurs sociétés commerciales des courants d'exportation et d'importation. Un développement autocentré les aurait pénalisés, en réduisant les échanges et les cultures commerciales exportées. Aux Antilles, les maisons de négoce appartiennent aux « Blancs-pays », ceux-là mêmes qui avaient les grandes habitations. Les détenteurs de capitaux furent peu attirés par les investissements industriels, préférant l'immobilier, la terre ou le commerce, telles les concessions automobiles, particulièrement juteuses. Le groupe d'origine martiniquaise Hayot, bien implanté dans les trois DOM insulaires au travers des concessions automobiles, des hypermarchés ou de l'agro-alimentaire, en est sûrement le plus bel exemple.

Le développement, ces vingt dernières années, des grandes surfaces est le dernier avatar de cette logique. Il faudra attendre la « loi Pons » de 1986 pour que des investisseurs locaux s'engagent vraiment dans le tourisme, notamment le groupe guadeloupéen Leader. On peut mettre en regard, une nouvelle fois, Maurice et la Réunion, en considération de leurs ressemblances. L'indépendance mauricienne, en 1968, poussa le nouvel État à sortir prudemment de la monoculture sucrière et à diversifier son économie en se tournant vers le tourisme. L'investissement touristique fut largement le fait des Franco-Mauriciens, ces Mauriciens descendants des colons français qui contrôlaient le secteur sucrier. À la Réunion, le transfert des bénéfices de la terre vers le tourisme fut tardif et limité, le commerce d'import-export étant jugé plus juteux et moins risqué. L'essor du groupe d'origine réunionnaise Bourbon est, de ce point de vue, exemplaire. Ce groupe, né en 1948 de la fusion de plusieurs sociétés familiales travaillant dans le secteur sucrier, se lance dans les années 1970 dans la grande distribution avec sa branche Vindémia qui domine à la Réunion (hypermarchés Cora ou JumboScore), et s'est aussi installé ces dernières années à Mayotte (inauguration du premier hypermarché de l'île en 2001 – Cora – faisant suite à l'ouverture d'un supermarché Score), à Maurice, à Madagascar et au Viêtnam. Outre l'agroalimentaire et la grande distribution, le groupe Bourbon, devenu « Bourbon » en 2005, a opéré un mouvement majeur vers les activités de services maritimes. Sa flotte compte plus de 200 unités spécialisées dans le remorquage (les Abeilles), le transport de vrac sec (Setaf-Saget) et l'offshore profond (Surf). Le groupe, qui emploie actuellement 7000 personnes, est désormais présent en Norvège, au Brésil, en Afrique et dans l'océan Indien, ainsi qu'en métropole, mais est absent du secteur touristique. Son plan d'orientation stratégique pour 2003-2007 consacre la volonté du groupe de renforcer sa branche maritime, spécialement l'activité de service à l'offshore pétrolier en eau profonde.

La subordination à la métropole fut donc exploitée et non combattue. Cette participation active des élites locales au système colonial n'a fait qu'accentuer la sujétion des colonies à la métropole et a contribué à façonner la mise en valeur de la France d'outre-mer, à proportion de la maîtrise progressive de leurs écosystèmes.

III. La lente maîtrise d'écosystèmes contraignants

Deux représentations opposées résument la France d'outre-mer vue de métropole : des plages de sable blanc bordées de cocotiers sur fond de lagon bleu turquoise que véhiculent publi-reportages et voyagistes ; des paysages dévastés par la fureur des cyclones qui ponctuent les journaux télévisés, très rares moments où les chaînes de télévision métropolitaines s'intéressent à ces terres lointaines, presque totalement absentes du paysage télévisuel français si ce n'est sur France Ô. Il est nécessaire d'aller au-delà de ces images idylliques, invitant au voyage, et de cette vision catastrophiste, inclinant à une sorte de fatalisme déterministe, en présentant les caractéristiques et contraintes de ces écosystèmes.

1 Une tropicalité peu à peu dominée

La tropicalité de la majeure partie de l'outre-mer français rend largement compte de ses paysages végétaux et littoraux, de l'histoire de sa mise en valeur agricole, tout comme de son développement touristique présent. Les particularités du climat ont pu engendrer des obstacles aujourd'hui largement dominés.

a. Les effets du rayonnement solaire et de l'éclairement

Puisque le soleil est toujours très haut vers midi, passant même deux fois par an au zénith entre les deux tropiques, l'exposition importe peu : il n'y a pas d'adret et d'ubac ; la végétation, l'agriculture ou l'habitat sont indifférents à ce facteur. En revanche, d'autres considérations astronomiques ne sont pas sans effets. Tout d'abord, l'angle d'incidence des rayons du soleil en arrivant au sol étant continûment élevé, l'intensité du rayonnement solaire est très forte. Les touristes européens à la peau claire l'apprennent vite à leurs dépens s'ils ont oublié de s'enduire d'une crème solaire très protectrice.

Un autre facteur de surprise, moins cuisant pour ceux qui découvrent le monde tropical, est l'heure jugée très précoce à laquelle il fait nuit le soir tout au long de l'année. En effet, plus on s'éloigne de l'équateur, plus la durée du jour varie et plus les crépuscules sont longs. À la latitude de Cayenne (4°50' N), l'ensoleillement théorique quotidien oscille entre 11 heures 49 minutes et 12 h 22 min, entre 11 h 15 min et 12 h 58 min à Fort-de-France (14°35' N), entre 10 h 49 min et 13 h 32 min à Nouméa (22°20' S), alors qu'à Paris (48°50' N) l'écart est beaucoup plus important, allant quasiment du simple au double, de 8 h 15 min fin décembre à 16 h 09 min fin juin. La tropicalité se traduit donc par une quasi immuabilité des alternances jour-nuit, tandis que celles-ci soulignent les saisons en zone tempérée. Par ailleurs, contrairement à la métropole où l'on avance sur l'heure solaire – d'une heure en hiver et de deux heures en été – les terres tropicales de la France d'outre-mer ont une heure légale calée sur l'heure solaire, ce qui amplifie pour le coucher du soleil les effets de la latitude. De ces observations découle un rythme de vie bien différent de celui des pays tempérés, plus en rapport avec l'éclairement naturel. On se lève tôt, les écoles ouvrent vers 7 heures et demi et ferment vers 16 heures. Les bureaux ont à peu près les mêmes horaires et, après 18 heures, les commerces des centres-villes sont fermés. On se couche aussi très tôt : les chaînes locales de télévision en tiennent compte, plaçant les actualités vers 19 heures et les programmes de début de soirée vers 20 heures. Les hypermarchés, dont les heures d'ouverture sont grossièrement calquées sur celles de métropole, sont, peut-être, le cheval de Troie d'un rapport européen à l'heure qui pourrait modifier les habitudes.

b. Des températures trompeuses

Les climats intertropicaux ont en commun une température moyenne annuelle élevée et une amplitude thermique annuelle inférieure à l'amplitude thermique quotidienne, qui dépasse partout les 6 °C. C'est près de l'équateur que les températures sont les plus constantes sur l'année, les écarts augmentant en s'en éloignant (doc. 11). Pour les températures extrêmes, les différences sont aussi croissantes en allant vers les tropiques. Il est toutefois très rare d'avoir des températures inférieures à 18 °C et supérieures à 34 °C au niveau de la mer, en raison de la présence adoucissante de l'océan.

L'examen de ces valeurs ne permet pas de se faire une idée claire des sensations thermiques qu'on peut y éprouver. L'humidité, en permanence très élevée – à la Réunion, la valeur mensuelle moyenne de l'humidité relative ne descend jamais sous les 65 %, et sous les 75 % à la Martinique ou à Tahiti – rend inconfortable des températures très tolérables lorsque l'air est sec. Le temps peut être jugé accablant et oppressant avec une température de 28 °C, si l'humidité relative dépasse les 80 %. C'est ce qui se passe en saison des pluies où tout geste entraîne la sudation, où les objets moisissent dans les armoires, où les corps sont vite fatigués. Dans les DOM, l'architecture d'antan n'a pas toujours cherché à s'adapter à de telles conditions climatiques. La case réunionnaise est mal ventilée et particulièrement inconfortable dans la journée. La vie en plein air est autant la raison que le résultat de cela. Les maisons des riches étaient mieux conçues, disposant de nombreuses ouvertures, avec souvent des cloisons séparant les pièces n'allant pas jusqu'au plafond afin de faciliter la circulation d'air. Aux Antilles, une véranda ceinturait la maison, alors que la varangue réunionnaise n'était que sur un ou deux côtés. Aujourd'hui, le développement de la climatisation, s'il permet de travailler plus confortablement, coûte cher et consomme énormément d'énergie, ce qui, dans l'avenir, posera un problème de fourniture d'électricité. Outre les bureaux, il y a de plus en plus de particuliers qui en sont équipés, particulièrement dans les secteurs résidentiels littoraux, comme à Saint-Gilles-les-Bains, la Saline-les-Bains ou l'Étang-Salé-les-Bains, à la Réunion, où entre 27 et 43 % des logements étaient climatisés en 1999.

Les faibles amplitudes thermiques rendent les individus plus sensibles aux moindres variations du mercure. Les Réunionnais ou les Néo-Calédoniens éprouvent une vive impression de fraîcheur en juillet-août, alors que les moyennes mensuelles continuent de dépasser les 20 °C, ce qui surprend et amuse les métropolitains. La sensation de fraîcheur est aussi amplifiée par l'établissement d'un régime d'alizé franc et rapide en saison sèche, tel le *maraamu* polynésien, un alizé de sud-est qui souffle au sud de la Polynésie française. Sur les îles montagneuses, la mise en place

Document 11 : Comparaison de quelques stations en fonction de leur latitude.

Lieu	Latitude	Température moyenne du mois le plus froid	Température moyenne du mois le plus chaud	Amplitude moyenne annuelle
Cayenne	4°50′ Nord	25,2 °C	26,1 °C	0,9 °C
Atuona (archipel des Marquises, PF)	9°50′ Sud	25,1 °C	26,8 °C	1,7 °C
Pamandzi (Mayotte)	12°50′ Sud	24 °C	27,6 °C	3,6 °C
Futuna	14°15′ Sud	25,4 °C	27,2 °C	1,8 °C
Fort-de-France	14°35′ Nord	24,4 °C	26,6 °C	2,2 °C
Pointe-à-Pitre	16°15′ Nord	23,4 °C	26,7 °C	3,3 °C
Saint-Denis-de-la-Réunion	20°50′ Sud	21,8 °C	27,5 °C	5,7 °C
Nouméa	22°20′ Sud	20,3 °C	25,8 °C	5,5 °C
Rapa (archipel des Australes, PF)	27°30′ Sud	17,7 °C	24 °C	6,3 °C

Source : élaboration de l'auteur.

la nuit d'une brise de pente catabatique crée une circulation divergente et subsidente qui favorise la dissipation des nuages sur les sommets et rafraîchit l'atmosphère, tel le *hupe* tahitien qui abaisse les minima nocturnes, ce qui est très apprécié des résidents.

L'altitude provoquant une baisse des températures, de l'ordre de 0,6 °C à 0,8 °C par 100 mètres, les îles élevées sont dotées en leur centre d'écosystèmes originaux. Prisées des populations littorales à la recherche de fraîcheur en saison chaude, ces zones d'altitude sont fréquentées depuis longtemps par une élite locale en villégiature. À la Martinique, la bourgeoisie de Saint-Pierre possédait des résidences secondaires à Morne-Rouge (450 m d'altitude), alors que les cirques réunionnais combinaient thermalisme et climatisme. Aujourd'hui, les domaines en hauteur des agglomérations sont cotés pour leurs températures plus clémentes, comme La Montagne, un quartier résidentiel de Saint-Denis-de-la-Réunion **(voir photo U, page XIII, dans le hors-texte couleur)**, ou la commune de Saint-Claude, au-dessus de Basse-Terre en Guadeloupe. Les hautes plaines réunionnaises, à plus de 1 000 mètres d'altitude, ont un climat tempéré frais et très humide permettant un élevage bovin dynamique sur de beaux pâturages. À la Plaine-des-Palmistes (1 100 m d'altitude), 28 % des logements en 1999 étaient équipés du chauffage. La Plaine-des-Cafres, à 1 550 mètres, a des températures minimales moyennes de seulement 8,5 °C et des températures maximales moyennes de 20,5 °C, pour une insolation inférieure à 2 000 heures par an.

c. Des précipitations inégalement réparties dans le temps

Les totaux pluviométriques des stations ultramarines tropicales impressionnent : 3 400 mm par an à Cayenne-Rochambeau, 2 000 mm à Fort-de-France et à Papeete, plus de 1 100 mm pour Saint-Denis-de-la-Réunion, et jusqu'à 10 000 mm dans certaines zones d'altitude. Rares sont les secteurs où les cumuls annuels sont inférieurs au mètre. Pourtant, il existe des pénuries saisonnières d'eau, car l'année se divise en deux périodes, une saison des pluies et une saison sèche, respectivement appelées Hivernage et Carême aux Antilles. Par ailleurs, l'évapotranspiration est très élevée et la variabilité interannuelle des précipitations peut occasionner des sécheresses sévères, telle celle de la fin 2000 et du premier semestre 2001 à la Guadeloupe. Même le climat équatorial guyanais, avec ses quatre saisons, n'est pas à l'abri (doc. 12), comme le démontre le fort déficit pluviométrique qu'a connu le nord-est du département en janvier 2003, probablement en raison de l'oscillation australe *El Niño* (ENSO). À Mayotte, l'explosion démographique (186 000 habitants en 2007 contre 47 000 en 1978) associée à une saison sèche accusée (doc. 13), ont nécessité de récents et importants investissements pour éviter les interruptions de distribution d'eau qui pouvait durer plusieurs jours. Depuis 1998, une unité de dessalement d'eau de mer a été mise en service sur Petite-Terre et deux retenues collinaires ont été construites, celle de Combani, d'une capacité de 1,5 million de m^3, et celle de Dzoumogné, de 2,5 millions de m^3.

Les pluies tombent fréquemment sous forme d'averses très violentes. Les plus gros apports d'eau sont dus aux cyclones. Ces « avalasses » sont d'intensité exceptionnelle et la Réunion possède de nombreux records mondiaux sur des laps de temps compris entre 12 heures et 15 jours. Ainsi il est tombé lors du cyclone Hyacinthe, en 1980, 1 170 mm d'eau en 12 heures sur Grand-Ilet – localité à 1 100 m d'altitude dans le cirque de Salazie – 3 240 mm en trois jours et 6 083 mm en 15 jours au Commerson, à 2 320 m d'altitude ! À Saint-Denis-de-la-Réunion, un cumul quotidien de 259 mm est susceptible d'être atteint une fois tous les 10 ans. Pour la même durée, on atteint le chiffre de 781 mm à la Plaine-des-Cafres[20].

À côté de ces phénomènes paroxystiques, les lignes de grains venteux entrecoupées d'éclaircies, les précipitations dues aux gigantesques amas nuageux de la zone de convergence intertropicale (ZCIT), stationnant sur la Guyane et sur Mayotte, ou les pluies convectives d'évolution diurne peuvent aussi être violentes. Celles-ci obéissent à un cycle invariable qui singularise les îles montagneuses tropicales : en matinée, par beau temps, des développements nuageux apparaissent sur les hauteurs et donnent des averses dans les zones d'altitude à partir de la mi-journée. Dans l'après-midi, les nuages débordent et peuvent donner des pluies sur les zones littorales. En conséquence, tous les guides touristiques conseillent de visiter la montagne tôt le matin. Ces forts abats, d'origines variées, font que toutes les parties de la Martinique reçoivent presque chaque année une pluie de 100 mm en 24 heures.

Un autre moyen de montrer l'intensité des pluies est de mettre en regard l'insolation avec les précipitations, bien qu'une couverture nuageuse ne soit pas forcément

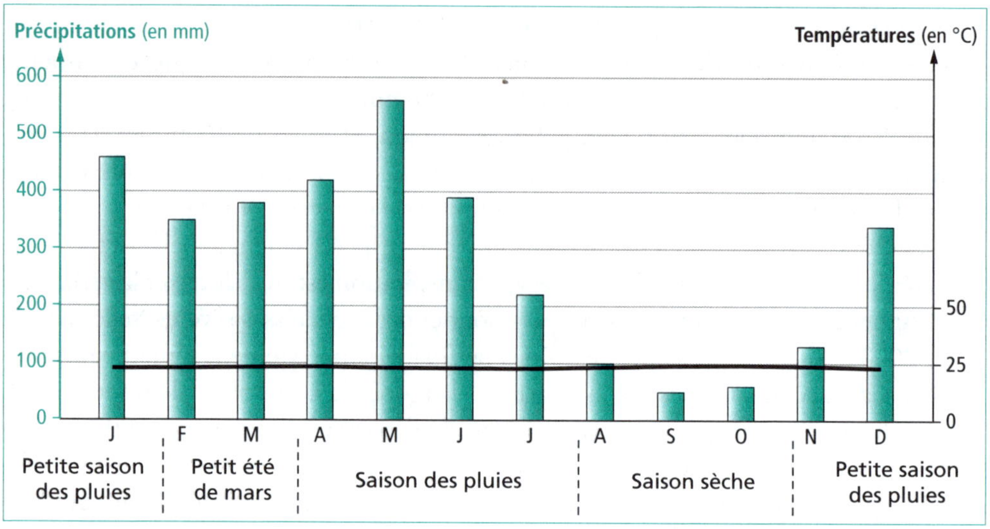

Document 12 : Le diagramme ombrothermique de Cayenne-Rochambeau (Guyane).

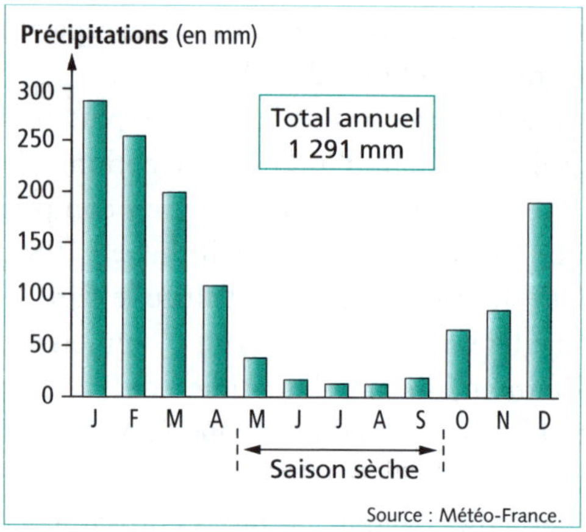

Document 13 : Les pluies à Pamandzi (Mayotte).

synonyme d'averses. Fort-de-France a environ 2 850 heures de soleil par an, une valeur élevée, équivalente à celle de Marseille. Or, les totaux pluviométriques sont plus de trois fois supérieurs dans la première que dans la seconde.

La force des pluies est un facteur prépondérant pour l'érosion, la végétation et les cultures. Celles-ci souffrent beaucoup lors des épisodes violents, et peuvent être entièrement détruites. Les rivières ont un régime pluvio-torrentiel et la largeur de leur lit, la plupart du temps à sec, permet de se faire une idée des précipitations qui peuvent s'abattre sur ces contrées, nonobstant l'infiltration très élevée sur les îles volcaniques, constituées de basalte perméable et fissuré. La rivière des Galets, à la Réunion, a un bassin versant d'une centaine de km^2, et son lit majeur fait plus de 500 m de large près de l'embouchure, eu égard à des débits qui peuvent atteindre 1 000 m^3/s à l'occasion des épisodes cycloniques. Ces cours d'eau sont dangereux lorsqu'ils sont en crue, sortant de leur lit, inondant et dévastant soudainement, telle la rivière Madame qui fit de gros dégâts au centre-ville de Fort-de-France lors du passage du cyclone Dorothy en septembre 1970. Pour limiter le risque et dans le cadre d'un Plan de secours spécialisé (PSS), une « alerte fortes pluies » a été mise en place à la Réunion, découpée en cinq zones. Les glissements de terrain peuvent être aussi très dangereux, tel celui de Cabassou en Guyane, sur l'île de Cayenne (commune de Rémire-Montjoly), qui fit dix victimes en avril 2000.

La formation de profondes vallées radiales rend difficile les communications, particulièrement à la Réunion qui constitue l'édifice volcanique le plus puissant de l'outre-mer français, puisque l'île culmine à plus de 3000 m (3070 m au piton des Neiges). Ces ravines ont longtemps cloisonné les mouvements, particulièrement sur les planèzes de l'Ouest, où la circulation devait se faire par des routes reliant les parties élevées au littoral, au détriment des flux horizontaux. Outre les ouvrages d'art coûteux nécessaires pour franchir ces multiples obstacles, ces pluies violentes renchérissent fortement l'entretien de la voirie avec un resurfaçage beaucoup plus fréquent de la couche de roulement des routes bitumées qu'en zone tempérée, et l'utilisation plus courante du béton, plus résistant mais plus cher.

Mal réparties dans le temps, les pluies n'excluent pourtant pas des pénuries récurrentes sur les îles volcaniques hautes, qui regroupent plus des deux tiers de la population ultramarine, par des pentes fortes provoquant un ruissellement intense, un écoulement généralement radial divergeant, à l'origine de bassins versants modestes, une infiltration élevée ou l'exiguïté des îles. À cette liste se rajoute l'effet d'abri, avec l'opposition des côtes au vent aux côtes sous le vent, que nous allons analyser maintenant.

d. Des précipitations inégalement réparties dans l'espace

Les cartes des isohyètes annuelles présentent une nette dissymétrie entre l'ouest et l'est des îles (doc. 14). Celle-ci est d'autant plus accusée que le relief est marqué et que le flux d'alizé est permanent, ce qui exclut les îles basses, comme les atolls, et Mayotte qui, compte tenu du déplacement très important de la ZCIT dans l'océan Indien, est soumise à un flux de mousson de nord-ouest de décembre à mars appelé kash-kazi, opposé à l'alizé (koussi), soufflant de juin à septembre. Les écarts entre les côtes au vent et les côtes sous le vent sont très marqués : Saint-Gilles-les-Bains, à la Réunion, sous le vent d'un massif dépassant les 3000 m d'altitude, ne reçoit que 525 mm/an contre plus de 4000 mm à Sainte-Rose, sur la côte orientale ; Vieux-Habitants, sous le vent de la Soufrière en Guadeloupe, ne reçoit qu'un mètre d'eau par an contre plus de 2 m à Capesterre-Belle-Eau, sur la côte au vent de la Basse-Terre ; sur la côte Ouest de Tahiti, Punaauia a un total de 1500 mm/an contre 3800 mm/an à Tiarei, sur la côte Est ; en Nouvelle-Calédonie, on atteint les 2700 mm à Poindimié, à l'Est, alors qu'à Koumac, à l'Ouest, on dépasse à peine le mètre. C'est dans les zones d'altitude des côtes au vent que les records pluviométriques sont atteints.

Ces oppositions ne se réduisent pas aux seules précipitations : l'insolation est bien plus forte à l'Ouest qu'à l'Est ; on a un régime de brises à l'Ouest, d'alizé à l'Est ; les fortes chaleurs sont cantonnées à l'Ouest, tandis que l'Est se caractérise par sa douceur, etc. Il existe véritablement un climat sous le vent et un climat au vent, dus aux masses d'air chaudes et humides qui arrivent sur la côte orientale grâce à l'alizé, soufflant d'est en ouest. En s'élevant, elles vont donner des pluies sur ce versant au vent. Au franchissement de la ligne de crête, l'air redescend, se comprime et se réchauffe. Les nuages s'effilochent et les pluies disparaissent rapidement (doc. 15). Il n'est pas rare que s'y développent en fin de saison sèche, de grands incendies de forêt ou de brousse, après plusieurs mois sans pluie. La Réunion et la Nouvelle-Calédonie sont assez régulièrement concernées par de tels événements, Tahiti plus rarement, quoique celui de novembre 2002 prouve qu'ils peuvent également y prendre de l'ampleur.

La multitude de climats locaux explique la diversité des paysages végétaux, avec des espèces xérophiles sur la côte sous le vent. La côte au vent aura un aspect beaucoup

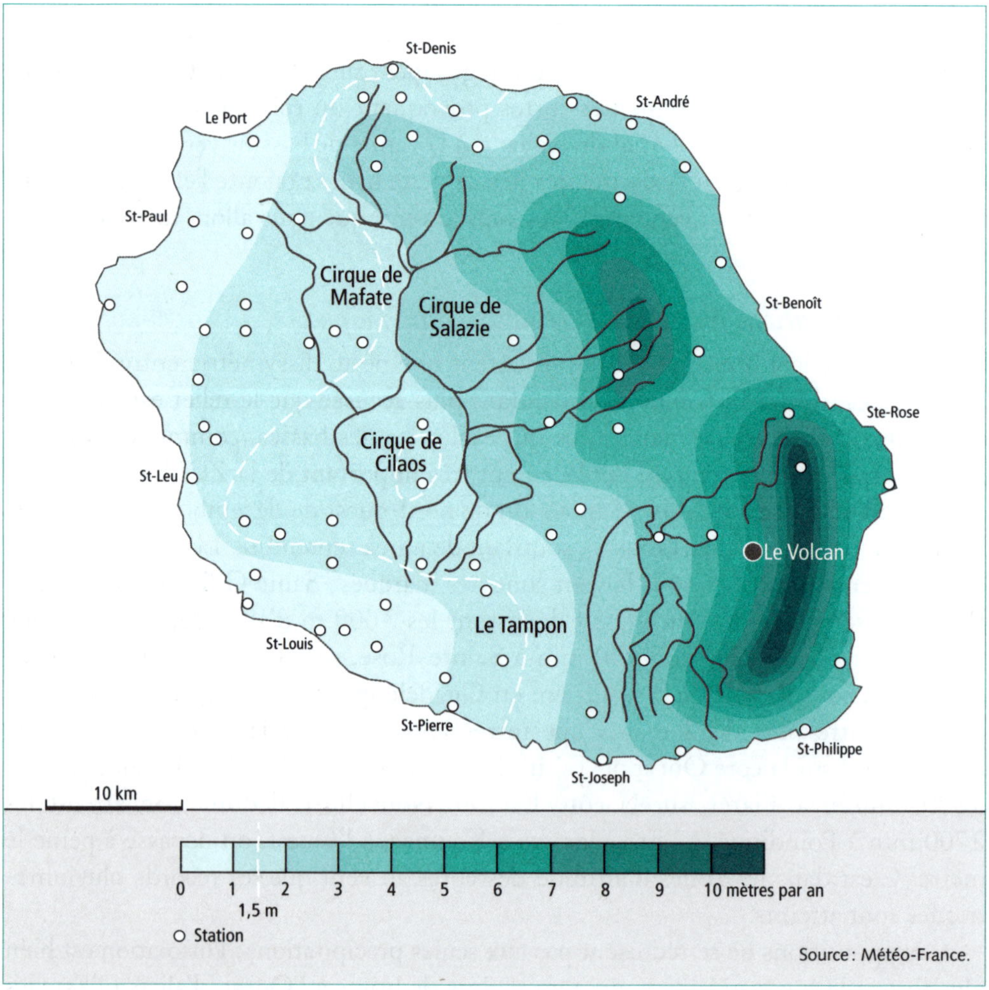

Document 14 : La pluviométrie moyenne annuelle à la Réunion.

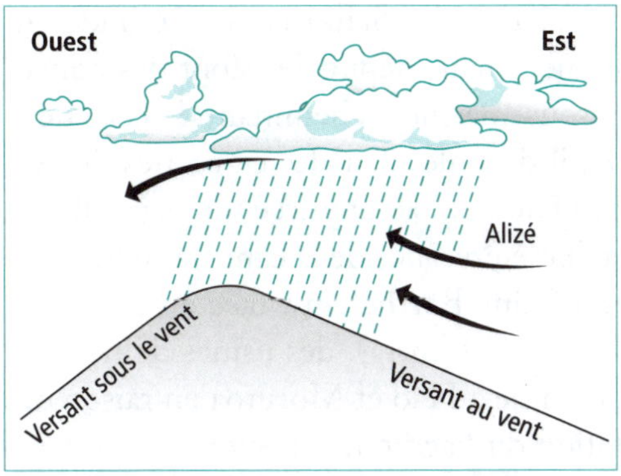

Document 15 : L'effet de l'alizé sur le climat insulaire.

plus vert. **Voir photo E et F, page III, dans le hors-texte couleur.** La nature des littoraux sera aussi soumise à l'exposition. La houle due à l'alizé, la diminution de la salinité et la forte turbidité des eaux côtières, près des embouchures des nombreux fleuves sur les versants orientaux, vont inhiber la croissance des coraux. En conséquence, les barrières récifales seront plus rares, voire absentes, des côtes au vent, à l'opposé des côtes sous le vent. Ce contraste est particulièrement net à Tahiti et à la Réunion, où les plages en bordure de lagon et constituées de sables coralliens blancs ne se trouvent que sur la côte sous le vent, renforçant l'avantage climatique dans le cadre d'une mise en valeur touristique.

Cet atout ne doit pas faire oublier les pénuries d'eau que connaissent nombre de zones sous le vent en saison sèche. Pour y remédier, une réalisation pharaonique a été lancée à la Réunion à la fin des années 1980 : transférer les eaux de certaines rivières de la côte est vers la côte ouest, grâce à des galeries souterraines. Baptisé « Irrigation du littoral ouest » (ILO), ce transfert des eaux, dont le coût est évalué à 850 millions d'euros, doit permettre d'irriguer, à l'horizon 2012, plus de 7 000 ha sur la côte sous le vent, soit plus de 15 % de la SAU de l'île, et d'accompagner l'urbanisation de ce secteur en forte croissance démographique (doc. 16). À la Guadeloupe, la Grande-Terre, basse et calcaire, a dû être alimentée par les eaux provenant des rivières de la côte au vent de la Basse-Terre, ce qui a nécessité la mise en place d'un impressionnant réseau d'adduction et d'une centaine de réservoirs, permettant un stockage de plus de 100 000 m^3 d'eau. Trois barrages y sont également en construction ou en projet.

Ce genre de réalisations est impossible dans le cas des îles basses et petites, qui doivent gérer une pénurie chronique, conséquence de précipitations moindres que sur les îles hautes. Les îles basses ne bénéficient pas des pluies d'origine convective, car leur relief modeste ne génère que de faibles mouvements verticaux de l'air. Elles doivent donc se contenter des pluies d'origine advective, c'est-à-dire dues à des déplacements horizontaux de l'air. Or, les îles basses de la France d'outre-mer ne sont pas concernées par le passage de la ZCIT et les pluies se résument donc à quelques grains isolés ou à des ondes circulant dans le courant d'alizé. Ainsi, les totaux pluviométriques des petites dépendances de la Guadeloupe ou des atolls polynésiens sont relativement faibles : Saint-Barthélemy et les îles de Petite-Terre reçoivent moins de 1 000 mm par an, à peine plus à Saint-Martin, à la Désirade et aux Saintes, de 1 200 à 1 400 mm sur l'archipel des Tuamotu, en Polynésie française.

Pour assurer l'approvisionnement de la population, les Saintes et la Désirade ont été dotées d'usines de dessalement d'eau de mer, mais, depuis le début des années 1990, elles sont alimentées par des conduites sous-marines acheminant de l'eau de la Basse-Terre. Des rigueurs de la saison sèche, il découle, dans les ex petites dépendances de la Guadeloupe, une mise en valeur qui ne s'est pas appuyée sur l'agriculture, ce qui explique l'importance de la pêche et la faible présence de la canne à sucre, hormis à Saint-Martin. Dans cette dernière et à Saint-Barthélemy, face à l'explosion démographique et au développement du tourisme (cf. infra), des usines de dessalement d'eau de mer ont été mises en service, comme à Hao et Moruroa en raison des besoins importants du Centre d'expérimentation du Pacifique (cf. supra).

Sur les autres atolls de Polynésie française, le Paumotu (gentilé de Tuamotu) se contente de quelques dizaines de litres d'eau par jour, provenant de l'eau de pluie collectée sur les toitures en tôle, du pompage de la nappe phréatique (lentille d'eau

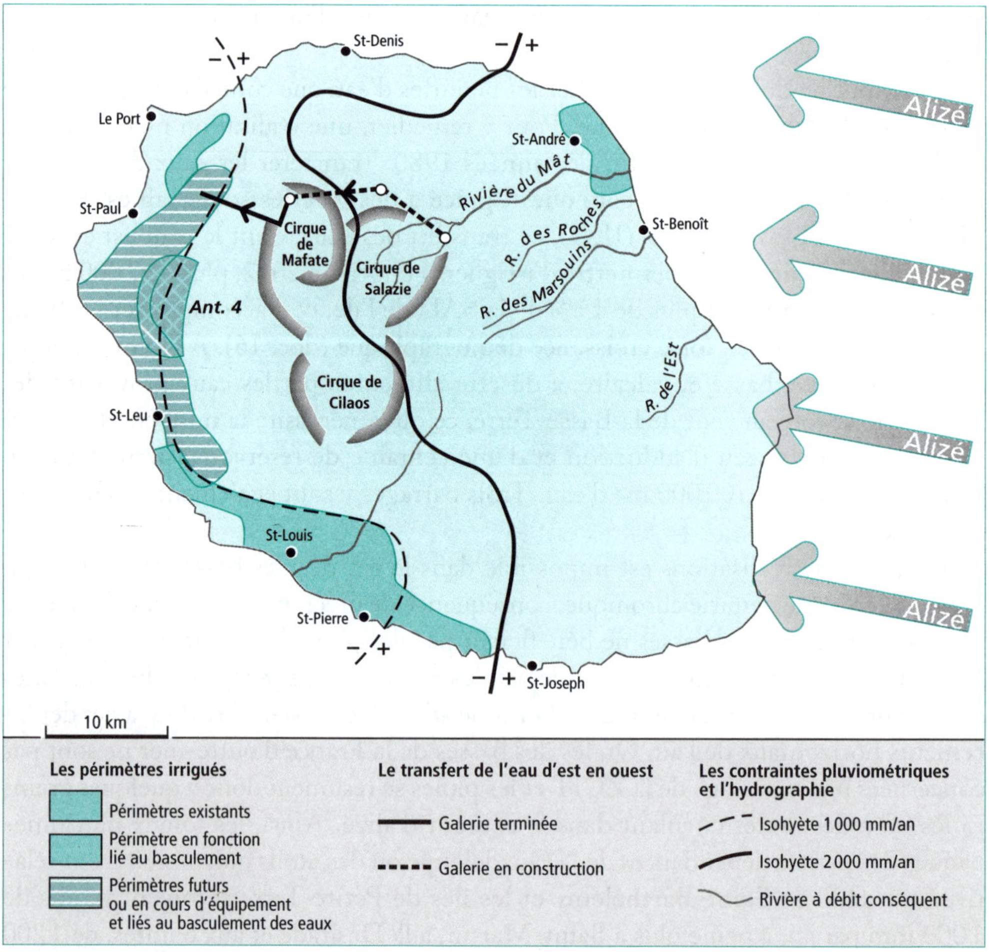

Document 16 : Le transfert des eaux de la côte au vent à la côte sous le vent à la Réunion.

douce), voire des noix du cocotier. Aux problèmes de collecte, s'ajoute la question du stockage de l'eau. La consommation d'eau non-potable provoque gastro-entérites et parasitoses intestinales, tandis que le manque d'eau occasionne encore des mycoses. Cette situation n'est cependant pas une fatalité. L'État a engagé depuis la fin des années 1980 un vaste programme de construction de citernes individuelles de 7,5 m^3. Par ailleurs, la collecte des eaux de pluie peut être appliquée à plus grande échelle en récupérant l'eau sur les toits des édifices publics (églises, mairies, écoles) ou sur les pistes d'aviation.

e. La menace cyclonique, une culture de l'alerte

En dépit des multiples difficultés que le milieu tropical pose à l'activité humaine, l'homme le maîtrise de mieux en mieux. Le risque cyclonique en est une autre preuve, malgré son potentiel de dévastation. La France ultramarine est menacée, mais inégalement. La latitude est une variable majeure. Pour qu'un tourbillon se forme, il faut que la force de Coriolis soit conséquente. Or celle-ci est nulle sur l'équateur et très faible jusqu'à 5°, ce qui préserve la Guyane de ces phénomènes météorologiques. La plupart des cyclones naissent entre les cinquièmes et vingtièmes parallèles. Mais d'autres facteurs interviennent, tels que la température de la surface océanique qui doit dépasser les 26 °C ou l'existence d'un fort gradient thermique vertical pour favoriser les mouvements convectifs, si bien que les zones océaniques tropicales n'ont pas une cyclogenèse identique. Les îles tropicales françaises, toutes situées dans la partie ouest des océans où la cyclogenèse est forte, se trouvent dans trois zones où les cyclones sont fréquents : la partie nord-occidentale de l'Atlantique tropical qui connaît en moyenne 5,5 cyclones par an ; la partie sud-occidentale de l'océan Indien tropical avec 5 cyclones ; la partie sud-occidentale du Pacifique tropical avec 2,6 cyclones. Cela ne signifie pas que la Réunion et les Antilles françaises ont les probabilités les plus élevées d'être concernées par ces cyclones, car la taille bien supérieure de la Nouvelle-Calédonie augmente de ce fait les risques. Par ailleurs, bien que la Polynésie française soit généralement épargnée, les ENSO (El Niño Southern Oscillation) peuvent y provoquer de rares mais puissants cyclones. On a évalué à une cinquantaine le nombre de cyclones sur les Antilles françaises en un siècle. Les cyclones sont tout à fait exceptionnels aux îles Marquises, car leur faible latitude (entre 8° et 10°30' Sud) les protège. Par contre, sur les îles de Wallis et de Futuna, un peu plus éloignées de l'équateur (entre 13°15' et 14°20' Sud), le risque existe, certes assez rare mais dévastateur, par exemple à Futuna en 1907 et Raja en 1986.

L'histoire des îles d'outre-mer est ponctuée de ces catastrophes climatiques et la population garde en mémoire les noms des plus violents de ces dernières décennies : Hugo en Guadeloupe en 1989, Hyacinthe à la Réunion en 1980, Colleen en 1969 sur la Nouvelle-Calédonie, etc. Mais, en dépit de leur violence, leur bilan humain réduit n'a rien à voir avec les cyclones « historiques » : celui de 1766 à la Martinique détruisit

Saint-Pierre et fit plus de 400 morts ; celui de 1780 tua 5 000 personnes en Martinique et en Guadeloupe ; celui de 1829 à la Réunion fit 259 victimes ; celui de 1891 tua 700 Guadeloupéens ; celui de 1903 aux Tuamotu (Polynésie française) tua 515 personnes ; celui de 1928 en Guadeloupe tua 1 200 personnes… Le dernier cyclone très meurtrier date de 1948 à la Réunion (165 morts), très probablement le plus violent sur cette île depuis les débuts de sa colonisation. Hugo ne fit que 7 victimes, alors que les vents dépassèrent par endroits les 300 km/h. En 2002, à la Réunion, Dina, malgré des vents supérieurs à 200 km/h et des pluies diluviennes, ne fit aucune victime.

Cette baisse de la vulnérabilité est à mettre au crédit d'une politique d'éducation et de sensibilisation de la population aux risques météorologiques, d'autant plus réceptive qu'elle les craint. Des articles de journaux, des bulletins et émissions à la télévision ou à la radio se succèdent en période cyclonique. Complément indispensable à cette communication, un système d'alerte bien rôdé a été mis en place, qui a servi de modèle, une fois n'est pas coutume, au déploiement d'un dispositif équivalent en métropole en 2001, appelé « vigilance météo », suite aux tempêtes Lothar et Martin de décembre 1999. Cette prévention n'est possible que grâce à des moyens techniques modernes, satellites et radars spécialement.

Les quatre dangers d'un cyclone sont le vent, la pluie, la houle et l'onde de tempête, surélévation du niveau de la mer due à la chute de la pression atmosphérique. Les deux premiers ont un pouvoir de destruction élevé : certains cyclones ne laissent pratiquement aucune construction debout, tel Osea sur l'île de Maupiti (Polynésie française) en 1997. Les pluies, outre les inondations, peuvent entraîner de meurtriers glissements de terrain : c'est de cette manière qu'Allan fit de nombreuses victimes dans les Îles Sous-le-Vent en 1998, ainsi que le fantasque Hyacinthe, qui passa trois fois sur la Réunion, lui faisant subir pendant 12 jours un déluge quasi continu, à l'origine de quantités cumulées jusque-là jamais enregistrées dans le monde (cf. supra). Mais la pire menace vient de la mer. La houle combinée à l'onde de tempête peuvent provoquer des surélévations de plus de 10 mètres, mettant en péril la population côtière. Le cyclone de 1928 à la Guadeloupe fit de très nombreuses victimes au Gosier, car, en considération de la trajectoire du cyclone, l'eau s'est accumulée par effet d'entonnoir dans le Petit Cul-de-Sac Marin, amplifiant l'exhaussement généré par l'onde de tempête et la houle. Toutefois, c'est sur les atolls que le risque est le plus grand[21]. Culminant à quelques mètres de haut, ils peuvent être balayés par la mer en quelques heures et, malgré la faible fréquence des cyclones dans les Tuamotu, cet archipel est particulièrement exposé, comme l'ont rappelé les cinq cyclones de 1983. La majeure partie de la population de l'atoll de Kaukura disparut en 1878, tout comme celle d'Hikueru en 1903. L'information ici doit être accompagnée de la mise en place d'abris collectifs, constructions surélevées de quelques mètres pouvant supporter de fortes pressions d'eau, servant de mairie ou d'infirmerie en temps ordinaire, et qui se sont multipliées après 1983.

Sans nier la détresse que peuvent occasionner les cyclones, on ne peut passer sous silence leurs effets bénéfiques : ils reconstituent les réserves d'eau des îles, venant fré-

Le système d'alerte cyclonique à la Réunion

En présence d'une menace cyclonique, et dans le cadre d'un Plan de secours spécialisé (PSS), le préfet peut déclencher les différentes phases d'alerte afin d'avertir la population du danger. Le système comprend deux niveaux d'alerte précédés d'une période de vigilance :

– la **vigilance cyclonique** est une mise en garde, signifiant qu'une perturbation cyclonique évolue dans la zone et présente un danger pour la Réunion. La population est invitée à se tenir au courant et à constituer des réserves d'eau, piles, bougies, etc. ;

– l'**alerte orange** est donnée lorsque l'île peut être touchée par le cyclone dans les 24 heures. Les établissements scolaires et les crèches ferment, mais la vie économique continue ;

– l'**alerte rouge** est déclenchée lorsque le danger est imminent. Le cyclone affectera l'île dans les heures qui viennent. Les habitants ont trois heures pour rentrer chez eux ou se réfugier dans des abris mis à leur disposition par les pouvoirs publics. La circulation est interdite. Les médias tiennent informés la population de l'évolution du cyclone et de la fin de l'alerte.

Source : Météo-France Réunion.

quemment à la suite de périodes de sécheresse, élaguent la végétation, nourrissent l'activité des entreprises du BTP. La destruction de certains réseaux est aussi l'occasion pour l'État de les moderniser, tout comme pour le logement, dans le cadre du principe de solidarité nationale. Mais, d'une manière très contestable, la loi du 13 juillet 1982 sur l'indemnisation des victimes des catastrophes naturelles, mutualisant les risques à l'échelle de la nation, ne s'appliqua pas au départ aux DOM, compte tenu de risques plus élevés. Il fallut attendre la loi du 25 juin 1990, suite au cyclone Hugo en Guadeloupe, pour que cette inégalité flagrante disparaisse.

f. La lutte contre les maladies tropicales

La chaleur et l'humidité favorisent le développement d'organismes pathogènes, mais des progrès spectaculaires ont été accomplis depuis l'après-guerre pour réduire leurs méfaits. Il faut se souvenir que le paludisme causait à la Réunion plus du tiers des décès à la fin des années 1940, et que plus de la moitié des jeunes était exemptée du service national pour insuffisance de développement physique et intellectuel. Ce complexe pathogène a pratiquement disparu aux Antilles françaises et à la Réunion dans les années 1960, ce qui n'est pas le cas en Guyane, où cette maladie atteint environ 5 000 personnes par an, surtout dans les zones infectées des deux fleuves frontières, et à Mayotte, où l'on compte plusieurs centaines de cas déclarés annuellement. Néanmoins, force est de constater que la France d'outre-mer est désormais majoritairement épargnée par la malaria, la plus répandue des maladies tropicales, grâce à la lutte antivectorielle par insecticides. Par ailleurs, la fièvre jaune a disparu et les parasitoses intestinales sont en régression, à l'exception de la Guyane où le vaccin contre la première est obligatoire depuis 1967 et où 16 % des ménages (en 2004) ne disposent toujours pas d'un accès correct à l'eau potable, entraînant des cas de typhoïdes, de gastro-entérites et de diarrhées infectieuses le long des fleuves.

L'évolution est moins favorable pour l'ichtyosarcotoxisme (*ciguatera*) et la dengue. Cette dernière est une maladie infectieuse due à un virus transmis par un moustique. Elle se caractérise par de la fièvre, des courbatures et une longue convalescence. Elle concerne les Antilles, la Guyane, qui a connu sa première épidémie en 1992, la Polynésie française et la Nouvelle-Calédonie. En l'absence de traitement préventif, des poussées épidémiques peuvent toucher une part conséquente de la population, dans le Pacifique spécialement, comme en 1988-1989 et en 2001 en Polynésie française où 15 % de la population furent atteints, ou en 1971-1972 et 2003 en Nouvelle-Calédonie. La forme hémorragique de la dengue, la plus dangereuse, est apparue dans les années 1990 dans les DFA, avec spécialement l'épidémie survenue à partir de juillet 1997 à la Martinique. La dengue est devenue un problème de santé publique aux conséquences économiques et humaines non négligeables.

L'ichtyosarcotoxisme est une intoxication alimentaire consécutive à la consommation de toxines contenues dans des poissons frais vivant sur les récifs coralliens et généralement comestibles. Bien connue dans l'océan Pacifique, depuis les travaux de M. Bagnis dans les années 1960 en Polynésie française, elle est, en fait, présente dans la plupart des îles tropicales ayant des coraux. Vomissements, diarrhées, grande frilosité et parfois démangeaisons extrêmes – expliquant qu'on la désigne dans le Pacifique sous le terme de « gratte » – sont les symptômes de cette affection dont on guérit sans séquelle. Pour le moment, il n'existe pas de traitement préventif. Il semble que les dégradations des récifs coralliens par les cyclones ou actions anthropiques provoquent des flambées de *ciguatera*. Ainsi l'urbanisation des îles tropicales peut-elle sérieusement mettre en péril la pêche côtière par la généralisation de cette maladie.

Si la France d'outre-mer est devenue globalement salubre à l'exception de la notable et exceptionnelle épidémie réunionnaise de chikungunya en 2005-2006, ce qui est un argument important pour le tourisme, de notables inégalités apparaissent : en Guyane, 3,5 % des décès sont actuellement encore dus à des maladies infectieuses et parasitaires (hors SIDA), contre 2 % en Guadeloupe, 1,9 % à la Réunion et 1,4 % en métropole. Ces chiffres traduisent autant les difficultés à rendre ces écosystèmes sains pour l'homme que les résultats déjà acquis dans ce domaine.

2 Les dangers du volcanisme et de la sismicité

À l'exception de la Guyane française, de Saint-Pierre-et-Miquelon et partiellement de la Grande Terre néo-calédonienne, les terres ultramarines sont nées du volcanisme ; par exemple, les TAAF sont composées d'îles-volcans aux reliefs suggestifs, telle Saint-Paul, cône à la caldeira égueulée et envahie par l'océan, suite à une explosion volcanique, ou Kerguelen, remarquable empilement de coulées. Mais leur orogenèse a deux origines : les contacts entre plaques tectoniques et les points chauds intraplaques. Les risques ne seront pas identiques selon qu'il s'agira de l'une ou de l'autre.

a. Les îles d'arc volcanique : des domaines menacés

Il s'agit d'archipels à tracé arqué bordant des zones de subduction, c'est-à-dire des zones où une plaque s'enfonce sous une autre. Ce type de contact génère des volcans très actifs et des secousses telluriques, en raison des pressions induites et des hautes températures. À l'instar des îles Aléoutiennes, l'arc des Petites Antilles découle du plongement d'une plaque sous une autre, en l'occurrence il s'agit de la plaque américaine qui passe sous une petite plaque autonome, la plaque caraïbe. Au cours des trois derniers siècles, de forts séismes ont été ressentis en Guadeloupe et en Martinique, tandis que Saint-Barthélemy et Saint-Martin, semblent être moins sismiques. Depuis les débuts de la colonisation, le phénomène le plus grave est la catastrophe de 1843, de magnitude 8 et d'intensité IX, qui détruisit la ville de Pointe-à-Pitre et de nombreux bourgs. On dénombra plus de 3 000 morts et 2 000 blessés graves. En 1851, la région de Capesterre fut touchée, et à nouveau Pointe-à-Pitre en 1897. Il semble que le site de celle-ci, établie sur une zone meuble, amplifierait les dégâts. Le relatif calme qu'a connu la Guadeloupe au XXe siècle, par rapport au siècle précédent, n'est pas rassurant pour les décennies à venir, alors que la population et les pouvoirs publics en tiennent peu compte, comme l'ont montré les dommages occasionnés par le séisme des Saintes du 21 octobre 2004. La Martinique n'a pas subi de séismes aussi dévastateur que celui de 1843, mais elle a connu un plus grand nombre de secousses relativement fortes (intensité VIII et magnitude 7 environ en 1702, 1727, 1827, 1839 et 1946). Celle de 1839 tua toutefois 300 personnes à Fort-de-France, tandis que celle du 29 novembre 2007, de magnitude 7,3, ne fit qu'une victime mais d'importants dégâts matériels.

Si l'enfoncement de la plaque australo-indienne sous la plaque Pacifique fait du Vanuatu (ex Nouvelles-Hébrides) l'équivalant de l'arc antillais, avec une série de volcans actifs et de violents séismes, tels ceux de 1965 et de 2002 (magnitude 7,3 et intensité IX-X), la proximité de la Nouvelle-Calédonie avec cette zone de subduction justifie qu'elle peut ressentir des tremblements de terre, sans grande conséquence. Dépendant de la Nouvelle-Calédonie, les îles inhabitées de Matthew et Hunter, à plus de 500 km à l'est de la Grande Terre, sont des volcans actifs de l'arc du Vanuatu. Dans le Pacifique français, c'est somme toute l'archipel de Horn, composé des îles Futuna et Alofi, qui se trouve dans la zone la plus sensible, près d'une faille transformante à l'origine de plusieurs séismes conséquents, dont celui de 1993, particulièrement destructeur pour les bâtiments en dur, qui fit trois victimes et provoqua un petit tsunami, des glissements de terrain et un rehaussement de l'île de plusieurs décimètres.

Ces zones de subduction sont aussi à l'origine d'un volcanisme explosif très dangereux donnant les redoutables nuées ardentes, mélange brûlant de gaz et de particules solides en suspension descendant très rapidement le cône. À la Martinique, la montagne Pelée causa de la sorte une des plus grandes catastrophes volcaniques de l'histoire de l'humanité en rayant, en mai 1902, la ville de Saint-Pierre, et en tuant

28 000 personnes, avec une marge d'erreur de plusieurs milliers. Seules deux personnes survécurent. C'est la principale agglomération de la Martinique et de l'arc antillais, le « Paris des Antilles », qui était ainsi détruite (29 000 habitants environ) et le sixième de la population martiniquaise qui disparaissait. Bien que Saint-Pierre ne fût pas le chef-lieu de la colonie, elle en était la capitale économique et intellectuelle. Son port assurait les deux tiers des échanges commerciaux. L'explosion de la montagne Pelée décapita les élites de couleur et le groupe Béké de la Martinique, car Saint-Pierre était le lieu de résidence de l'aristocratie des planteurs. En outre, on estime que 20 000 personnes furent sinistrées sur les communes environnantes, beaucoup d'usines sucrières disparurent, et nombreux furent ceux qui se retrouvèrent sans emploi.

Cette catastrophe eut pour conséquence le développement de Fort-de-France qui récupéra les activités économiques de Saint-Pierre (port, commerce) et accueillit ses sinistrés. Sa population passa de 25 000 habitants en 1902 à 43 000 en 1927 (cf. infra). Sa domination actuelle est donc due à la disparition de sa grande rivale. Par la suite, d'autres éruptions meurtrières et dévastatrices achevèrent de vider le nord de la Martinique, foyer de la première colonisation : en août 1902, la localité de Morne-Rouge subit le même sort que Saint-Pierre et 1 000 personnes perdirent la vie ; entre 1929 et 1932, de nouvelles éruptions ne firent pas de victimes mais continuèrent de ravager une zone de plus de 110 km^2, soit 10 % environ de l'île.

Ces « volcans gris », peuvent toutefois avoir des épisodes effusifs, voire phréatiques. Ces derniers résultent de la vaporisation d'une nappe d'eau surchauffée. Il n'y a ici pas de laves ou de nuées ardentes, mais seulement des projections de vapeur, de poussières, de blocs et la formation de lahars (coulées boueuses constituées de matériaux volcaniques). Ainsi, le volcan de la Soufrière, en Guadeloupe, n'a connu que des éruptions phréatiques depuis le début de la colonisation. La dernière remonte à 1976 et a entraîné l'évacuation pendant 4 mois des 72 000 habitants du Sud, notamment ceux de la préfecture, Basse-Terre, accélérant sensiblement son déclin. L'ensemble comprenant Basse-Terre, Saint-Claude, Baillif et Gourbeyre est passé de 37 900 hab. en 1974 à 36 100 en 1999, alors que la population guadeloupéenne augmentait de 30 %.

Face à ces risques volcanique et sismique, un réseau de surveillance a été mis en place. La montagne Pelée et la Soufrière font aujourd'hui partie des volcans les mieux connus de la planète, grâce aux observatoires du morne des Cadets à la Martinique et de Saint-Claude en Guadeloupe, dépendants de l'Institut de physique du globe de Paris. Un réseau de sismographes a été installé, couvrant les îles anglophones voisines. Mais, si l'on pense prévoir suffisamment à temps une éruption comme celle de 1902, dans le dessein d'évacuer la population environnante, la prévention du risque sismique reste réduite, les constructions ne répondant très généralement pas aux normes parasismiques.

b. La Réunion : une île de points chauds

Les points chauds sont des sources magmatiques relativement fixes situées dans le manteau. Ils donnent des volcans, qui s'éteindront et seront détruits par l'érosion lorsque le déplacement de la plaque océanique les coupera de leur source. Avec Hawaii, la Réunion est le plus bel exemple de volcans issus d'un point chaud et en activité. En fait, l'île est le résultat de la coalescence de deux volcans, le piton des Neiges qui s'est éteint il y a 15 000 à 20 000 ans, et l'actif piton de la Fournaise. Le volcanisme réunionnais est de type effusif, quoique des dépôts prouvent qu'il y a eu des épisodes explosifs avec des nuées ardentes. La fluidité des laves émises actuellement le rend peu dangereux, contrairement aux volcans gris antillais, ce qui ne signifie pas une absence d'inconvénients. Des éruptions très fréquentes donnent des coulées qui parfois arrivent jusqu'à la mer, comme en 1986, 2002, 2004 et 2007, et coupent la route ceinturant l'île. **Voir photo D, page II, dans le hors-texte couleur**. En outre, elles constituent une menace pour les communes de Sainte-Rose et de Saint-Philippe. Dans cette dernière, des habitations furent détruites en 1986. À l'instar des volcans antillais, un observatoire volcanologique ausculte le piton de la Fournaise en permanence. Mais le danger majeur pour la population réunionnaise proviendrait de la possibilité d'un brutal glissement volcano-tectonique du Grand Brûlé, qui a déjà ouvert la caldeira vers la mer, et qui provoquerait un tsunami catastrophique.

Ce genre de phénomène peut affecter d'ailleurs des îles sans activité volcanique, eu égard à leur propagation sur de très longues distances, comme le révèle le bassin Pacifique. Ainsi, deux personnes périrent aux îles Marquises en 1946, suite à une secousse tellurique dans les îles Aléoutiennes, qui provoqua une surélévation de plus de six mètres du niveau de la mer dans cet archipel polynésien. De même, le terrible séisme chilien de 1960 causa des inondations à Tahiti avec un tsunami qui dépassa les trois mètres sur la côte nord. Ce risque existe aussi aux îles Loyauté, proches d'une zone de subduction.

3 L'hostilité des terres du froid

Saint-Pierre-et-Miquelon et les îles australes de l'océan Indien sont soumis à des climats très rudes, nonobstant une position moyenne en latitude.

a. Le caractère nordique de Saint-Pierre-et-Miquelon

Saint-Pierre-et-Miquelon, par 47° Nord, se trouve à la latitude de Nantes, mais celle-ci jouit de la dérive nord-atlantique, alors que Saint-Pierre-et-Miquelon subit les effets du courant froid du Labrador. Son climat est caractéristique des façades orientales des continents aux latitudes moyennes, le rendant ainsi plus rigoureux que celui de Reykjavik, 17° plus au nord ! La température annuelle moyenne n'est que de 5,5 °C et les températures peuvent descendre sous les – 20 °C l'hiver, alors qu'en été elles ne dépassent guère les 22 °C. La rade de Saint-Pierre a pu être prise par les glaces ; plus généralement, c'est une glace grumeleuse et molle, le « crémi », ondulant sous l'effet de la houle, qui affecte les rivages de Saint-Pierre-et-Miquelon en hiver. L'humidité est très forte, l'insolation faible, les vents peuvent être violents et changeants avec le blizzard de neige l'hiver, appelé « poudrin », correspondant à la poudrerie québécoise. On compte près de 4 mois de brouillard par an, notamment en été. De telles conditions expliquent que des milliers de naufrages se soient produits sur ces côtes, comme l'attestent les nombreuses épaves jonchant l'isthme de Langlade. Ce climat n'a toutefois pas que des désavantages, une partie de l'énergie électrique fournie au village de Miquelon provient depuis l'an 2000 d'une centrale éolienne.

b. Le vent tenace des TAAF

C'est le vent, hurlant ou rugissant, qui singularise ces îles situées entre 37° et 49° Sud. Les perturbations s'enchaînent avec des rafales dépassant les 200 km/h. À Port-aux-Français, aux Kerguelen, pourtant en position d'abri, on enregistre plus de 280 jours avec vent violent, c'est-à-dire égal ou supérieur à 8 Beaufort (plus de 62 km/h.). Une forte houle permanente affecte leurs côtes. Rien ici n'arrête ces « grands frais d'ouest », générant un puissant courant circumantarctique. Les conditions de navigation sont difficiles, compte tenu des vents, de l'état de la mer et des brusques changements de temps. Si l'on constate une certaine douceur pour les îles les plus au nord, telle la Nouvelle-Amsterdam, Kerguelen ou les Crozet sont soumises à un climat subpolaire océanique – à l'instar des Falkland, de la Géorgie du Sud ou des îles Macquarie – à l'ensoleillement parcimonieux et aux amplitudes thermiques annuelles très faibles : 2 °C pour le mois le plus froid, 8 °C pour le plus chaud. Le contraste est ténu entre des étés gris sans chaleur et des hivers sans coup de froid et tout aussi nuageux. Cette description peu engageante doit être complétée par un paysage végétal indigent, rabougri et sans arbre, fait de mousses et lichens, dû à l'omniprésence du vent et au pullulement d'animaux introduits comme les lapins, rats et chats qui font des ravages, aux Kerguelen en particulier. Par ailleurs, cuvettes et fonds de vallée sont couverts de tourbières, et de nombreux torrents proglaciaires rendent difficiles et dangereux les déplacements.

4 Pertinence et limites de l'insularité

Lorsqu'on aborde ce thème, le monde le plus fascinant est bien la Polynésie, étymologiquement le « pays des îles nombreuses », située presque au milieu de l'océan Pacifique et de ses 180 millions de km². L'émiettement est ici maximal, les distances importantes et la surface océanique l'emportent largement sur les terres émergées. On peut pour s'en convaincre regarder un planisphère centré sur le Pacifique. On peut aussi, plus éloquemment, superposer la carte de la Polynésie française et celle de l'Europe, en plaçant Tahiti sur Paris. Les îles Marquises sont alors du côté de Stockholm, l'archipel des Australes s'étire du Pays basque à la Sicile, les Tuamotu-Gambier vont du Suffolk à Bucarest, avec Moruroa près de Belgrade, enfin l'archipel de la Société se termine au large de la Bretagne. Une telle dispersion pour un territoire dont la superficie émergée n'excède guère la taille du département du Rhône !

Outre la Polynésie, l'insularité est souvent évoquée à propos de la France d'outre-mer, y compris en ce qui concerne la Guyane qui serait une sorte d'île bordée par la grande forêt amazonienne, alors que de véritables effets frontaliers, en rien insulaires, se produisent le long du Maroni et de l'Oyapock. Cette insistance avec laquelle on convoque cette notion naturalise les spécificités de la France d'outre-mer, qui découleraient donc du milieu physique. Ainsi, il y aurait beaucoup à écrire sur l'île comme objet géographique et à analyser son poids toujours conséquent dans le discours de notre discipline, démonstration renouvelée de la vigueur des causalités machinales liant le monde biophysique à des logiques socio-économiques, écho de la théorie des climats qui mettait en relation, à partir du XVIe siècle, l'intensité de l'ensoleillement et l'assoupissement des esprits, pour démontrer que les Noirs étaient des barbares, et donc pour légitimer l'esclavage. Mais ce débat n'a pas sa place ici. S'il ne nous apparaît pas contestable que l'insularité à des conséquences sur les activités humaines et les questions d'aménagement, il est intenable de mettre l'insularité à toutes les sauces. Nous nous contenterons d'analyser quelques effets majeurs des milieux en montrant la diversité des situations et les intérêts qui se cachent derrière une naturalisation des « handicaps insulaires ».

a. Du volcan à l'atoll, des problèmes d'aménagement variés

Pour analyser cette question, nous prendrons l'exemple de l'archipel de la Société, en Polynésie française, dont les quatorze îles, alignées suivant une direction sud-est/nord-ouest sur une distance de 800 km environ, sont représentatives du modèle d'évolution des îles nées d'un point chaud. Ce dernier est situé à une centaine de kilomètres au sud-est de Tahiti : il est formé de l'île inhabitée de Mehetia et de nombreux volcans immergés plus ou moins actifs (doc. 17).

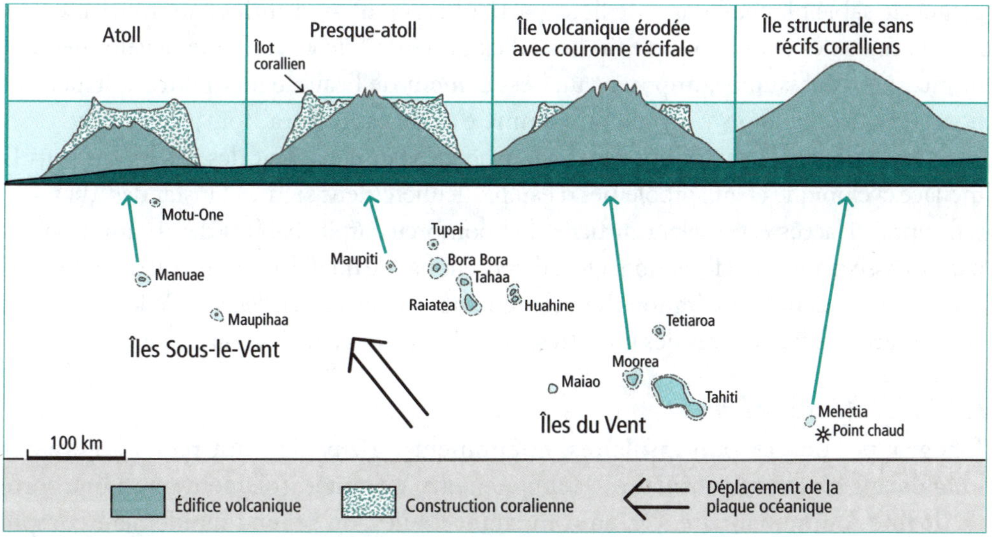

Document 17 : L'archipel de la Société et la typologie des îles.

On peut distinguer cinq types d'îles, significatives de la diversité des îles volcaniques tropicales et donc des problèmes d'aménagement qui s'y posent. Plus on va vers le nord-ouest et plus elles seront anciennes, donc érodées :

– les cônes volcaniques, représentés ici par Mehetia, au relief pratiquement structural et dont la jeunesse explique le faible développement des formations récifales. Les côtes sont particulièrement inhospitalières, car soumises à la houle océanique et sans zones planes. Il s'agit d'un milieu hostile et difficile à mettre en valeur ;

– Tahiti, due à deux édifices volcaniques accolés, constitue un deuxième type. Éteints et vigoureusement entaillés par des vallées, ces volcans imposants commencent à être entourés d'une couronne récifale, mais le lagon est encore étroit. La partie nord-occidentale de la Réunion, constituée du volcan éteint du piton des Neiges, est à mettre dans cette catégorie avec ses vallées encaissées, ses cirques et son récif-frangeant occidental. Dans ce genre d'îles, les mouillages et les zones planes sont rares. La circulation est rendue difficile par l'incision des vallées et doit se concentrer sur la bande littorale, occupée déjà par la grande majorité de la population, ce qui ne va pas sans poser des problèmes majeurs. Par ailleurs, ces reliefs en cours d'érosion sont affectés de glissements de terrain ou d'éboulements fréquents en saison des pluies. **Voir photos G, H, page IV et I, page V, dans le hors-texte couleur.**

– Moorea, Huahine et Tahaa sont des constructions volcaniques plus érodées, avec une couronne récifale développée, de vastes lagons et plusieurs passes. Les conditions d'accès par la mer sont bonnes. L'importance des baies et les difficultés de circulation à l'intérieur de l'île allongent les distances ;

– les presque-atolls de Bora Bora ou de Maupiti sont le dernier stade d'évolution des îles hautes avant l'immersion des affleurements volcaniques. Les couronnes récifales sont ponctuées d'îlots coralliens (appelés *motu*). Par l'importance du lagon et des plages de sable blanc, il s'agit de lieux particulièrement appropriés à un tourisme balnéaire, mais des problèmes d'eau, liés à l'exiguïté de l'île et au faible développement montagneux (cf. supra), imposent un dessalement de l'eau de mer pour les structures hôtelières de luxe qui s'y installent, comme c'est le cas à Bora Bora ;

– les atolls de Tupai, Motu One, Manuae et Maupihaa sont des îles basses sous la menace cyclonique et aux problèmes d'eau particulièrement aigus, à l'instar des Tuamotu (cf. supra). L'accès est souvent difficile. De nombreux atolls habités des Tuamotu n'ont pas de passe ni de piste d'aviation, et ne disposent pas de quai. Les infrastructures établies sur le récif rendent les opérations de débarquement souvent périlleuses. Celles-ci s'effectuent grâce aux baleinières des goélettes, et il n'est pas rare de les voir chavirer.

b. L'exiguïté et l'isolement

Les groupes de pression insulaires, notamment à Bruxelles, ont réussi à faire des « handicaps structurels insulaires » (éloignement, exiguïté, isolement, etc.) une sorte de dogme communautaire. Or, en comparant les îles, on se rend rapidement compte que certaines, sans aides massives, sont prospères, telles Maurice ou les Bahamas. En fait, l'éloignement de la France d'outre-mer, encore aujourd'hui évoqué à l'envi, n'est que l'écho de l'Exclusif (cf. supra) qui l'a détournée de son environnement pour n'échanger qu'avec la métropole. Les Antilles françaises sont proches de la Floride, et de nombreuses îles sont à moins de 500 km des Antilles françaises. La Réunion est à proximité de Maurice et de Madagascar. L'Australie est à moins de 3 heures d'avion de Nouméa : pourtant, les échanges commerciaux, culturels ou sportifs, continuent de se faire principalement avec la métropole. Il est significatif de constater que, dans les médias ultramarins, les informations sur les États voisins sont insignifiantes en comparaison des nouvelles hexagonales. L'écoute de la radio provoque un rapport équivoque à l'heure, car l'éloignement à la métropole vous est sans cesse rappelé, avec France Inter diffusé en direct et en continu, ou ces décrochages sur certaines radios privées pour les informations de radios périphériques, comme Europe 1 ou RMC. Ainsi, à Tahiti, vous aurez le loisir en vous levant le dimanche matin de tout savoir des retours dominicaux des Parisiens et du bouchon de Rocquencourt, tandis qu'aux Antilles le journaliste vous dira « Bonsoir » à l'heure du déjeuner. Les proximités physiques ne sont que faiblement valorisées, comme en témoignent les échanges commerciaux très réduits avec les États voisins (cf. infra). L'éloignement apparaît donc être plus la conséquence d'une histoire coloniale qui perdure qu'une fatalité. La logique de l'intégration politique semble générer et entretenir un isolement subjectif de même qu'elle provoque objectivement un isolement politique (cf. infra).

L'isolement était une réalité jusqu'au lendemain de la Seconde Guerre mondiale. Les choses ont bien changé aujourd'hui. La durée des liaisons maritimes avec la métropole était très importante. Par exemple, sous la *Compagnie des Indes*, il fallait au minimum trois mois pour se rendre de métropole aux Mascareignes. Bien souvent les voyages duraient de 4 à 9 mois, dans des conditions épouvantables. Après l'ouverture du canal de Suez, la durée du voyage sera réduite à trois semaines, temps qui a peu évolué depuis si l'on emprunte le bateau[22]. Il suffit désormais d'une nuit d'avion pour se rendre à Paris au départ de Pointe-à-Pitre, Fort-de-France, Cayenne ou Saint-Denis-de-la-Réunion (doc. 18). À côté de cette distance-temps, la distance-coût a aussi beaucoup diminué. Par exemple, un aller-retour Fort-de-France/Paris représentait 16,6 fois le SMIC en 1964 et seulement 0,5 fois en 1998, alors que le transport d'une plaquette de beurre sur le même parcours revient à moins de 4 centimes d'euro[23]. Un véritable pont aérien relie désormais les DOM à Paris, mais ce lien se fait au détriment des relations avec les lieux proches : quand l'offre est de 9 000 sièges d'avion par semaine au départ de Saint-Denis-de-la-Réunion pour Paris, il n'y en a que 300 environ pour Johannesburg (doc. 10), trois fois plus près. Plus édifiant encore, l'accessibilité aérienne des DOM à partir des zones environnantes a eu tendance à diminuer ces dernières années par la fermeture de lignes et un billet pour une destination régionale coûte fréquemment presque aussi cher qu'un billet pour Paris. De même, les tarifs des communications téléphoniques vers la métropole sont souvent inférieurs à ceux vers les États voisins.

Document 18 : Les meilleurs temps de trajet aérien au départ de Paris en juillet 2007.

	Temps de parcours	Caractéristiques du trajet
Martinique	8h 30min	Vol non-stop
Guadeloupe	8h 25min	*Id.*
Saint-Martin	8h 45min	*Id.*
Saint-Barthélemy	9h 30min	Correspondance à Saint-Martin
Guyane	8h 40min	Vol non-stop
La Réunion	11h 10min	*Id.*
Mayotte	14h 10min	Correspondance à Saint-Denis-de-la-R.
Saint-Pierre-et-Miquelon	13h 30min	Correspondance à Montréal
Tahiti	21h 25min	Vol direct avec escale à Los Angeles
Nouvelle-Calédonie	22h 40min	Vol avec escale et changement d'appareil à Tokyo ou Osaka
Wallis	34h 10min	Correspondance avec longue attente à Nouméa

Source : élaboration de l'auteur.

Si les progrès dans le domaine des transports et des télécommunications ont renforcé les relations avec la métropole, seuls les lieux connectés aux moyens de transport modernes en ont bénéficié, ce qui a eu pour conséquence de marginaliser les îles secondaires. L'accessibilité l'emporte désormais sur la proximité, ce qui a mis à l'écart les lieux éloignés des ports principaux et des aéroports, spécialement les îles secondaires (cf. infra). C'est là que l'isolement est avéré, et non pas à Tahiti ou à la Martinique, en dépit de ce que clame la promotion touristique. Certaines îles de Polynésie française sont à plus de 1 500 km de Tahiti, leur desserte maritime ou aérienne est épisodique et les lignes ne sont pas rentables.

Force est toutefois de constater que la desserte aérienne de l'outre-mer français est précaire, comme l'ont montré les problèmes techniques et financiers du pôle Air Liberté-AOM en 2000-2001, qui se sont conclus par leur dépôt de bilan en juin 2001. La faillite d'Air Lib s'est traduite par une réduction de l'offre à destination de l'outre-mer. De même, Corsair a fermé, en 2002, certaines lignes vers l'outre-mer. Les collectivités d'outre-mer, s'inspirant de la Polynésie française avec Air Tahiti Nui (cf. supra), placent beaucoup d'espoirs dans leur compagnie aérienne. Grâce à l'achat d'avions long-courriers, Air Calédonie International (Aircalin) dessert désormais le Japon de Nouméa, remplaçant Air France. Air Austral relie la Réunion à la métropole depuis juin 2003, alors que Air Caraïbes effectue des liaisons entre les DOM antillais et Paris (doc. 19). Ces liaisons aériennes sont soumises à un certain nombre d'aménagements, comme une dotation de continuité territoriale (DCT) et des obligatons de service public (OSP). Ces dernières portent sur la continuité, la régularité et la capacité de la desserte, ainsi que sur des réductions tarifaires pour les enfants et adolescents ou des priorités en cas d'évacuation sanitaire. C'est la loi de programme pour l'outre-mer (LOPOM), en 2003, qui a mis en place la DCT, une subvention devant faciliter les déplacements des Ultramarins en métropole et s'élevant à 61 millions d'euros fin 2005. Cette année-là, 55 000 personnes vivant outre-mer, soit 2,1 % de la population ultramarine, en avait profité. Mais les différentes collectivités ont beaucoup de mal à définir des critères d'attribution, difficultés révélées par la modeste consommation des crédits.

Document 19 : Les liaisons régulières entre les DOM et l'Europe en septembre 2007

	Aéroports desservis	Compagnies	Fréquence
Martinique Aéroport Martinique Aimé Césaire (FDF)	Paris-Orly	Air France, Air Caraïbes et Corsairfly	Plusieurs vols quotidiens
Guadeloupe Aéroport Guadeloupe Pôle Caraïbes (PTP)	Paris-Orly	Air France, Air Caraïbes et Corsairfly	Plusieurs vols quotidiens
Guyane Aéroport de Cayenne-Rochambeau (CAY)	Paris-Orly	Air France	Un vol quotidien
Réunion Aéroport Réunion Roland Garros (RUN)	Paris-Orly	Air France et Corsairfly	Deux vols quotidiens en moyenne
RUN	Paris-Charles de Gaulle	Air Austral	Un vol quotidien
RUN	Lyon	Air Austral et Corsairfly	Plusieurs vols par semaine
RUN	Marseille	Air Austral et Corsairfly	Plusieurs vols par semaine
RUN	Toulouse	Air Austral et Corsairfly	Plusieurs vols par semaine
RUN	Nantes	Corsairfly	Hebdomadaire

Source : élaboration de l'auteur.

Si l'exiguïté des marchés insulaires pose problème, les activités de transformation butant, dans le cas de l'outre-mer français, sur l'impossibilité de faire des économies d'échelle, elle ne peut être dissociée du coût élevé de la main-d'œuvre (cf. infra) et de la faible valeur ajoutée du travail. En effet, dans le cadre d'une stratégie de développement autocentrée, on pourrait trouver des solutions en jouant sur les rémunérations, mais pour le moment ceci semble infaisable tant les populations locales sont attachées à un niveau de vie supérieur à leurs voisins. On le voit bien, l'insularité, sans cesse utilisée pour expliquer les retards et demander des aides, sert à cacher un fonctionnement économique pour le moins pervers et sur lequel nous reviendrons. Il reste cependant des points où l'insularité et/ou l'exiguïté posent problème et entraînent des coûts plus élevés que sur les continents. C'est spécialement le cas de la production électrique que renchérit l'émiettement. Même pour des marchés relativement conséquents comme la Réunion, l'électricité fournie est sensiblement plus chère qu'en métropole.

Dans les DOM, la nationalisation de la production et de la distribution en 1975, avec la reprise par EDF des différentes sociétés qui avaient la charge de ce secteur, a permis de faire jouer à plein la solidarité nationale dans le cadre d'un système de péréquation neutralisant les contraintes physiques. Effectivement, ce bouleversement entraîna une baisse du prix de l'énergie, qu'on aligna sur celui de la métropole. Les Domiens ne paient que 40 % du prix de revient de l'électricité qu'ils consomment : il s'agit d'une forme de transferts opérée par une grande entreprise publique. Les pertes d'exploitation d'EDF dans les DOM seraient de plus de 300 millions d'euros en 1998 [24]. Que se passera-t-il si EDF est un jour privatisée ?

La situation à Mayotte et en Océanie est très différente, puisque le secteur est entre les mains de sociétés d'économie mixte, telles Électricité de Mayotte (EDM) ou Enercal en Nouvelle-Calédonie, qui répercutent *grosso modo* les coûts de production sur les consommateurs. La contrainte insulaire est amplifiée en Polynésie française par l'extrême émiettement. Les économies d'échelle découlant d'une production centralisée sont ici impossibles. Aux Tuamotu et aux Marquises, c'est souvent chaque village ou chaque vallée qui a son groupe électrogène, et si l'énergie solaire semble adaptée à ces milieux, la question de la maintenance continue de freiner le développement de modules photovoltaïques. Concernant les hydrocarbures, un système en place depuis 1976 permet de ne pas léser les habitants des archipels éloignés, en répartissant le surcoût occasionné par le transport interinsulaire sur l'ensemble des consommateurs polynésiens.

Sur un autre plan, la faible population de certaines îles ne permet pas d'offrir des équipements de santé et des structures de formation couvrant l'ensemble de la scolarité. En Polynésie française, les évacuations sanitaires interinsulaires sont très fréquentes, car il est impossible d'installer dans chaque île du personnel médical et du matériel technique. Il est moins coûteux d'évacuer sur Tahiti en cas de problème majeur les patients des îles peu ou pas médicalisées. En outre, nombre d'îles des Tuamotu et des Australes sont sans adolescents une grande partie de l'année, parce qu'ils sont en collège ou en lycée sur une autre île et qu'ils ne retournent que deux à trois fois par an chez eux, compte tenu du coût du transport et de sa durée, qui peut atteindre plusieurs jours. **Voir photo J, page V, dans le hors-texte couleur.**

c. Îléité et insularisme

À côté de l'insularité, qui est une appréciation objective de la séparation, des géographes se sont récemment intéressés aux vécus des habitants. Les notions d'îleité et d'insularisme ont été forgées pour expliquer le comportement des îliens. La première représenterait l'ensemble des caractéristiques mentales des sociétés insulaires. La seconde serait la propension qu'ont les habitants des îles de cultiver à l'excès leur spécificité. En l'absence d'études comparées sérieuses avec des sociétés continentales, les développements sur ces questions nous semblent hâtifs. Certes, le couple dedans-dehors est particulièrement prégnant sur une île, mais de nombreux lieux continentaux fonctionnent de même. En faire un point essentiel pour comprendre les mentalités insulaires, c'est assujettir l'homme à son milieu. Quant à l'insularisme, il y a plus d'exemples continentaux qu'insulaires de sociétés revendiquant fortement leur identité culturelle. Au regard de ces quelques considérations, la croyance dans l'existence d'« hommes-lieux », dont l'îlien serait le parfait archétype, nous semble largement un fantasme de continental. Les groupes de pression insulaires, telle la Commission des îles de la Conférence des régions périphériques maritimes d'Europe (CRPM) ou Eurislcs, ont vite compris tout le parti qu'ils pouvaient tirer d'un tel regard, et la bienveillance financière des institutions internationales et communautaires prouve à quel point sont fortes la naïveté des continentaux et la malice des élites îliennes.

d. L'endémisme

Une espèce endémique est une espèce qu'on ne trouve nulle part ailleurs que sur le territoire concerné. Les îles se caractérisent par un endémisme élevé, c'est-à-dire une proportion forte d'espèces endémiques, qu'il s'agisse des communautés animale ou végétale. Ceci est dû aux modifications des systèmes vivants en situation d'isolement, modifications d'autant plus grandes que la séparation est longue et prononcée. Une des différences les plus fréquentes et les plus spectaculaires des organismes insulaires porte sur la taille, avec la tendance au gigantisme des petits et au nanisme des grands : des espèces d'oiseaux disparues étaient géantes, tel le dodo des Mascareignes ou le *Sylviornis* de Nouvelle-Calédonie ; le chou des Kerguelen (*Pringlea antiscorbutica*) peut atteindre plus d'un mètre de haut. Chez les animaux, la baisse du nombre de prédateurs les oblige moins à se cacher, s'échapper et se défendre, d'où des mutations corporelles sensibles.

Ces transformations les rendent vulnérables à l'invasion de nouvelles espèces. Ainsi, celles amenées récemment par l'homme ont pu avoir des conséquences majeures sur ces écosystèmes. Les rats, nombreux sur les bateaux, ont été introduits malencontreusement dans plus des quatre cinquièmes des îles et archipels mondiaux, provoquant des ravages chez les oiseaux marins. Des actions visent actuellement à éradiquer lapins et chats de certains îlots des Kerguelen. En Nouvelle-Calédonie, la fourmi *Wasmannia auropunctata*, introduite involontairement par l'homme il y a quelques décennies et appelée localement « fourmi électrique » en raison de ses morsures douloureuses, présente une menace pour la faune endémique. Sur Tahiti, un arbuste ornemental originaire d'Amérique centrale, le *Miconia calvescens*, introduit en 1937, a envahi la majorité de l'île, étouffant le reste de la végétation dans la zone hygrophile de basse et moyenne altitude. Il a aussi colonisé Moorea, et Raiatea a été touchée en 1983. Depuis 1989, différentes campagnes d'éradication ont été menées. À la Réunion, le problème des pestes végétales est aussi aigu, avec notamment la vigne maronne (*Rubus alceifolius*), une ronce formant des taillis impénétrables et empêchant le développement des autres végétaux entre le niveau de la mer, sur la côte au vent, et 1 500 m d'altitude. Le goyavier est aussi à placer dans cette catégorie, bien qu'il produise un fruit comestible et apprécié. Arrivé du Brésil au début du XIXe siècle, il se trouve sur les basses pentes de la côte au vent, jusque vers 1 500 m d'altitude. Il a sa fête à la Plaine-des-Palmistes, ce qui complique d'éventuelles actions d'éradication. Ces questions nous conduisent à aborder le problème de la conservation et de la protection des écosystèmes ultramarins.

5 Des écosystèmes à ménager

La question de la biodiversité agite la communauté scientifique depuis plus d'une décennie, les zones tropicales étant particulièrement intéressées car la biodiversité croît lorsqu'on va des pôles vers l'équateur (pour les écosystèmes terrestres). La France d'outre-mer est concernée par ces questions, parce qu'elle se situe dans des secteurs de forte concentration d'espèces endémiques soumises à des pertes d'habitat. C'est ce que les spécialistes appellent des « points névralgiques de biodiversité ». Par exemple, 25 zones ont été délimitées sur la planète, ne couvrant que 1,4 % de sa surface émergée, mais regroupant 44 % des plantes vasculaires et 35 % de toutes les espèces de quatre groupes de vertébrés. Parmi ces zones, on trouve la Caraïbe, Madagascar et les îles du sud-ouest de l'océan Indien, ainsi que la Polynésie, la Micronésie et la Nouvelle-Calédonie. La grande majorité de l'outre-mer français, qui concentre la plus grande partie de la biodiversité nationale, apparaît donc au cœur du débat, et les actions de protection, quoique s'y multipliant, restent insuffisantes. C'est spécialement vrai dans le Pacifique et à Mayotte où, compte tenu de leurs particularités institutionnelles (cf. infra), les grandes lois nationales (loi littoral, loi sur l'eau...), les traités et le droit communautaire ne s'appliquent pas, contrairement aux DOM. Ainsi à Wallis-et-Futuna, il n'existe aucune réglementation en matière de protection de la nature, alors qu'en Nouvelle-Calédonie certains outils réglementaires importants, telle l'étude d'impact, ne sont pas obligatoires, et il n'y a pas de Schéma de mise en valeur de la mer (SMVM). Dans les DOM, la protection devrait être meilleure, mais une pression démographique plus forte explique l'état médiocre des écosystèmes.

a. Un capital corallien exceptionnel mais fragile

Les récifs coralliens sont construits par des animaux sécrétant autour d'eux une carapace calcaire et utilisant des tentacules pour capter leur nourriture. Ils ont besoin de lumière, d'une eau chaude – de préférence entre 23 °C et 28 °C – salée, bien oxygénée et claire. Ces conditions sont remplies sur les littoraux des espaces ultramarins de la zone intertropicale, à l'exception de la Guyane, longée par le courant des Guyanes dispersant les rejets fins amazoniens et portant vers le nord-ouest des eaux turbides et peu salées, à l'origine de l'envasement des côtes. De la sorte, grâce à l'outre-mer, la France fait partie des États qui comptent le plus de récifs coralliens au monde et, de surcroît, répartis sur les trois grands océans (doc. 20). Ces récifs représentent un linéaire de plus de 5 000 km, soit près de 10 % du total mondial, et ils couvrent environ

55 000 km². La Polynésie française, avec l'archipel des Tuamotu principalement, regroupe un cinquième des atolls de la planète, dont Rangiroa avec son lagon de plus de 1 600 km² qui pourrait contenir Tahiti ou la Martinique, venant, dans la hiérarchie mondiale, derrière Kwajalein, en Micronésie, et ses 2 270 km². Avec 2 000 km de long, la barrière récifale néo-calédonienne est la deuxième du monde, juste après la Grande Barrière australienne. Au-delà de ces considérations quantitatives, on trouve aussi des curiosités naturelles de premier ordre, notamment les îles Loyauté avec l'atoll légèrement basculé d'Ouvéa ou les atolls soulevés de Maré et Lifou, ce dernier étant le plus grand atoll mondial de ce type (1 207 km²). **Voir photos K, page VI et Z, page XVI, dans le hors-texte couleur.**

Document 20 : Caractéristiques des récifs ultramarins.

	Surfaces terrestres (en km²)	Surfaces récifales et lagonaires (en km²)	Longueurs des récifs (en km)
Nouvelle-Calédonie	18 600	40 000	Plus de 2 000
Polynésie française	3 814	12 800	Plus de 2 000
Wallis-et-Futuna	142	180 environ	50
Clipperton	2	9	12
Guadeloupe	1 705	200	200
Martinique	1 128	150	70
La Réunion	2 512	12	25
Mayotte	374	1 100	197
Îles Éparses	44	21	?

Source : Initiative française pour les récifs coralliens (IFRECOR), *L'État des récifs coralliens en France d'outre-mer*, Secrétariat d'État à l'Outre-Mer, 1998, et rectifications de l'auteur.

L'écosystème corallien est le plus complexe de la planète avec celui de la forêt équatoriale, mais son intérêt dépasse ce simple constat écologique, éclairant la création de l'International Coral Reef Initiative (ICRI), une action multilatérale de gouvernements et d'organisations fondées par huit États, dont la France. Effectivement, les atolls ne doivent leur existence qu'aux coraux, leur dégradation pouvant remettre en cause, à terme, l'occupation humaine. Les récifs coralliens sont une protection efficace contre la violence de la mer, spécialement lors des cyclones, et constituent une source de nourriture importante. Enfin, ils constituent des sites touristiques et de loisirs. Cet écosystème, aux implications économiques, sociales et culturelles, est toutefois menacé par des causes naturelles ou anthropiques. Parmi les premières on note le rôle destructeur des cyclones, les infestations d'étoiles de mer de grande taille (*Acanthaster planci*), le blanchissement des coraux dû au réchauffement des eaux de surface, peut-être en raison de l'ENSO, ou la prolifération mal expliquée de micro-organismes appelés microbialithes. Quant aux pressions anthropiques, elles sont très variées : extractions de granulats coralliens (ce que l'on nomme « soupe de corail » en Polynésie française) ; remblais littoraux ; apports terrigènes étouffant les coraux et conséquence de l'agriculture ou de la mine ; pollutions des eaux ; etc. Quelques situations sont particulièrement édifiantes, telle la progression du delta de la Ouenghi dans le lagon néo-calédonien par l'extraction du nickel, la nécrose réversible du tiers des récifs frangeants mahorais ou la condamnation des coraux dans la baie de Fort-de-France.

Actuellement, un peu plus de 1 % des récifs et lagons est protégé. Le Conservatoire du littoral a une vingtaine de sites dans les DOM, à Saint-Pierre-et-Miquelon et à Mayotte. On trouve une quinzaine de réserves marines et un parc marin. Les Îles Éparses sont classées réserves naturelles depuis 1975. Plus spectaculairement, dans le cadre du programme Man and Biosphere (MAB) de l'UNESCO, l'atoll de Taiaro aux Tuamotu a été déclaré « réserve de la biosphère » tout comme le Grand Cul-de-Sac Marin en Guadeloupe, qui est aussi un site Ramsar (zones humides d'importance internationale, particulièrement comme habitat des oiseaux d'eau). Enfin, la France a déposé en 2007 auprès de l'UNESCO un dossier de demande d'inscription visant à faire classer une partie du lagon de Nouvelle-Calédonie au Patrimoine mondial de l'humanité.

b. Des terres peu protégées

La multiplication des terrassements pour l'exploitation du nickel, l'urbanisation et la construction de routes, ainsi que les défrichements ont provoqué une accélération de l'érosion. La culture sur brûlis à Mayotte est à l'origine des *padzas*, affleurements d'altérites couvrant actuellement plus de 25 km². À Wallis-et-Futuna, une formation pauvre, appelée *toafa*, dominée par les fougères, les pandanus et quelques espèces buissonnantes, remplace progressivement la forêt primaire sous l'action humaine. Dans d'autres îles polynésiennes, telles Huahine et Mangareva (Polynésie française), le couvert forestier a presque totalement disparu. La Nouvelle-Calédonie est probablement le territoire où la situation est la plus préoccupante avec des maquis miniers, quoique très riches en espèces endémiques, victimes de l'extraction du nickel et des incendies. On n'y compte qu'une vingtaine d'aires protégées, dispersées et peu surveillées, couvrant moins de 4 % du territoire.

Dans les DOM, en dépit d'une législation plus contraignante, avec entre autres l'existence des ZNIEFF (Zones naturelles d'intérêt écologique, faunistique et floristique), la protection reste faible, à l'instar de la Martinique et de son parc naturel régional composé de 4 ensembles séparés. La Guadeloupe possède un parc national, créé en 1989, dont la zone centrale couvre 17 300 ha et occupe l'intérieur volcanique et forestier de la Basse-Terre. En Guyane, le projet de parc national dans la partie sud du département a finalement abouti en 2007, faisant du parc amazonien de Guyane, avec ses 34 000 km², le plus grand parc national français. La forêt, qui couvre 96 % de la Guyane, appartient en majorité au domaine privé de l'État et sa gestion est confiée à l'Office national des forêts (ONF) qui, avec 75 000 km², a en charge un domaine plus vaste que l'ensemble des forêts publiques métropolitaines ! Dans les années 1990, une réforme de l'allocation de la ressource a mis fin au système des permis forestiers qui permettait à l'exploitant-scieur d'organiser comme il l'entendait la coupe dans le périmètre qui lui était alloué. Aujourd'hui, une planification de l'exploitation est en place. Toutefois, l'exploitation de l'or, spécialement l'orpaillage clandestin (cf. supra), fait peser de sérieux risques sur l'environnement (déforestation, rejets de matière en suspension et d'hydrocarbures) et la santé humaine des Amérindiens par l'utilisation de mercure rejeté bien souvent dans les cours d'eau. Face à la gravité de la question, un comité de suivi interministériel a été mis en place par le secrétariat d'État à l'Outre-mer en 2001.

L'ONF est aussi un acteur majeur à la Réunion puisqu'il a à gérer 40 % de l'île, correspondant à la zone domaniale. Des reboisements ont été effectués ces dernières décennies, dans le dessein de protéger les sols et de fournir du bois, avec l'introduction d'un conifère à croissance rapide, le *Cryptomeria* du Japon. Là aussi, le projet de parc national a abouti en 2007. En même temps, une réserve naturelle nationale marine est créée, pour assurer la protection du récif corallien. L'île est également dotée d'un Conservatoire botanique national de Mascarin aux Colimaçons, sur les hauteurs de Saint-Leu.

Sur le littoral, les mangroves régressent. Leur rôle est pourtant essentiel en matière de protection physique du rivage, d'épuration des eaux et d'espace de pêche. À Mayotte, lorsqu'elle n'a pas disparu, cette formation végétale caractéristique de l'étage intertidal des littoraux lagunaires et vaseux de la zone intertropicale, est transformée en décharge. À la Martinique, elle est sous la menace de la pollution et des techniques traditionnelles d'approvisionnement en bois. En outre, la multiplication des polders dans la baie de Fort-de-France (zones industrialo-portuaires, aéroport) la grignote. Or, une particularité du domaine public maritime dans les DOM aurait pu permettre de limiter la pression anthropique sur le littoral. Tandis qu'en métropole, ce domaine s'arrête à la limite supérieure des marées, Colbert l'avait étendu outre-mer à une bande terrestre dite « des cinquante pas du Roy », rebaptisée « cinquante pas géométriques » en 1855. Large de 81,2 m, elle fut transférée en 1955 du domaine public maritime au domaine privé de l'État – ce que l'on a appelé « déclassement » – car on estimait qu'elle était un frein au développement économique des DOM. Face à l'urbanisation et à l'accaparement illégal de cette zone, le gouvernement invita les services de l'État, en 1974 et 1980, à garder les terrains non encore vendus dans le patrimoine national. En 1986, la loi littoral permit de faire réincorporer dans le domaine public maritime les restes de la zone des cinquante pas. Actuellement, la gestion du littoral dans les DOM est donc différente de celle de la métropole, vu le statut domanial de la zone des cinquante pas géométriques, ce qui ne préserve pas ces littoraux tropicaux d'une occupation illégale massive. Une loi de 1996, clémente, vise le règlement des occupations sans titre, en permettant la cession gratuite aux occupants des parcelles installés avant 1955, et la vente à ceux pour qui l'installation est intervenue entre 1955 et 1995. Lorsqu'on se trouve en zone urbaine, la loi prévoit que les terrains situés dans la zone des cinquante pas peuvent, en outre, être donnés aux communes ou aux opérateurs sociaux.

En général, la filière de traitement et d'élimination des déchets présente de graves lacunes. Les retards dans ce domaine par rapport à la métropole sont très importants. Les décharges officielles ne sont pas toujours bien gérées et les décharges sauvages sont très nombreuses. Annuellement, 450000 tonnes de détritus sont orientées vers trois décharges en Guadeloupe, mais il existe 14 décharges illégales et ce DOM n'a ni incinérateur, ni centre de traitement : une situation désastreuse qu'a dénoncé le préfet en 2007. Le tri sélectif des déchets est balbutiant, la Réunion faisant dans ce domaine office de pionnier. Le traitement des eaux usées est peu développé : par exemple la moitié de la population martiniquaise seulement est raccordée à une station d'épuration. En Polynésie française, il n'existe pas de traitement public des eaux usées, hormis à Bora Bora et sur une petite partie de la commune de Punaauia. Chaque particulier et chaque collectivité doit prendre en charge la collecte et l'évacuation. À côté d'un assainissement individuel basé sur des fosses septiques, fonctionnant généralement très mal, l'assainissement collectif est composé de plus de 150 mini-stations rejetant habituellement une eau de mauvaise qualité. Les effluents se déversent dans les lagons, polluant de plus en plus les eaux de baignade. En 1996, 46 % des points surveillés à Moorea étaient impropres à la baignade et, à Tahiti, 40 % des lieux surveillés sont pollués en permanence ou momentanément, spécialement dans l'agglomération de Papeete.

Il reste donc beaucoup de chemin à parcourir en France d'outre-mer dans ce domaine, et si les contraintes naturelles ont largement diminué, les problèmes environnementaux sont de plus en plus sérieux, faute d'une démarche ferme et continue des pouvoirs publics et d'une réelle prise de conscience des populations locales. Une fois de plus, l'action de l'État apparaît déterminante, ce dernier étant le principal acteur de la construction de cet espace ultramarin.

IV. Une gestion différenciée

La France régit, gère, organise ces contrées ultramarines et y a imprimé sa marque au travers d'une multitude de décisions et de réalisations. La durée de cette action est un élément notable pour comprendre l'espace actuel. Plus celle-là sera longue et plus grandes devraient être les similitudes de celui-ci avec la métropole, d'autant que de nombreuses villes ou régions métropolitaines sont devenues françaises après certaines colonies : par exemple le Roussillon (1659) après la Martinique, la Guadeloupe et la Réunion ; Strasbourg (1681) après la Guyane ; le comté de Nice ou la Savoie (1860) après Mayotte, la Grande Terre néo-calédonienne et l'archipel des Marquises. Ce raisonnement a ses limites, car l'action de la France a pu être pendant longtemps des plus discrètes, par désintérêt et/ou par l'effet de l'éloignement. Cela vaut notamment pour Mayotte et Wallis-et-Futuna, ou les archipels reculés de Polynésie française, bien peu administrés avant les dernières décennies du XXe siècle. L'expression « vieilles colonies » à propos des DOM révèle toutefois la pertinence du facteur temporel dans la production de l'espace ultramarin. Ces départements ont connu l'Ancien Régime et l'esclavage, à la différence du reste de la France d'outre-mer. La « Charte coloniale » de 1833 officialisa cette distinction en dotant les Antilles, la Guyane et la Réunion de conseils coloniaux, élus au suffrage censitaire, votant le budget et répartissant les impôts, tandis que les autres colonies continuaient d'être régies par ordonnances royales. De la sorte, la gestion différenciée s'apprécie à deux niveaux : celui mettant en regard métropole et outre-mer et l'autre singularisant les outre-mers les uns des autres.

1 La diversité statutaire et ses conséquences

Avant d'expliquer les tenants et aboutissants de l'opposition fondamentale entre DOM et TOM, devenus COM en 2003 (cf. supra), il est nécessaire d'évoquer, ne fût-ce que rapidement, la période charnière 1945-1958, puisque c'est au lendemain de la Seconde Guerre mondiale que le statut des colonies évolue radicalement. En 1946, l'Empire devient l'Union française. Les « vieilles colonies » sont départementalisées, alors que l'essentiel des autres colonies reçoit le statut de Territoires d'outre-mer (TOM). Le reste est composé des départements à statut spécial d'Algérie, des territoires sous mandat (Togo et Cameroun), des protectorats (Maroc, Tunisie, Wallis-et-Futuna) et du condominium des Nouvelles-Hébrides. L'Union française ne constitue pas une rupture avec le système colonial de la Troisième République : l'Algérie reste rattachée au ministère de l'Intérieur ; les DOM et les TOM passent sous l'autorité du ministère de la France d'outre-mer (ex-ministère des Colonies) ; les protectorats sont toujours sous la tutelle du ministère des Affaires étrangères ; un ministère des États associés est créé en 1950 pour l'Indochine, à la suite de l'abandon de son statut de TOM en 1949.

La loi-cadre Deferre de 1956 constitue un moment décisif pour les TOM, en mettant en place un statut largement décentralisé, rendant possible l'accession ultérieure au rang d'État souverain. De 1956 à 1958, la vie politique dans les TOM est animée par l'attribution aux populations du suffrage universel intégral et la création d'assemblées et de gouvernements territoriaux. En 1958, l'adoption de la Constitution de la Cinquième République permet aux TOM de choisir leur avenir institutionnel. En vertu de l'article 76, trois options s'offrent à eux s'ils acceptent la Constitution : devenir État membre de la Communauté (qui remplace l'Union française), se transformer en DOM ou rester TOM. La consultation populaire du 28 septembre 1958 conduit à la souveraineté immédiate de la Guinée, qui refuse la Constitution. Les 17 autres TOM l'ont acceptée, mais seuls la Côte française des Somalis, les Comores, Saint-Pierre-et-Miquelon, la Nouvelle-Calédonie et la Polynésie française préfèrent le *statu quo* en décidant de rester des TOM. Le protectorat de Wallis-et-Futuna est érigé en TOM en 1961. Les douze Territoires africains qui optent pour le statut d'État membre de la Communauté, pouvant être une étape avant l'indépendance, y accèdent rapidement, car la Communauté ne fonctionna pas.

a. De la sujétion à l'assimilation

Il peut sembler paradoxal de constater que ce sont les terres les plus effroyablement exploitées par la métropole qui cherchent à être assimilées à celle-ci. Pourtant, il y a une certaine logique dans cette volonté, qui s'est exprimée à plusieurs reprises au XIXe siècle, surtout après l'abolition de l'esclavage en 1848 (cf. infra), et jusqu'en 1946. Déjà, la Constitution de l'An III transforme les « quatre vieilles » en départements. L'expérience est éphémère. C'est finalement la Troisième République qui introduit durablement les grands textes républicains sur l'école publique, laïque et obligatoire, les libertés syndicales, d'association et de la presse, etc. En 1884, ces colonies sont placées sous l'empire de la même législation municipale que la métropole, avec toutefois des particularités en Guyane. La loi douanière de 1892 soumet les « colonies assimilées » (« quatre vieilles », Saint-Pierre-et-Miquelon, Algérie, Indochine) au tarif français, contrairement à l'Océanie en particulier. Réclamées avec force depuis des années par leurs parlementaires, les jeunes Antillais et les Guyanais ont, à partir de 1913, les mêmes obligations militaires que les métropolitains, révélant le patriotisme de ces populations. L'école républicaine façonne les esprits des enfants qui apprennent que leurs ancêtres sont les Gaulois. Le créole est banni, le français est la langue de la promotion sociale et, en dépit des conditions climatiques, le costume-cravate est de rigueur chez les élites de couleur.

Il y a donc bien, de fait, assimilation culturelle. L'assimilation politique correspond à la départementalisation de 1946, aboutissement d'un long cheminement et non résultat d'une loi votée à la sauvette par une Assemblée constituante à l'attention oblique. Les parlementaires des quatre colonies qui proposent la départementalisation sont de gauche. Il s'agit de Mme Eboué pour la Guadeloupe, MM. Bissol et Césaire pour la Martinique, M. Monnerville pour la Guyane et MM. de Lépervanche et Vergès pour la Réunion. Si la loi est votée à l'unanimité, il est toutefois à noter que le gouvernement est réticent et que le député socialiste de la Guadeloupe Paul Valentino n'est pas pour l'assimilation politique. Ce résultat spectaculaire est la conjonction de considérations métropolitaines et de réclamations locales. Les premières reposent sur l'idée d'une décolonisation par assimilation et du rejet du racisme qui venait de faire des millions de morts en Europe avec l'Holocauste. Les secondes voient dans la départementalisation un moyen de développer ces territoires, de lutter contre la pauvreté. Il faut dire que la période de la guerre y a été particulièrement dure (cf. supra), et de rendre ces sociétés plus justes, en réduisant le pouvoir économique des grandes familles de colons. La bourgeoisie mulâtre, imprégnée de l'idéologie républicaine, a donc entendu l'assimilation comme émancipatrice et progressiste.

Aimé Césaire et l'assimilation des Antilles à la France

« A l'heure où ça et là des doutes sont émis sur la solidité de l'Empire, à l'heure où l'étranger se fait l'écho de rumeurs de dissidence, cette demande d'intégration constitue un hommage rendu à la France et à son génie et cet hommage, dans la conjoncture internationale, prend une importance singulière. [...]
Assimiler les Antilles et leurs sœurs à la France ne signifie pas seulement introduire plus de justice dans la société d'outre-mer, cela signifie aussi prendre l'initiative d'une politique qui, à brève échéance, assainira l'économie de ces territoires en arrachant à de véritables monopoles privés des industries dont dépend toute la vie de ces colonies. »

Source : Extraits du rapport fait à l'Assemblée nationale constituante le 26 février 1946.

Les crédits accordés aux nouveaux départements restent réduits jusqu'au début des années 1960. Toutefois, la départementalisation fait ses premiers effets sur le plan social avec l'instauration, à la fin des années 1940 et au début des années 1950, du régime de Sécurité sociale, de l'assurance-vieillesse, des allocations familiales et du SMIG. Mais nous verrons plus loin qu'il a fallu un demi-siècle pour arriver à l'égalité sociale avec la métropole, tandis que la situation économique n'a cessé de se dégrader.

b. De la coercition à l'autonomie

Après avoir donné du fil à retordre aux colonisateurs, l'Océanie française évolue rapidement au milieu du XXe siècle, tant sur les plans économique, social que politique. La classe politique locale, à l'inverse de celle des nouveaux DOM, n'est pas pour l'assimilation et rejette l'idée de départementalisation. Elle défend fermement les particularismes, comme le montrent les oppositions virulentes des parlementaires tomiens au projet de Code du travail outre-mer. C'est en 1952, qu'il est finalement adopté, après plus de quatre ans de débats. Dans les Établissements français de l'Océanie (EFO), la semaine de quarante heures et les congés payés ne sont appliqués qu'à partir de 1954.

La différence entre les positions de l'élite politique dans les « vieilles colonies » et dans les TOM tient d'abord à l'assimilation culturelle, particulièrement nette dans les premières, beaucoup plus ténue dans les seconds. La loi de 1901, établissant la liberté d'association, n'est promulguée qu'en 1946 en Nouvelle-Calédonie et dans les EFO. La culture républicaine est aussi moins forte en raison du rôle de l'enseignement privé. Par exemple, dans les EFO, il faut attendre les années 1950 pour que l'enseignement public soit développé systématiquement. En 1963, l'enseignement privé scolarise encore le tiers des enfants allant à l'école, spécialement ceux des élites et, pendant que les écoles publiques souffrent d'un désintérêt complet, les écoles privées disposent de moyens conséquents et sont appuyées par les hommes politiques locaux, en majorité de formation confessionnelle et pour qui l'école publique n'a « ni foi, ni morale ». De même, en Nouvelle-Calédonie, l'enseignement privé est longtemps prépondérant, héritage de l'action missionnaire (cf. infra).

Il ne faut également pas omettre que, contrairement aux « vieilles colonies » où la population est de citoyenneté française, persiste dans le Pacifique le statut de l'indigénat jusqu'en 1945. Concrètement, cela signifie que la très grande majorité des Mélanésiens en Nouvelle-Calédonie n'est devenue citoyen français qu'à cette date et n'a obtenu le droit de vote qu'au début des années 1950. Les choses sont plus complexes dans les EFO, puisque suivant les îles et les archipels, en raison de la forme de la colonisation, certains habitants étaient citoyens français et d'autres seulement sujets de la France, tels ceux des Îles Sous-le-Vent. Par conséquent, alors même que la situation économique des populations ultramarines est relativement comparable, les rapports d'une partie des Océaniens à la France ne peuvent être que très différents de ceux des Antillais, Guyanais ou Réunionnais.

Un autre élément à prendre en compte dans cette défiance à l'assimilation est l'éloignement à la métropole. Ces îles des antipodes restent dans les années 1950 faiblement reliées à l'Europe ; le voyage est long, harassant, coûteux. Par ailleurs, la Seconde Guerre mondiale et la présence américaine (cf. supra) ont fait perdre une partie du prestige de la France aux yeux des habitants. Il apparaît que la singularité de ces Territoires semble évidente pour les responsables locaux. Il y a, en outre, dans ce souci d'autonomie, la ferme détermination de conserver des avantages, fiscaux spécialement, point qui n'avait pas échappé à certains hommes politiques des « vieilles colonies », mais qui avait été jugé mineur par rapport aux acquis sociaux découlant de la départementalisation.

La marche vers l'autonomie est semée d'embûches et de retours en arrière. Elle débute par la loi-cadre de 1956 qui dote la Nouvelle-Calédonie et la Polynésie française d'une très large liberté. Un pouvoir exécutif local, le Conseil de gouvernement, est mis en place, désigné par une Assemblée territoriale élue au suffrage universel. En Polynésie française, la volonté de la majorité de l'Assemblée de mettre en place un impôt sur le revenu est à l'origine d'une crise grave qui se termine par le retrait de cette réforme. Pouvanaa est à cette époque-là l'homme politique fort. Il est le vice-président du Conseil de gouvernement et fait campagne pour l'indépendance à l'occasion de la consultation du 28 septembre 1958 (cf. supra). Le résultat des urnes le contredit et entraîne sa chute. La population choisit de rester un TOM, tout comme en Nouvelle-Calédonie. Les débuts de la Cinquième République correspondent à une phase de recentralisation avec la réduction sensible du pouvoir des Assemblées territoriales et des conseillers de gouvernement.

En Polynésie française, quatre statuts successifs, celui de 1977, le statut d'autonomie interne de 1984 de la collectivité de 1996 et enfin celui de 2004, donnent des pouvoirs croissants aux autorités de la Collectivité. Celle-ci se voit attribuer certains caractères symboliques, comme un drapeau (un rectangle de trois bandes horizontales rouge, blanc, rouge, avec, au centre, une pirogue polynésienne), un hymne, un sceau et des ordres de décoration spécifiques. La Polynésie française a adhéré, sous le nom moins colonial de « Tahiti », à plusieurs fédérations sportives internationales (football, athlétisme, etc.) et ses équipes participent donc aux plus grandes compétitions internationales (championnats du monde d'athlétisme, qualification à la Coupe du monde de football...). Plus fondamentalement, les compétences de l'État sont limitées aux fonctions de souveraineté (défense, monnaie...), à la fonction publique d'État, à l'enseignement supérieur ou aux communications.

L'hymne de la Polynésie française
(traduction française)

Mon pays est né de Dieu
Collier d'îles multiples
Aux délicates senteurs
Reliées d'une tresse immortelle
Aujourd'hui je te loue
Voici que s'élève la voix de tes enfants
« Répands ton amour »
Pour que vive Tahiti Nui

On est allé plus loin sur la voie de l'autonomie en Nouvelle-Calédonie, territoire qui connaît une dizaine de statuts entre la loi-cadre de 1956 et aujourd'hui, avec les accords de Nouméa de 1998. Cette instabilité statutaire résulte d'abord de l'aggravation du contentieux entre Kanaks et Caldoches, sur fond de spoliation des terres, à la fin du « boom du nickel » (milieu des années 1970). La revendication mélanésienne devient alors politique, après avoir été seulement foncière. L'indépendance est le but à atteindre pour une majorité de Kanaks. La violence gagne du terrain durant les années 1980, alors que les tâtonnements de la gauche et le retour de la droite au pouvoir en 1986 font que six textes statutaires, cinq lois et une ordonnance concernent la Nouvelle-Calédonie de 1984 à 1988. Le double drame d'Ouvéa (prise de la gendarmerie de Fayahoué le 22 avril 1988 et assaut de la grotte de Gossanah le 5 mai 1988), qui fait 25 victimes, et la réélection de François Mitterrand, le 8 mai 1988, conduisent à la signature des accords de Matignon le 26 juin 1988. Le statut qui en est issu doit aboutir à l'organisation d'un scrutin d'autodétermination en 1998. Mais indépendantistes et anti-indépendantistes conviennent alors de rechercher une solution évitant de nouveaux affrontements. À la suite de longues négociations, l'accord de Nouméa, conclu entre le Rassemblement pour la Calédonie dans la République (RPCR), dirigé par Jacques Lafleur, et le Front de libération nationale kanake socialiste (FLNKS), dirigé par Rock Wamytan, est signé par le premier ministre Lionel Jospin le 5 mai 1998. Le 8 novembre de la même année, les électeurs du Territoire sont consultés et doivent répondre à la question : « *Approuvez-vous l'accord sur la Nouvelle-Calédonie signé à Nouméa le 5 mai 1998 ?* ». Près de 72 % ont répondu « oui », mais seulement 57 % à Nouméa contre 86 % dans la Province Nord et 95 % dans les îles Loyauté, ce qui établit une adhésion moins forte à cet accord chez les Caldoches que chez les Kanaks.

Les nouvelles dispositions statutaires, nées de l'accord de Nouméa et des lois organique et ordinaire du 19 mars 1999, sont particulièrement audacieuses, tout spécialement avec des « lois de pays » et une « citoyenneté néo-calédonienne ». Pour la première fois dans l'histoire de la France, des normes législatives émanent d'une assemblée infranationale. Les accords de Nouméa prévoient aussi un transfert de compétences, par étape de cinq ans, de l'État à la Nouvelle-Calédonie. En 2013, l'État devrait avoir transféré à celle-ci l'ensemble de ses compétences, à l'exception des régaliennes (justice, ordre public, défense, monnaie et affaires étrangères). La dernière phase de ce processus devrait se dérouler de 2014 à 2018 avec un scrutin d'autodétermination qui décidera du transfert des compétences régaliennes et donc de l'accession, ou pas, de la Nouvelle-Calédonie au rang d'État souverain. Symboliquement, la Nouvelle-Calédonie est devenue membre associé de la Fédération internationale de football ce qui lui a permis de participer en 2002 à la coupe de l'Océanie, au même titre que la Nouvelle-Zélande ou les Fidji. Désormais, les joueurs néo-calédoniens doivent choisir à leur majorité entre la sélection locale et la sélection française, mais, contrairement à l'équipe de Polynésie française, c'est encore le drapeau français et la *Marseillaise* qui les accompagne !

Extraits du Préambule des accords de Nouméa (mai 1998)

« Le moment est venu de reconnaître les ombres de la période coloniale, même si elle ne fut pas dépourvue de lumière. Le choc de la colonisation a constitué un traumatisme durable pour la population d'origine. Des clans ont été privés de leur nom en même temps que de leur terre. [...] Cette dépossession a conduit à une perte des repères identitaires. [...] Les Kanak ont été repoussés aux marges géographiques, économiques et politiques de leur propre pays [...]. La colonisation a porté atteinte à la dignité du peuple kanak qu'elle a privé de son identité. Des hommes et des femmes ont perdu dans cette confrontation leur vie ou leurs raisons de vivre. [...] Il convient de faire mémoire de ces moments difficiles, de reconnaître les fautes, de restituer au peuple kanak son identité confisquée, ce qui équivaut pour lui à une reconnaissance de sa souveraineté, préalable à la fondation d'une nouvelle souveraineté, partagée dans un destin commun. »

« Les signataires des accords de Matignon [1988] ont donc décidé d'arrêter ensemble une solution négociée, [...] pour laquelle ils appelleront ensemble les habitants de Nouvelle-Calédonie à se prononcer. Cette solution définit pour vingt années l'organisation politique de la Nouvelle-Calédonie et les modalités de son émancipation. [...] Au cours de cette période, des signes seront donnés de la reconnaissance progressive d'une citoyenneté de la Nouvelle-Calédonie, celle-ci [...] pouvant se transformer, après la fin de la période, en nationalité, s'il en était décidé ainsi. Le corps électoral pour les élections aux assemblées locales propres à la Nouvelle-Calédonie sera restreint aux personnes établies depuis une certaine durée. [...] Des dispositions seront définies pour favoriser l'accès à l'emploi local des personnes durablement établies en Nouvelle-Calédonie. Le partage des compétences entre l'Etat et la Nouvelle-Calédonie signifiera la souveraineté partagée. Il sera progressif. [...] Au terme d'une période de vingt années, [...] l'accès à un statut international de pleine responsabilité [...] [sera] propos[é] au vote des populations intéressées. [Son] approbation équivaudrait à la pleine souveraineté de la Nouvelle-Calédonie. »

c. Les DOM face à des territoires aux statuts différenciés et évolutifs

Si les DOM forment un bloc homogène, bien que les évolutions actuelles révèlent quelques craquements (cf. infra), il n'en va pas de même pour le reste de la France d'outre-mer, dont l'évolution statutaire est forte depuis un demi-siècle. Une logique de statuts à la carte a provoqué une diversification des situations. À la lecture des pages qui précèdent, il apparaît que la Polynésie française et la Nouvelle-Calédonie ont eu des évolutions différentes, quoique allant vers plus d'autonomie. Dans leur mouvement, elles laissent sur place Wallis-et-Futuna dont le statut actuel, qui remonte à 1961, est très proche du statut de la Nouvelle-Calédonie de 1963 à 1976. Grossièrement, il s'apparente à celui d'un département métropolitain avant la décentralisation. On est donc bien loin de l'autonomie polynésienne. Par conséquent, se cache sous l'appellation COM, qui ne s'applique pas à la Nouvelle-Calédonie, une diversité ne nous renseignant pas sur le niveau d'autonomie (doc. 21).

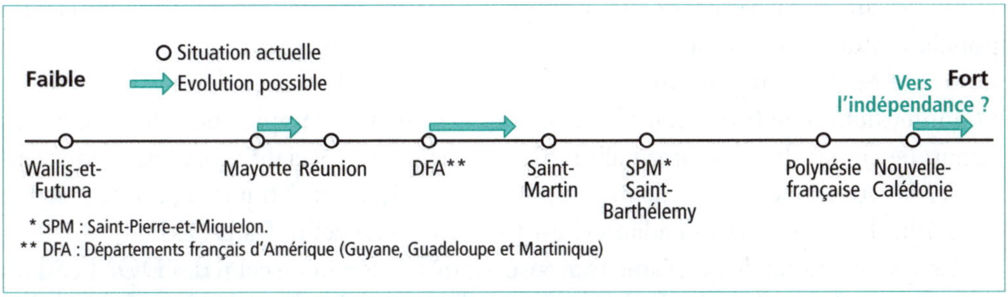

Document 21 : Le niveau d'autonomie politique de la France d'outre-mer.

Les cas de Mayotte et de Saint-Pierre-et-Miquelon viennent un peu plus obscurcir le tableau. Ces îles ont changé de statuts : Saint-Pierre-et-Miquelon est un TOM de 1946 à 1976 et un DOM de 1976 à 1985. Sa dé-départementalisation en fait aujourd'hui une COM (cf. infra). Avant d'être, en 1976, une collectivité territoriale d'outre-mer, Mayotte fait partie du TOM des Comores, dont elle est détachée à la suite du décompte île par île des résultats de la consultation des Comoriens sur l'indépendance de 1974, au mépris des principes internationaux. En effet, si la population des trois autres îles choisit très majoritairement de se séparer de la France, les deux tiers des Mahorais le refusent. Ainsi est balkanisé l'archipel, créant un imbroglio juridique et la condamnation régulière de la France par les Nations unies et l'Organisation de l'unité africaine (OUA). Pendant un quart de siècle, Mayotte a un statut provisoire, et ce n'est qu'en 2001 qu'est promulguée la loi instituant cette île en « collectivité départementale ». Cette réforme est très progressive et a d'abord pour dessein d'y appliquer la décentralisation, avec, en 2004, l'exécutif de la collectivité qui est passé du préfet au président du conseil général, tandis que la révision constitutionnelle de 2003 fait de Mayotte une COM. Une loi organique de 2007 prévoit la création d'une région d'outre-mer et un référendum en vue d'une départementalisation.

Pour un non-spécialiste, ces questions de statut sont complexes, mais elles ont des implications majeures sur la « production » de l'espace ultramarin. Ne soyons pas distraits et piégés par la diversité croissante et la souplesse des statuts. L'opposition fondamentale est entre les DOM et le reste de l'outre-mer. Il résulte du principe d'assimilation des premières que les lois nationales s'y appliquent de plein droit, sauf mention contraire. Il y a donc des possibilités d'adaptation. C'est l'inverse dans les COM et *a fortiori* en Nouvelle-Calédonie, où existe le principe de spécialité législative, signifiant que les lois et règlements édictés en France métropolitaine n'y sont pas applicables de plein droit. Les règles de droit proviennent soit de textes spécifiques, soit de textes métropolitains comprenant une mention spéciale et expresse d'applicabilité. Concrètement, un code de la route différent de celui de métropole – la ceinture de sécurité n'est toujours pas obligatoire à l'arrière en Polynésie française –, une année scolaire décalée voire inversée, une École qui, naguère encore, n'était pas obligatoire partout jusqu'à 16 ans – jusqu'en 2000 on pouvait quitter l'école à 14 ans à Wallis-et-Futuna –, une fiscalité propre, des timbres-postes spécifiques, des recensements de la population décalés auxquels ne s'appliquent pas le changement de méthode de collecte voté en 2002, la non-application de la réduction du temps de travail (RTT), la non interdiction de fumer dans les lieux publics ou la non application du PACS sont autant de signes de cette originalité. Si ce principe de spécialité législative concerne aussi Mayotte, il n'en va pas de même pour Saint-Pierre-et-Miquelon, dont le régime législatif, dit d'assimilation adaptée, est très proche de celui des DOM.

Le système fiscal de l'Océanie française est très différent de celui des DOM et donc de la métropole, quoique les DOM jouissent d'une fiscalité directe réduite (cf. infra). Il n'y a ni impôt sur les bénéfices des sociétés, ni impôt sur les revenus des valeurs mobilières, ni impôt sur les revenus des personnes physiques à Wallis-et-Futuna. En Nouvelle-Calédonie, l'impôt sur le revenu est plus faible qu'en métropole. La TVA n'a été instaurée par le gouvernement de Polynésie française qu'en 1998, avec des taux de 6 et 16 %. Dans cette collectivité, il n'y a pas d'impôt sur le revenu des personnes physiques, mais existe, depuis 1995, une contribution de solidarité territoriale (CST), versée à la caisse de prévoyance sociale, pour le financement du régime de solidarité territorial. Sur le plan social, ces différences font que les Domiens sont des citoyens de plein droit de la République, aux droits et obligations très proches des métropolitains. Par contre, les Comiens et les Néo-Calédoniens sont des citoyens de droit social de chaque autorité locale et ont donc des régimes spécifiques (cf. infra). Dernière différence majeure, celle portant sur la question du droit des peuples à disposer d'eux-mêmes. En vertu de la « doctrine Capitant », reprise par le Conseil constitutionnel dans sa décision du 30 décembre 1975 qui reconnaît la constitutionnalité du processus d'autodétermination conduisant la République à reconnaître l'indépendance d'une de ces parties, l'accession d'un TOM à la souveraineté est possible après consultation de la population. Cette doctrine est appliquée à plusieurs reprises ces trente dernières années : aux Comores en 1974, à Mayotte en 1976, dans le Territoire français des Afars et des Issas

(TFAI) en 1977 et en Nouvelle-Calédonie en 1987. En revanche, le Conseil constitutionnel n'a pas indiqué si cette capacité de sécession ne devait s'appliquer qu'aux seuls TOM. Or, selon René Capitant, ce droit n'appartient pas aux DOM. Partant, il existe une incertitude sur les possibilités juridiques d'indépendance des DOM, alors que la « doctrine Capitant » devrait s'appliquer aux COM.

2 Un maillage administratif particulier

S'approprier un territoire, c'est le diviser pour le gérer et le contrôler. Dès lors, l'analyse des mailles administratives, considérées dans leur taille ou leur compétence, nous renseigne sur la façon dont l'État a façonné l'espace. La France d'outre-mer présente des spécificités dans ce domaine qui informent à la fois sur la manière dont le pouvoir s'est intéressé aux populations ultramarines et sur le rapport de ces populations au pouvoir, notamment aux élus locaux.

a. Des communes singulières

À la différence de la métropole, il y a, à l'origine des communes des DOM, le « quartier », domaine placé sous l'autorité d'un même commandant de milice, une armée supplétive de l'armée régulière recrutée parmi les colons. Cette subdivision coloniale de base englobe généralement plusieurs paroisses. Par la suite, les communes littorales d'origine connaissent des évolutions différentes, certaines telles Saint-Denis ou Saint-Paul à la Réunion restant entières, d'autres étant amputées latéralement pour créer des communes allongées perpendiculairement au littoral, comme Bras-Panon ou les Avirons à la Réunion ; d'autres encore voient leurs parties hautes être dissociées, comme c'est le cas à la Réunion pour Cilaos et le Tampon, respectivement détachées de Saint-Louis et de Saint-Pierre. Ce morcellement reste toutefois limité.

Abstraction faite de la brève parenthèse révolutionnaire, l'acte de naissance de l'institution municipale dans les « vieilles colonies » antillaises date de 1837[25] et de 1879 en Guyane. Par ailleurs, la loi de 1884, réformant l'institution municipale en métropole, est aussi appliquée dans les « vieilles colonies », avec des différences notables en Guyane (cf. infra). En revanche, dans les COM et en Nouvelle-Calédonie, la généralisation de ce niveau administratif est beaucoup plus récente. Si les communes de Nouméa, Papeete et Uturoa (île de Raiatea), sont créées respectivement en 1879, 1890 et 1931, 1965 pour Pirae et Faaa (Tahiti), il faut attendre 1969 en Nouvelle-Calédonie et 1971 en Polynésie française pour que tout le territoire soit subdivisé à ce niveau. C'est donc seulement depuis une trentaine d'années qu'une partie de la population de Polynésie française et de Nouvelle-Calédonie ne vit plus sous administration directe. Cependant, la tutelle administrative et financière n'est supprimée qu'en 1990 sur les communes néo-calédoniennes, alors que les actes des communes polynésiennes et mahoraises restent toujours soumis au contrôle préalable de l'État, mais le processus a été engagé en 2007 d'extension progressive des règles de droit commun aux communes de Polynésie française. Les évolutions hors des DOM, pour importantes qu'elles soient, révèlent, par leurs caractères récents et souvent timides, la défiance de l'État à l'égard du niveau local et sa durable volonté de le contrôler au travers d'institutions sous sa coupe, tels ces conseils de districts, ancêtres des conseils municipaux dans les EFO, qui pouvaient être présidés dans la première moitié du XXe siècle par une personne choisie par le gouverneur.

À l'examen des caractéristiques des communes d'outre-mer, leur taille et leur population surprennent celui qui est habitué à l'émiettement métropolitain (doc. 22). Les DOM ne comptent que 114 communes pour plus de 1,8 million d'habitants, soit une moyenne de 16 219 habitants par commune, contre 1 650 en métropole. À la Réunion, la moyenne monte à plus de 32 000 habitants par commune. Si cette île connaissait la même atomisation communale que la métropole, elle devrait compter 441 communes et non 24 comme actuellement ! En outre, les disparités de population sont relativement faibles. On peut faire le même constat dans le reste de la FOM.

Parallèlement à leur poids démographique, les communes ultramarines sont plus vastes et regroupent de nombreuses localités considérées comme des écarts ou lieux-dits (doc. 23). Les communes néo-calédoniennes font 561 km², soit près de quatre fois la taille moyenne d'un canton métropolitain. D'ailleurs, les cantons, qui n'existent que dans les DOM, ne sont pas comme en métropole des regroupements de communes, mais des communes entières ou des fractions de commune, avec 156 cantons

Document 22 : Les communes de l'outre-mer face à celles de métropole.

	Nombre de communes	Population moyenne (en habitants)	Superficie moyenne (en km²)
Martinique	34	11 852	33
Guadeloupe	34	13 294	50
Guyane	22	9 545	3 797
La Réunion	24	32 666	104
Saint-Pierre-et-Miquelon	2	3 062	121
Mayotte	17	11 235	22
Nouvelle-Calédonie	33	7 272	561
Polynésie française	48	5 408	79
Wallis-et-Futuna*	3	4 981	47
Métropole	36 566	1 683	15

* Cette COM n'a pas de communes, mais des circonscriptions ayant chacune la personnalité morale et correspondant aux trois royaumes (cf. infra).

Sources : INSEE, ISEE et ISPF.

pour 114 communes. Ceci explique que les maires sont aussi très souvent des conseillers généraux (19 sur 24 à la Réunion après les élections de 2001), ce qui n'est pas sans conséquence sur le lien commune-département : les élections municipales sont déterminantes pour le scrutin cantonal. Si l'immensité des communes guyanaises est partiellement une réponse à la faible occupation humaine, le cas le plus édifiant étant la commune de Maripasoula, dans le sud-ouest de la Guyane, qui couvre 18 360 km², c'est-à-dire plus que le Limousin ou la Basse-Normandie, avec une densité moyenne de 0,2 hab./km², il n'en va pas de même ailleurs, notamment dans les autres DOM, où les densités sont fortes. Par exemple, la commune réunionnaise de Saint-Paul, qui couvre 240 km², compte plus de 92 000 habitants dispersés sur une multitude d'écarts. Cet état de fait explique que la division communale n'est pas achevée, telle la création en 1995 de Kouaoua en Nouvelle-Calédonie. En Guyane, ce redécoupage administratif a touché la vallée du Maroni, avec la scission en trois communes de Papaïchton-Grand-Santi, par l'érection d'Apatou en commune distincte en 1976 et la création des communes de Papaïchton et Grand-Santi en 1992. Ce processus dévoile la reconnaissance par la République française des communautés issues des Marrons – Aluku, Ndjuka, Paramaka – (cf. supra), concrétisée par la création d'entités administratives mono-ethniques. Quant à la commune d'Awala-Yalimapo, née en 1988 et presque exclusivement amérindienne – Galibi – (cf. supra), sa genèse tient dans la prise en compte croissante des peuples autochtones.

La maille communale apparaît outre-mer comme singulièrement forte et plus importante qu'en métropole. Les maires, appelés *tavana* (le chef) en Polynésie française, sont des personnages puissants, dont le rôle économique et financier est primordial, particulièrement pour l'emploi dans les DOM. En effet, le nombre d'agents communaux, toutes choses égales par ailleurs, y est beaucoup plus élevé qu'en métropole, avec une pléthore de non titulaires sans aucune qualification, favorisant un système clientéliste où jouent les liens familiaux et la distribution généreuse d'aides aux particuliers ou aux associations. Les communes sont donc des structures essentielles pour l'activité locale et pour la régulation du chômage. En contrepartie, leur situation financière est très fragile avec des charges de personnel très élevées – auxquelles s'ajoutent celles de la titularisation des contractuels et occasionnels – en dépit de recettes plus fortes qu'en métropole alimentées par des contributions de l'État et par des ressources fiscales propres, essentiellement l'octroi de mer, une taxe assise sur la valeur marchande des biens importés et versée majoritairement aux budgets communaux. Si la fiscalité indirecte générale (TVA et octroi de mer) ne dépasse pas la TVA métropolitaine, c'est que la TVA n'existe pas en Guyane alors qu'elle est réduite de plus de moitié dans les autres DOM (8,5 % contre 19,6 % en métropole pour le taux normal).

b. Des régions monodépartementales

Contrairement à la métropole, départements et régions d'outre-mer ont le même territoire, ce qui retire bien évidemment à celles-ci toute action interdépartementale.

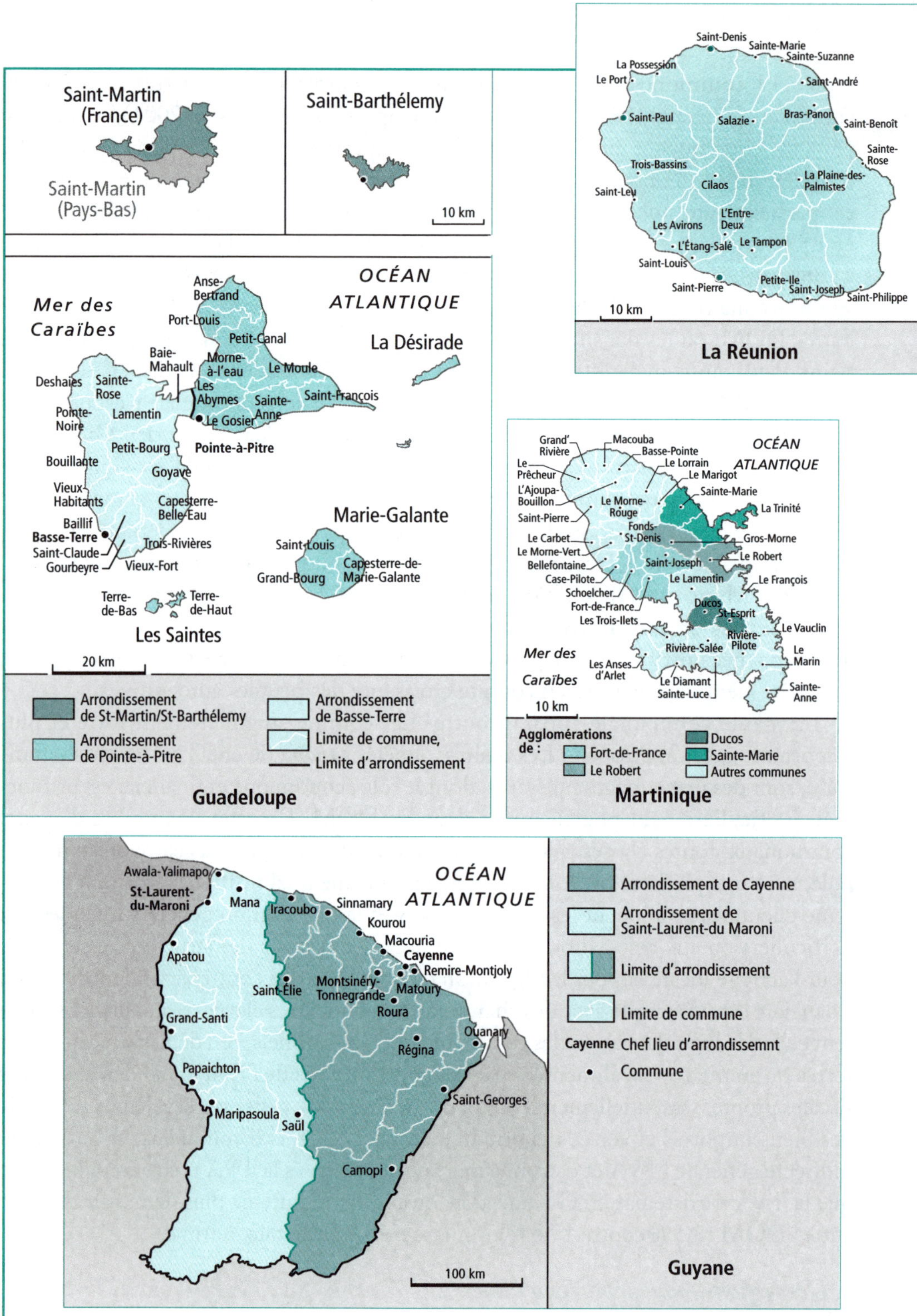

Document 23 : Les communes des DOM, de Nouvelle-Calédonie et de Polynésie française en 2002.

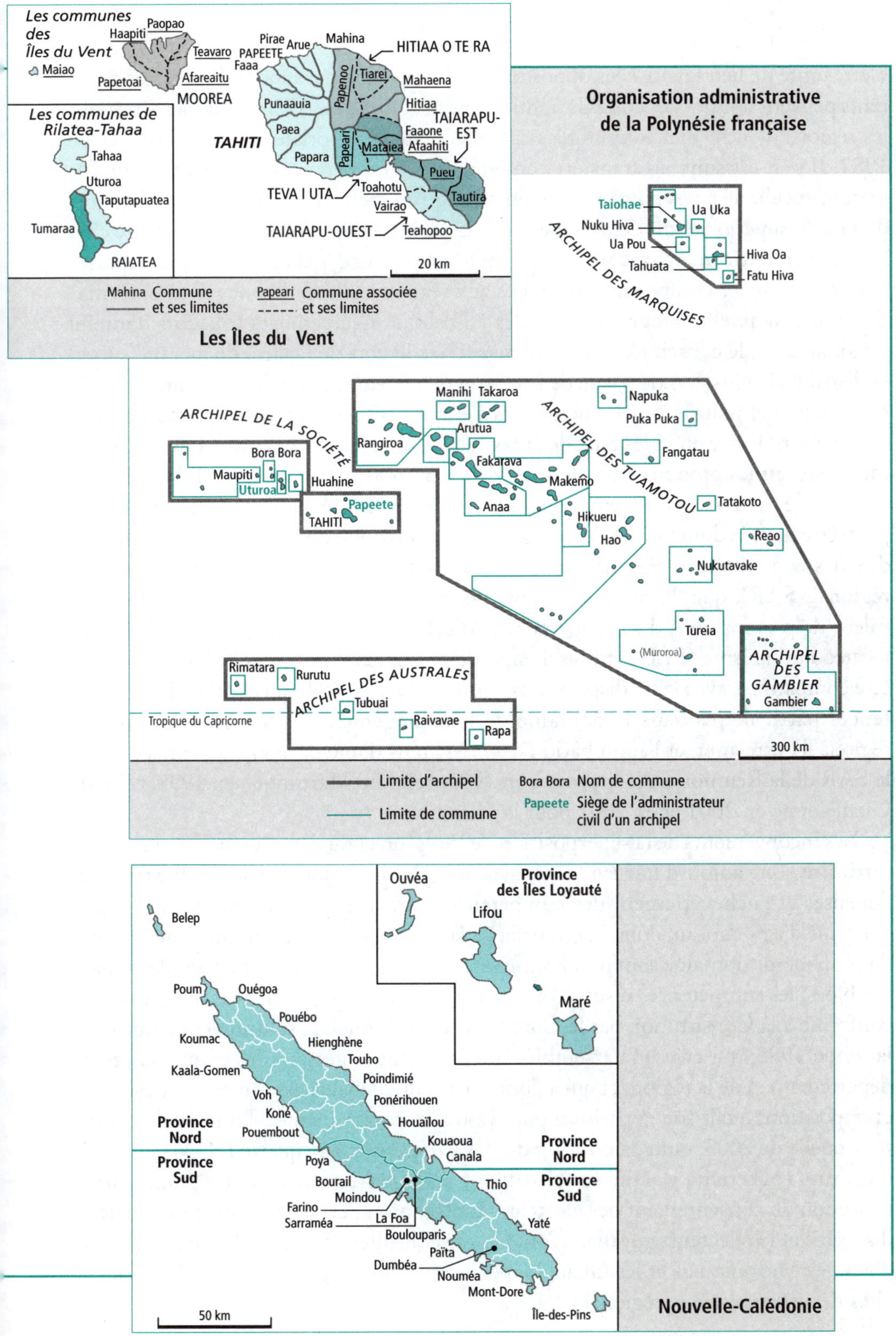

Organisation administrative de la Polynésie française
Les communes des Îles du Vent
Maiao
Haapiti
Paopao
Teavaro
Papetoai
Afareaitu
MOOREA
Pirae
Arue
Mahina
PAPEETE
Faaa
HITIAA O TE RA
Tiarei
Mahaena
Hitiaa
Papenoo
Punaauia
Paea
TAHITI
Papara
Papeari
Mataiea
Faaone
Afaahiti
TAIARAPU-EST
Pueu
Tautira
TEVA I UTA
Toahotu
Vairao
TAIARAPU-OUEST
Teahopoo
20 km
Les communes de Rilatea-Tahaa
Tahaa
Uturoa
Taputapuatea
Tumaraa
RAIATEA
Mahina Commune et ses limites
Papeari Commune associée et ses limites
Les Îles du Vent
Taiohae
Nuku Hiva
Ua Pou
Tahuata
Ua Uka
Hiva Oa
Fatu Hiva
ARCHIPEL DES MARQUISES
ARCHIPEL DE LA SOCIÉTÉ
Bora Bora
Maupiti
Uturoa
Huahine
Papeete
TAHITI
Manihi
Takaroa
Rangiroa
Arutua
Fakarava
Makemo
Anaa
Hikueru
Hao
Napuka
Puka Puka
Fangatau
ARCHIPEL DES TUAMOTOU
Tatakoto
Reao
Nukutavake
Tureia
(Muroroa)
ARCHIPEL DES GAMBIER
Gambier
Rimatara
Rurutu
ARCHIPEL DES AUSTRALES
Tubuai
Raivavae
Rapa
Tropique du Capricorne
300 km
Limite d'archipel
Limite de commune
Bora Bora Nom de commune
Papeete Siège de l'administrateur civil d'un archipel
Ouvéa
Province des Îles Loyauté
Lifou
Maré
Belep
Poum
Ouégoa
Pouébo
Koumac
Hienghène
Touho
Kaala-Gomen
Poindimié
Voh
Ponérihouen
Koné
Pouembout
Houaïlou
Province Nord
Province Sud
Kouaoua
Canala
Poya
Bourail
Moindou
Thio
Farino
Sarraméa
La Foa
Boulouparis
Yaté
Païta
Dumbéa
Nouméa
Mont-Dore
Île-des-Pins
50 km
Nouvelle-Calédonie

Cette unité de lieu favorise les oppositions, d'autant que des modes de scrutins différents peuvent donner des conseils politiquement contraires. À l'instar de la métropole, les régions d'outre-mer sont érigées en collectivités territoriales de plein exercice en 1982. Il s'en est suivi un transfert conséquent de compétences du département à la région, et celle-ci a des pouvoirs plus étendus qu'en métropole. De la sorte, alors que, de fait, la supériorité du département sur la région est évidente en métropole, c'est l'inverse en outre-mer, avec un régime régional plus original que le régime départemental. Outre les compétences dévolues aux régions métropolitaines (lycées, formation professionnelle, programme d'aides à l'habitat, équipements collectifs d'intérêt régional, etc.), le conseil régional ultramarin fixe le taux de l'octroi de mer (cf. supra) et distribue la plus grande partie de son produit aux communes, le reste alimentant le fonds régional pour le développement et l'emploi (FRDE) et participant au budget de la région. Il fixe aussi les taux de la taxe spéciale sur les carburants (TSC) – la taxe intérieure sur les produits pétroliers (TIPP) n'existe pas dans les DOM-ROM – qui alimente le fonds d'investissement pour les routes et les transports (FIRT). Mais c'est peut-être dans le domaine de l'aménagement du territoire qu'apparaît le mieux l'étendue des compétences régionales, avec l'élaboration d'un Schéma d'aménagement régional (SAR), que l'État approuve par décret en Conseil d'État. Ces schémas ont valeur de prescriptions d'aménagement et d'urbanisme, ce qui signifie que les plans locaux d'urbanisme (PLU) et les schémas de cohérence territoriale (SCOT) doivent être compatibles avec leurs dispositions. Entre la loi de 1984, qui confère des compétences particulières dans le domaine de l'aménagement du territoire aux quatre régions d'outre-mer, et l'approbation des SAR plus d'une décennie a été nécessaire : le SAR de la Réunion a été approuvé en 1995, celui de Martinique en 1998, celui de Guadeloupe en 2001 et en 2002 pour la Guyane.

Les inconvénients de la superposition de la région et du département sur un même territoire sont aujourd'hui évidents, avec un gâchis financier par duplication des dépenses et enchevêtrement des compétences. Ainsi, les départements ont parfois continué d'agir dans un domaine transféré à la région. Les interventions concurrentes dans un même domaine sont nombreuses et il est urgent de réviser, en les redécoupant par blocs, les compétences respectives des régions et des départements. Déclarée non conforme à la Constitution par le Conseil constitutionnel, la solution contenue dans la loi de 1982, qui crée une assemblée unique ayant la gestion des compétences du département et de la région, et qui a donné lieu à des débats passionnés entre majorité et opposition, refait son apparition pour résoudre ces problèmes. La révision constitutionnelle de 2003, outre la création des COM, permet aux quatre DOM-ROM de créer une collectivité unique se substituant au département et à la région, sous la condition du consentement des électeurs. La Réunion s'est tout de suite exclue de ce dispositif et les électeurs guyanais n'ont pas été consultés. En revanche, le 7 décembre 2003, les Martiniquais et les Guadeloupéens ont opté pour le maintien des collectivités départementale et régionale.

c. Des unités spécifiques

Provinces, communes associées, subdivisions, districts, autant de noms inconnus dans le maillage administratif métropolitain qui évoquent les spécificités de la France d'outre-mer et le recours à des unités particulières pour l'administrer. Un bel exemple nous est offert par la Guyane qui fut découpée, de 1930 à 1969, en deux parties de taille inégale : une mince bande littorale, regroupant plus de neuf Guyanais sur dix, et l'Inini. Ce vaste espace intérieur, Territoire autonome de 1930 à 1951, est placé sous l'autorité directe du gouverneur qui nomme tous les membres du conseil d'administration. Les populations locales n'ont dans ce système aucun pouvoir, leur citoyenneté française n'étant pas reconnue. Cette structure coloniale, au sein d'une Guyane départementalisée en 1946, est réformée en 1951 pour devenir l'arrondissement de l'Inini, subdivisé en cercles municipaux, dont les maires sont des fonctionnaires chargés de l'administration de l'arrondissement avec un conseil d'arrondissement ayant les attributions d'un conseil municipal. Il faut toutefois attendre 1969 pour que disparaisse l'Inini et pour que le processus de municipalisation de la Guyane soit achevé. Ainsi expire très tardivement ce statut particulier, véritable système de protectorat. Néanmoins, les communes guyanaises intérieures, qui ne disposent d'aucunes ressources fiscales propres et dans lesquelles nombre de règles administratives sont inapplicables, ont besoin aujourd'hui qu'on tienne compte de leurs particularités (cf. infra).

Actuellement, c'est dans le Pacifique que l'on trouve ces mailles particulières. 30 des 48 communes de Polynésie française sont divisées en communes associées, au nombre de 98 au total (doc. 23). Chaque commune associée élit au minimum deux conseillers municipaux et son maire délégué. Celui-ci peut recevoir certaines délégations du maire et joue le rôle d'officier d'état civil et d'officier de police. Les communes sans commune associée se trouvent surtout dans l'agglomération de Papeete ou sont constituées d'îles peu peuplées (Fatu Hiva, Ua Huka, Tahuata, Rapa, etc.). Pour celles ayant des communes associées, il y a plusieurs cas de figures. Sur Tahiti, en dehors de l'agglomération, il s'agit de communes relativement vastes et peuplées (Hitiaa O Te Ra, Taiarapu-Est, Taiarapu-Ouest et Teva I Uta). On trouve aussi des îles relativement peuplées ne formant qu'une commune, ce qui a poussé à la création de communes associées, comme Bora Bora ou Tubuai, subdivisées en trois, Huahine et Tahaa en huit… Enfin, dans les Tuamotu, les communes associées sont une réponse à l'émiettement insulaire et permettent de rapprocher l'institution communale des citoyens vivant sur des îles éloignées et peu peuplées. Par exemple, la commune associée d'Hereheretue (58 habitants) est à plus de 350 km de Hao, dont elle dépend, tandis que la commune de Fangatau est formée de deux communes associées distantes de 80 km et rassemblant 254 personnes. Entre le niveau municipal et le niveau territorial, il existe en Polynésie française deux entités très proches par la taille :

– des subdivisions administratives, au nombre de cinq et sans personnalité morale, qui correspondent aux archipels (Tuamotu-Gambier, Marquises, Australes, Îles du

Vent et Îles Sous-le-Vent). Leur chef représente le haut-commissaire et sa fonction principale est la tutelle des communes ;

– des circonscriptions administratives, au nombre de quatre (Tuamotu-Gambier, Marquises, Australes et Îles du Vent), mises en place en 1985 par le Territoire. Elles sont dirigées chacune par un administrateur territorial, dont la tâche est de représenter et coordonner les services territoriaux dans les archipels.

Si le mot « province » rappelle, dans le champ administratif, l'Ancien Régime, il est aussi une collectivité territoriale de la République française qu'on trouve en Nouvelle-Calédonie. La provincialisation du Territoire est le point principal du dispositif institutionnel de 1988. À cette occasion, on rebaptise le Territoire « Nouvelle-Calédonie », alors qu'il s'appelait officiellement « Nouvelle-Calédonie et dépendances ». Ce changement fait que Nouvelle-Calédonie n'est plus synonyme de Grande Terre et que les îles Loyauté ne sont plus ravalées au rang de « dépendances ».

Le dessin des provinces issu des accords de Matignon est une œuvre de compromis. Les deux découpages des années 1980 qui l'ont précédé constituent des charcutages favorisant le camp anti-indépendantiste ou le camp indépendantiste (doc. 24). Le découpage Pisani de 1985 réduit au minimum la région Sud, aire où dominent les partisans du maintien du Territoire dans la République. À l'opposé, le découpage Pons de 1987 cherche à réduire l'aire d'influence des indépendantistes en faisant des régions Ouest et Sud des zones anti-indépendantistes. Le découpage provincial de 1988 satisfait à la fois les anti-indépendantistes, en élargissant la zone sous la domination de Nouméa (province Sud), et les indépendantistes, en partageant transversalement la Grande Terre. Ces derniers contrôlent deux des trois provinces, majoritairement peuplées de Mélanésiens acquis à leur cause.

Une assemblée élue au suffrage universel administre ces provinces. L'assemblée élit son président et siège au chef-lieu de la province, c'est-à-dire Nouméa pour la province Sud, Koné pour la province Nord et Wé pour celle des îles Loyauté. Les provinces peuvent adapter les programmes de l'enseignement primaire, réalisent et entretiennent les collèges, le réseau routier, les aéroports et les ports d'intérêt provincial, gèrent ses personnels, protègent les environnements terrestre et marin, etc. Une majorité des membres des trois assemblées provinciales forme le Congrès, une institution de la Nouvelle-Calédonie qui élit un gouvernement, dont les 11 membres choisissent en leur sein le président. Le Congrès, depuis les lois de 1999, a un pouvoir législatif (cf. supra).

Wallis-et-Futuna offre un autre type d'unité administrative : le district. Ce Territoire est dépourvu de communes, et les circonscriptions administratives qui les remplacent, appelées « district », correspondent exactement aux aires géographiques coutumières, les royaumes d'Uvea sur l'île de Wallis, de Sigave dans la partie Ouest de Futuna, et d'Alo, dans la partie Est de cette île ainsi que sur Alofi. À Wallis, on a un conseil de district, le *fono faka fenua*, que préside le représentant légal du roi, le *faipule*. Le conseil de district est composé des chefs de village et il existe un conseil du village, le *fono faka kolo*. Le chef de ces circonscriptions très spéciales est l'adminis-

A **Un verger d'ylang-ylang près de Combani (Mayotte).** © Gay J.-Ch., 1997

Lorsqu'il croît librement, cet arbre, de la famille des annonacées, peut atteindre 20 mètres de haut. Dans les plantations, son branchage est torturé, car il a été taillé pour faciliter la cueillette de ses fleurs jaunes, effectuée par des femmes le matin. La floraison se produit toute l'année. Un hectare avec 400 arbres donne annuellement 2 tonnes de fleurs environ. La distillation se fait près des lieux de production : on compte plusieurs centaines d'alambics utilisant du bois pour la chauffe. Il faut 50 kg de fleurs pour obtenir un litre d'essence : un verger d'un hectare procure donc 40 litres d'essence par an.

B **L'hôtel Sofitel *la Ora* à Moorea (Polynésie française).** © Gay J.-Ch., 1992

Le *la Ora* est l'un des fleurons de l'hôtellerie de Polynésie française avec ses 110 chambres. Situé sur la côte nord-est de Moorea, il jouit d'une vue remarquable sur Tahiti, à 20 km de là. Outre sa piscine, il possède une plage de sable blanc et un lagon calme et peu profond, propice aux activités nautiques et aquatiques, protégé par une barrière récifale qui apparaît en arrière-plan grâce au déferlement de la houle.

C **L'usine métallurgique de Doniambo à Nouméa (Nouvelle-Calédonie).** © Gay J.-Ch., 2001
L'usine métallurgique de Doniambo est inaugurée en 1910, à moins de deux kilomètres au Nord de la ville. Cependant, la croissance de l'agglomération de Nouméa explique qu'aujourd'hui la seule usine métallurgique de Nouvelle-Calédonie, appartenant à la SLN, est au cœur de l'agglomération. C'est la plus grande usine de l'outre-mer français, employant environ 1 300 personnes et fabriquant les ferro-nickels, dont la moitié de la production a été exportée vers l'Asie en 1999, et les mattes de nickel, ces dernières étant uniquement destinées à l'usine Eramet de Sandouville, près du Havre. La production de produit de fusion demande une grande quantité d'énergie et l'usine engloutit plus des deux tiers de l'électricité consommée en Nouvelle-Calédonie. Ainsi, accolée à l'usine métallurgique, on trouve une centrale thermique de 160 MW fonctionnant au fioul lourd. Ce complexe industriel s'est étendu par remblayage du lagon et s'est doté d'un quai en eau profonde où accèdent directement les minéraliers. Des problèmes de pollution de l'air se posent.

D **La coulée d'août 1998 (Réunion).** © Gay J.-Ch., 1999
La coulée d'août 1998 s'est arrêtée à quelques mètres de la route de ceinture (RN 2), après avoir parcouru plusieurs kilomètres depuis la bouche d'émission. La manière dont la lave s'est figée révèle sa fluidité. Ce type de relief est appelé *pahoehoe*, terme d'origine hawaiienne désignant des formes de tripes, de cordes ou de boursouflures.

E

F **L'opposition des versants : côte au vent et côte sous le vent à la Réunion.** © Gay J.-Ch., 1998
Ces deux lieux sont à moins de 40 km l'un de l'autre, mais le premier (doc. E) se trouve sur la côte sous le vent, au cap la Houssaye, et reçoit moins de 600 mm de pluie par an, alors que le second (doc. F), à Sainte-Suzanne, sur la côte au vent, en reçoit près de 2 000 mm. Cette différence explique des paysages dissemblables. Sur la côte au vent, la culture de la canne à sucre se fait sans l'aide de l'irrigation. Du côté du cap la Houssaye, on trouve une savane herbeuse, qui est jaune au moment où la photographie a été prise, en fin de saison sèche. Cette savane herbeuse serait d'origine anthropique (due aux défrichements), en un milieu trop sec pour que revienne une savane arborée.

G **La haute vallée de la Punaruu à Tahiti.** © Gay J.-Ch., 1989
Comme d'autres vallées tahitiennes, celle de la Punaruu s'élargit vers l'amont en formant une sorte d'amphithéâtre circonscrit par des versants subverticaux de plusieurs centaines de mètres. La crête qui apparaît en arrière-plan est à plus de 900 mètres au-dessus du cours d'eau, lequel s'encaisse dans des plateaux de vallée, tel ici celui de Tetamanu. Ces plateaux sont constitués de coulées bréchiques et basaltiques, ainsi que de lahars qui se sont installées lors de la phase d'effondrement de la caldeira.

H **Le cirque de Mafate à la Réunion.** © Gay J.-Ch., 1999
Les cirques constituent les paysages les plus originaux et les plus spectaculaires de la Réunion. Il s'agit d'immenses amphithéâtres ceinturés de parois subverticales, pouvant dépasser les 1 000 m de dénivellation, et qu'on appelle les remparts. Ceux-ci circonscrivent un domaine chaotique et grandiose où l'érosion torrentielle est intense, par l'ampleur des pentes et l'intensité des pluies. On trouve cependant quelques plans légèrement inclinés, nommés îlets, qui sont autant des unités morphologiques qu'humaines : de petites communautés occupent ces replats ceinturés de versants abrupts. Le cirque de Mafate, habité par moins de 700 personnes aujourd'hui, n'est accessible qu'à pied ou par hélicoptère, et la dizaine d'îlets sont à plusieurs heures de marche les uns des autres.

I **Le littoral au sud de Saint-Gilles-les-Bains à la Réunion.** © Gay J.-Ch., 1997
Souligné par le déferlement de la houle et interrompu par la passe de l'Ermitage, le récif corallien frangeant se trouve de 200 à 400 m des plages. Entre les deux, il y a un platier récifal, partiellement exondable à marée basse, et, au contact de la plage, une petite dépression appelée chenal d'embarcation. En retrait des plages de sables récifaux blancs, apparaissent les secteurs résidentiels et touristiques de L'Ermitage et de La Saline.

J **Le départ des adolescents à Raivavae (Polynésie française).** © Gay J.-Ch., 1988
Raivavae (18 km^2) était une île difficile d'accès dans l'archipel des Australes. La terre la plus proche est à 200 km, Tahiti étant à 600 km. Raivavae ne disposait pas d'une piste d'aviation jusqu'en 2002. Par ailleurs, l'île, qui ne compte que 940 habitants en 2007, ne possède ni lycée, ni collège. Sur le quai de Rairua, les collégiens et les lycéens, à moins d'une semaine de la rentrée, embarquent pour rejoindre leur collège à Tubuai (Australes) ou leur lycée à Tahiti.

K **Récif corallien sur la côte Ouest de la Nouvelle-Calédonie.** © Gay J.-Ch., 2001
La Grande Terre néo-calédonienne est bordée par une vaste couronne récifale immergée. Un récif-barrière à plusieurs kilomètres de la côte – le maximum est de 65 km – délimite un lagon, dont la profondeur est rarement supérieure à 40 mètres. Le récif est entrecoupé de passes, il s'agit ici de la passe Saint-Vincent, dont la profondeur dépasse les 80 mètres et qui prolonge un canyon sous-marin du lagon. La baie de Saint-Vincent est parsemée d'îlots rocheux correspondant à un ennoiement du relief.

L **Champ de taros sur les hauteurs d'Ahurei, île de Rapa (Polynésie française).** © Gay J.-Ch., 1988
Rapa (40 km² et 506 habitants en 2007) est l'une des îles les plus isolées du monde, Tahiti étant à près de 900 km au nord-est. C'est la terre française habitée par une population permanente la plus australe (27°30′ Sud). Eu égard à sa position en latitude, son climat est plus frais et moins ensoleillé que dans le reste de la Polynésie française : on y enregistre des températures inférieures à 10 °C et il n'y a que 1 600 heures d'ensoleillement par an. Ne disposant pas de piste d'aviation, elle n'est desservie par bateau qu'une vingtaine de fois par an. On y cultive le taro, plante à tubercules courante de l'agriculture vivrière polynésienne. Les tarodières sont établies en banquettes irriguées dans certains vallons proches du village d'Ahurei.

M **Graffiti dans un quartier résidentiel de Fort-de-France.** © Gay J.-Ch., 2002
La remise en question de la présence des métropolitains est de plus en plus tangible aux Antilles. « *Français dehors* », ce qui signifie « *métropolitains dehors* », indique ce graffiti en créole qui adopte la « graphie différentialiste », celle qui recherche l'écart maximal avec le français. Cette écriture phonétique, tendant à effacer la « graphie étymologique », est significative d'une affirmation identitaire forte et de plus en plus structurée.

N **Une ruelle de Mamoudzou (Mayotte).** © Gay J.-Ch., 1997

Dans la ville mahoraise coexistent des quartiers « traditionnels » et des quartiers modernes, tout particulièrement à Mamoudzou, la première commune de Mayotte (53 000 habitants au recensement de 2007). Pourtant, même dans les quartiers « traditionnels », les constructions évoluent. On reconnaît ici une case aux murs en torchis sur une structure de bambous, mais la tôle remplace progressivement les toits traditionnels en feuilles de cocotiers.

O **Une affiche de la planification familiale à Mayotte.** © Gay J.-Ch., 1997

Des campagnes de sensibilisation cherchent à réduire la fécondité mahoraise, toujours très élevée, puisque le nombre d'enfants par femme était encore de 5 en 1997, contre plus de 7 au début des années 1980. Le slogan « *1, 2, 3… bass* », ce qui signifie « *1, 2, 3… c'est tout* », bien connu des Mahorais, cherche à limiter à trois le nombre d'enfants par foyer. Son efficacité demeure limitée. La dernière campagne de limitation du nombre de naissances s'est adoucie dans la forme avec le slogan : « Famille moins nombreuse égale famille plus heureuse ».

P **Les îles Glorieuses.** © Gay J.-Ch., 1999

Les îles Glorieuses, au Nord-Ouest de Madagascar, sont les plus septentrionales (11°35′ S) des îles Éparses. Ce que l'on appelle parfois l'« archipel des Glorieuses » n'est en fait qu'une vaste plate-forme corallienne de 17 km de long, orientée SO-NE, sur laquelle émergent deux îles culminant à une douzaine de mètres – la Grande-Glorieuse couvrant 480 ha et l'île du Lys quelques dizaines d'hectares – ainsi que plusieurs rochers appelés les Roches vertes. À marée basse, des bancs de sable apparaissent entre les îles. Il s'agirait de l'extrémité orientale (47°18′ E) de la chaîne des Comores, avec les bancs du Geyser et Zélée, à 260 km au Nord-Ouest de Mayotte. Quoique relativement brève, l'occupation humaine a fortement transformé la végétation de ces îles avec l'exploitation de guano sur l'île du Lys et le développement d'une cocoteraie pour le coprah. En 1960, on y installa une station météorologique permanente. Cinq ans plus tard, une piste d'atterrissage fut construite : on la distingue nettement sur la Grande-Glorieuse, permettant d'affirmer la présence française et de relier l'île à la Réunion par avions Transall.

Q La base Alfred-Faure aux îles Crozet. © Lazzarotti O., 1984

Sur la partie orientale de l'île de la Possession, à l'abri des vents d'ouest, la base Alfred-Faure, constituée de bâtiments bas et légers, surplombe de 150 mètres l'océan. Elle est située à 1 500 km à l'Ouest des Kerguelen, presque à la longitude de Madagascar, et à plus de 2 500 km au Sud de la Réunion. Il s'agit du chef-lieu du district de Crozet. Une quinzaine de personnes hivernent chaque année. Au cours de l'été austral, des missions temporaires viennent se rajouter aux « hivernants ». L'isolement est fort puisque, en l'absence d'une piste d'aviation, seul le *Marion-Dufresne II* ravitaille cette base, toutes les 9 semaines environ.

R **Saint-Denis-de-la-Réunion, première ville d'outre-mer.** © Gay J.-Ch., 1998
Avec 138 600 habitants en 2005, Saint-Denis-de-la-Réunion est la commune la plus peuplée de la France d'outre-mer. Les constructions, majoritairement blanches, s'organisent dans le centre-ville suivant un plan en damier, orienté nord-nord-ouest/sud-sud-est et est-nord-est/ouest-sud-ouest, caractéristique de l'urbanisation coloniale. L'habitat pavillonnaire fait la conquête des versants. La rivière Saint-Denis borde la ville à l'ouest et constitue un obstacle difficile à franchir vers l'amont, ce qui a nécessité la construction dans les années 1990 d'un viaduc routier au sud. Sans récif corallien, la houle due à l'alizé déferle sur ce littoral qui n'est pratiquement pas mis en valeur, sans port ni plage. La ville est coupée de son front de mer par un axe routier important qui relie la côte au vent à la côte sous le vent.

S **Le centre-ville de Pointe-à-Pitre.**
© Violier Ph., 1998
Alignement de maisons basses et variées ordonnancées par la grille coloniale. Les rez-de-chaussée sont occupés par des commerces, rappelant l'importance de la fonction commerciale au cœur des agglomérations ultramarines, alors que les étages sont habités. Certaines maisons sont en bois peint de couleurs vives mais les toitures sont faites de tôle. Les ouvertures sont équipées de gros volets de bois, bien utiles lors des cyclones.

T **Le quartier Trénelle à Fort-de-France.** © Gay J.-Ch., 2002
Dominant le quartier des Terres-Sainville, Trénelle est bâti sur des pentes fortes que les occupants ont colonisées illégalement dans les années 1950. Sa trame est encore celle du bidonville originel, avec une circulation se faisant par d'étroits, tortueux et raides escaliers, donnant une impression d'anarchie. Les cases en tôle ou en bois ont été remplacées par des constructions en béton, en brique ou en parpaings. Ce processus de « durcification » est concomitant de leur viabilisation par les pouvoirs publics, avec leur raccordement aux réseaux d'eau et d'électricité. Sur le plan juridique, la mairie de Fort-de-France a délivré des permis de construire et institué un système de baux emphytéotiques servant de titres de propriété aux anciens squatters. Comme les autres quartiers bordant directement le centre-ville foyalais, Trénelle a perdu une partie de sa population entre 1990 et 1999, le cinquième environ, mais sa composition sociologique est restée très populaire avec moins de 2 % de cadres et moins de 10 % d'agents publics. Le taux de chômage atteint les 40 % et la drogue comme l'insécurité aggravent les aspects d'insalubrité et la promiscuité.

U **La Montagne, un quartier résidentiel de Saint-Denis-de-la-Réunion.** © Gay J.-Ch., 1997

Le développement de Saint-Denis s'est traduit par l'apparition de nouveaux quartiers résidentiels, tel celui de La Montagne qui, de zone rurale, est devenu en une trentaine d'années une banlieue-dortoir aisée de plus de 11 500 habitants en 1999, où dominent les résidences individuelles, souvent organisées en lotissements séparés par des vides provisoires occupés par la savane. Installé sur une planèze se terminant en aval par une spectaculaire falaise surplombant la mer, qui apparaît en bas de la photographie, ce quartier situé entre 250 m et 600 m d'altitude bénéficie d'un climat plus frais, très recherché en saison chaude. En arrière-plan apparaît la ville de Saint-Denis, à une huitaine de kilomètres par la route en lacets.

V **Périurbanisation à Sainte-Marie (Réunion).** © Gay J.-Ch., 1997

À une quinzaine de kilomètres à l'Est du centre-ville de Saint-Denis-de-la-Réunion, sur la côte au vent, la commune de Sainte-Marie fait partie de l'agglomération dyonisienne qui comptait 158 000 habitants en 1999. Sainte-Marie a connu une croissance rapide de sa population qui est passée de 17 000 habitants en 1982 à plus de 26 000 en 1999. Au milieu des champs de canne à sucre, les lotissements se multiplient sur d'anciennes parcelles agricoles. Ainsi, entre 1990 et 1999, la population des anciennes zones rurales de cette commune a plus que décuplé.

W **L'anse Mitan à la Martinique.** © Gay J.-Ch., 2002

Située dans le prolongement de la zone touristique de la pointe du Bout, avec sa marina et ses grands hôtels, ce secteur a connu une urbanisation importante qui se traduit par la multiplication d'immeubles collectifs, le long de la plage et sur le versant, se mêlant à de petits établissements hôteliers. Cette progression de la fonction résidentielle s'explique partiellement par les fréquentes navettes maritimes entre la pointe du Bout et Fort-de-France. Elles permettent d'éviter les embouteillages de l'entrée est de la ville et transforment cette partie de la commune de Trois-Îlets en banlieue-dortoir pour une population aisée de la capitale martiniquaise.

X **L'entrée Est de Fort-de-France à 10 heures du matin.**
© Gay J.-Ch., 2002

La voie rapide RN1 est l'accès principal à Fort-de-France. Avec 100 000 véhicules par jour, cet axe est saturé, notamment durant plusieurs heures le matin et le soir en raison des migrations pendulaires considérables qui affectent l'agglomération foyalaise. Les habitants de celle-ci passent en moyenne 75 minutes dans les transports chaque jour. Le paysage de part et d'autre de la voie ressemble étrangement à ce qu'on trouve en métropole, avec des zones commerciales installées près des diffuseurs. Les enseignes sont les mêmes. L'industrie est très peu présente, révélant le caractère extraverti des économies ultramarines et le poids du secteur de l'import et de la distribution.

Y **Le quartier de l'anse Vata à Nouméa (Nouvelle-Calédonie).**

© Gay J.-Ch., 2007

La population de la commune de Nouméa est passée de 56 000 habitants en 1976 à 91 000 en 2004. Les quartiers les plus méridionaux, bordés par des plages, à l'extrémité d'une presqu'île digitée de plus de 10 km de long, concentrent à la fois la population aisée d'origine européenne et de grandes structures hôtelières. Naguère encore dominé par l'habitat individuel, le quartier de l'anse Vata s'est fortement urbanisé ces vingt dernières années avec une densification du peuplement. Hôtels et immeubles d'habitat collectif élevés se sont multipliés le long de la plage et les constructions se poursuivent du côté de la baie des Citrons, en arrière-plan.

Z **Littoral nord-ouest de Lifou (Nouvelle-Calédonie).** © Gay J.-Ch., 2001

Lifou est la plus grande des îles Loyauté avec 1 207 km². Elle est donc plus vaste que la Martinique (1 128 km²) ou que Tahiti (1 042 km²). Cependant, alors que celles-ci sont très densément occupées, Lifou n'a que 10 300 habitants en 2004, soit seulement 8 hab/km². Il s'agit du plus grand atoll soulevé du monde, et une grande partie de son littoral est constituée de falaises correspondant à la couronne récifale soulevée. Un récif frangeant ourle fréquemment ces îles, très visible sur cette photographie prise dans la partie septentrionale de la baie du Santal, où d'étroites plages de sable corallien sont encadrées de petites falaises, lesquelles dépassent les 100 m de hauteur dans la partie méridionale de l'île.

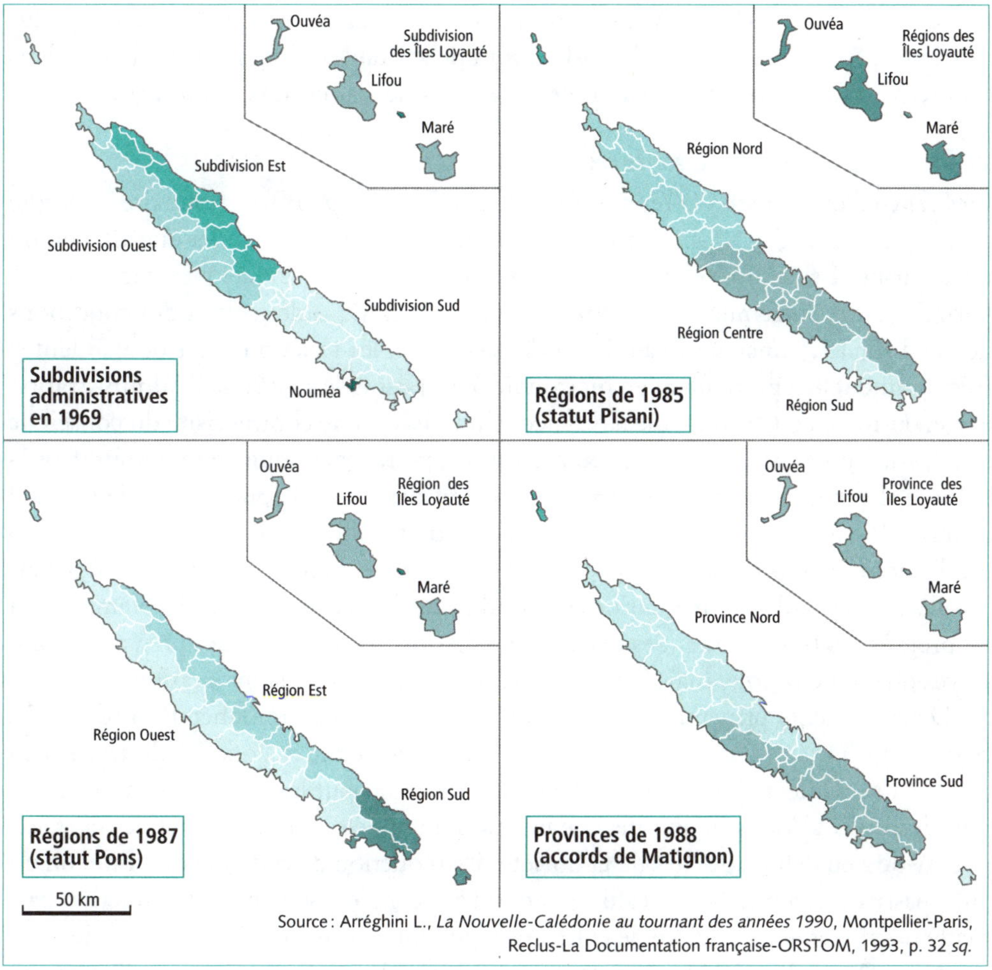

Document 24 : Les quatre derniers découpages administratifs de niveau intermédiaire en Nouvelle-Calédonie.

trateur supérieur du Territoire, qui a rang de préfet, pour Uvea et son délégué pour Alo et Sigave. Ces deux personnes ont la charge de mettre en œuvre les décisions des conseils de district. On est très loin du fonctionnement des communes métropolitaines. La République côtoie ici des rois !

3 Le rôle capital de l'argent public

L'effort financier croissant de l'État en faveur de l'outre-mer depuis quelques décennies n'a pas privilégié le développement économique, et si l'on peut légitimer les transferts dans une logique d'égalité sociale et de solidarité à l'échelle nationale, certaines politiques mises en œuvre sont perverses et peuvent conduire à l'assistance. Une nouvelle fois, les différences sont importantes entre les DOM et le reste de la France d'outre-mer, sans RMI et où l'allocation chômage n'existe pas ou est beaucoup plus restrictive. Ainsi, une série de dispositifs sont de véritables « trappes à chômage » dans les DOM, favorisant le travail au noir et l'économie souterraine (cf. infra).

a. Des surrémunérations néfastes

La France d'outre-mer a la réputation d'être un paradis pour fonctionnaires, compte tenu des salaires versés. Chaque année, ils sont nombreux à demander une affectation ultramarine. Les choses étaient bien différentes il y a encore quelques décennies. À l'origine, cette surrémunération s'explique par un grand isolement et des conditions de vie difficiles. Ainsi, jusqu'au début du XXe siècle, les fonctionnaires demandent si fréquemment le rapatriement en métropole pour raison de santé que l'Administration exige, outre un certificat médical du médecin traitant, une contre-visite du conseil de santé, voire un examen à l'arrivée en métropole, pouvant conduire à un retour dans la colonie. Le régime actuel de surrémunération des emplois publics est devenu un acquis difficile à remettre en cause sous peine de troubles sociaux graves, alors qu'il est de moins en moins acceptable, parce que ses raisons d'être sont pour une large part obsolètes, eu égard à l'amélioration des conditions de vie, au déclin de l'isolement, par les progrès des transports et des télécommunications, et au niveau des prix, certes plus élevés qu'en métropole, mais inférieur à la valeur relative de la majoration.

Deux éléments principaux composent l'agrégat de la surrémunération (doc. 25). Servie sans limitation de durée, on trouve tout d'abord une majoration du traitement selon le lieu d'affectation, allant actuellement de 40 % pour les Antilles et la Guyane à plus de 100 % à Wallis-et-Futuna et dans les archipels éloignés de Polynésie française, c'est-à-dire en dehors des îles de la Société. La réduction de cette majoration – on est ainsi passé de 175 % à 84 % à Tahiti – répond à un affaiblissement de la « sujétion particulière inhérente à l'exercice de la fonction publique outre-mer ». En Polynésie française et en Nouvelle-Calédonie, cette « prime de vie chère » tient compte de l'isolement et de l'éloignement par rapport au chef-lieu, ce qui explique des « index de correction » différents au sein de ces territoires. Mais si la prise en compte des inconvénients de certaines affectations apparaît justifiée à la fin des années 1960, telle la pénibilité du TFAI ou le grand isolement des îles périphériques des Nouvelles-Hébrides, respectivement à l'origine de surrémunérations de 136 % et 156 %, elle semble aujourd'hui très imparfaite. Par exemple, la majoration est de 73 % dans le Grand Nouméa (communes de Nouméa, Païta, Mont-Dore et Dumbéa), et de 94 % sur le reste du territoire néo-calédonien, qu'on occupe un emploi à Boulouparis, à moins d'une heure de route de Nouméa, ou dans les îles Loyauté. Si cette différenciation est peut-être le reflet de la situation qui prévaut en 1981, au moment où ces valeurs sont arrêtées, l'amélioration des axes de communication et la motorisation croissante de la population plaident pour une révision des majorations. On est loin de la rigueur de l'« indice nordique », établit par Louis-Edmond Hamelin pour le Nord du Canada, et qui a été utilisé pour l'établissement d'une échelle de prime aux travailleurs[26].

Par ailleurs, subsiste une indemnité d'éloignement, non renouvelable, payée en plusieurs fois et attribuée uniquement aux fonctionnaires métropolitains passant en outre-mer ou aux fonctionnaires ultramarins affectés en métropole. La loi d'orientation pour l'outre-mer (LOOM), de 2000, l'a supprimée dans les DOM, à l'exception de la Guyane, de Saint-Barthélemy et de Saint-Martin, où elle a été rebaptisée « indemnité particulière de sujétion et d'installation ». Concurremment, est instituée une « prime spécifique d'installation » pour les fonctionnaires dans un DOM affectés en métropole à la suite d'une mutation ou d'une promotion, ou pour les fonctionnaires entrant dans l'administration et qui ont une résidence familiale domienne. Le rapport de Marc Laffineur (2003) évaluait le coût annuel de la surrémunération à 1,36 milliard d'euros (doc. 26).

Il faut aussi souligner qu'à ces avantages se rajoutent une fiscalité directe plus faible, avec la non-imposition de l'indemnité d'éloignement à Mayotte ou des abattements de l'impôt sur le revenu de 30 % à la Réunion, en Guadeloupe et en Martinique, de 40 % en Guyane, ce qui constitue un manque à gagner de 200 millions d'euros par an pour l'État, en dépit du plafonnement de cette réduction.

Cette surrémunération a eu tendance à se répandre et concerne, outre les agents de l'État, ceux titulaires des collectivités locales, des établissements et organismes publics et certains secteurs de droit privé (les employés d'Air France, le secteur bancaire ; etc.). Elle pèse bien évidemment sur les prix, et la répartition des revenus est

Document 25 : La surrémunération des fonctionnaires.

	Coefficient multiplicateur du traitement métropolitain	Coefficient multiplicateur de la pension métropolitaine	Indemnité d'éloignement
Guadeloupe	1,4	1	Supprimée par la LOOM
Saint-Barthélemy et Saint-Martin	Id.	Id.	16 mois pour 4 ans
Martinique	Id.	Id.	Supprimée par la LOOM
Guyane	Id.	Id.	16 mois pour 4 ans
La Réunion	1,536	1,35	Supprimée par la LOOM
Polynésie française	1,84 ou 2,08	1,75	10 mois pour 2 ans
Nouvelle-Calédonie	1,73 ou 1,94	Id.	Id.
Wallis-et-Futuna	2,05	Id.	18 mois pour 2 ans
Saint-Pierre-et-Miquelon	1,75	1,4	16 mois pour 4 ans
Mayotte	1	1,35	23 mois pour deux ans (renouvelable une fois)
TAAF	1,65 ou 1,73	Néant	14 mois à 15 mois pour un an

Source : élaboration de l'auteur.

plus inégalitaire en outre-mer qu'en métropole, avec, d'un côté, des salariés bien payés en secteur protégé et, de l'autre, des personnes au chômage ou occupant des emplois mal rémunérés. Sur ce dernier point, il faut se rappeler que dans les DOM, le SMIC n'a rattrapé celui de la métropole qu'en 1996. Il était, au début des années 1990, inférieur de près d'un quart, valeur à mettre en regard avec les 40 ou 53 % de surrémunération dans le secteur public.

Dans le reste de l'outre-mer, le fossé est encore plus grand. En Nouvelle-Calédonie et en Polynésie française, le salaire minimum garanti (SMG) ou le salaire minimum interprofessionnel garanti (SMIG) sont respectivement de 1 008 et 1 151 euros par mois en 2007. À Wallis-et-Futuna, il est de 641 euros, pendant que les fonctionnaires d'État font plus que doubler leur salaire par rapport à la métropole, aboutissant à une société scindée en deux. D'un côté, des salariés qui représentent un tiers de la population active. De l'autre, soit les deux tiers restants, on se contente des produits de l'agriculture vivrière et de la redistribution des revenus qu'assurent les nantis, majoritairement des employés des secteurs public et semi-public. On retrouve de telles disparités à Mayotte où le SMIG n'est que de 706 euros bruts, tandis que le revenu moyen d'un fonctionnaire d'État est cinq fois supérieur à celui d'un salarié du privé. La moitié des ménages mahorais a des revenus mensuels inférieurs au SMIG. Le chômage (cf. infra) et des prestations sociales très faibles expliquent ces maigres ressources. À l'opposé, les fonctionnaires d'État ont un revenu moyen de 2 200 euros.

Le rapport Fragonard (*Les Départements d'outre-mer : un pacte pour l'emploi*), document remis au secrétaire d'État à l'outre-mer en 1999, expose les enjeux de cette sur rémunération, notamment sur l'emploi. Les coûts salariaux ont longtemps dissuadé l'État de recruter conformément aux besoins, recouvrant de la sorte le surcoût unitaire de leurs agents, ce qui explique le sous-effectif de fonctionnaires jusqu'au début des années 1990. Au cours de cette décennie, le taux d'administration des DOM a fortement progressé pour arriver en 2000 à la moyenne nationale, avec 47,9 agents équivalent temps plein pour 1 000 habitants contre 40,1 en 1990, pour une moyenne nationale de 44,8[27]. L'effort de l'État apparaît davantage encore si l'on tient compte de la croissance de la population domienne. Pour les collectivités locales, la volonté de titularisation d'un grand nombre d'agents, demandant à bénéficier des mêmes salaires majorés que les titulaires, constitue une revendication extrêmement difficile à satisfaire, vu en particulier la fragilité financière des communes (cf. supra).

Dans un tel système, l'entreprise privée qui ne se cale pas sur les salaires du public a beaucoup de mal à attirer les jeunes diplômés, dont beaucoup aspirent à un emploi territorial ou d'État. Le tourisme est particulièrement handicapé par cette situation (cf. supra). L'argument avancé par les syndicats de fonctionnaires selon lequel la surrémunération entretiendrait la consommation, bien qu'exact, ne rend pas le principe acceptable. Outre qu'une partie conséquente de cet argent est épargnée ou utilisée en métropole, c'est l'ensemble du secteur productif ultramarin qui ne peut être compétitif. En revanche, le secteur de l'import-distribution (cf. supra) est favorisé et dynamique. En effet, comme les revenus des transferts venant de métropole augmentent et qu'ils servent à se procurer des biens importés, le commerce et les services marchands créent beaucoup d'emplois ces deux dernières décennies. Pourtant, la progression de l'emploi reste insuffisante en raison de la forte croissance du nombre de personnes en âge de travailler.

Un autre effet pervers des surrémunérations dans les DOM est le départ très tardif en retraite dans le secteur public, souvent au-delà de 60 ans, freinant ainsi l'arrivée des jeunes. Ce phénomène s'explique par la chute brutale du revenu au moment de la retraite avec la disparition complète de la surrémunération dans les DFA, où la perte de revenu est de près de moitié, et de plus de moitié à la Réunion pour les professions sans majoration de pension. En revanche, l'existence d'une majoration des pensions des fonctionnaires d'État en retraite, de 35 % à la Réunion et à Mayotte à 75 % en Polynésie française, à Wallis-et-Futuna et en Nouvelle-Calédonie (doc. 25), qu'ils y aient ou non servi, favorise l'installation de retraités injectant une partie de leur argent dans l'économie locale. Entre 1989 et 2005, le nombre de bénéficiaires de cette « indemnité temporaire » a été multiplié par trois, car une certaine publicité a été faite sur celle-ci (émissions de télévision, telle *Capital* sur M6, informations des services de retraite des administrations…) et les tarifs aériens ont baissé. La présidence du gouvernement de Polynésie française encourageait vivement cette immigration en donnant des informations claires et précises sur son site internet[28]. Au total, cette « indemnité temporaire » a coûté 158 millions d'euros à l'État en 2001, selon la Cour des comptes[29] (doc. 26). L'outre-mer apparaît comme particulièrement favorisé, avec, en sus de cette majoration des retraites, une « bonification de dépaysement » correspondant à une annuité supplémentaire pour trois années de service. En pratique, cette bonification bénéficie notamment à des agents ultramarins y ayant fait complètement ou partiellement leur carrière et y résidant en retraite !

Les tentatives de réformer ces systèmes dispendieux et anachroniques – les origines de la « bonification de dépaysement » remontent à 1853 – ont, pour le moment, échoué. L'opposition des personnes concernées est forte, nombre d'entre elles ont des crédits et un train de vie qui ne supporteraient pas une baisse de revenus. Par ailleurs, la question du coût de la vie, plus élevée de 10 % à 20 % dans les DOM et de plus de 40 % en Polynésie française, selon des estimations, est l'objet d'appréciations contraires : les syndicats de fonctionnaires montrent qu'elle est la cause actuelle de la surrémunération, les experts mandatés par l'État expliquent qu'elle n'est que la conséquence de la surrémunération. Ce dialogue de sourds peut encore durer un certain temps. Pourtant, il faudra bien un jour trouver une solution, tant le *statu quo* est de plus en plus intenable.

b. Des économies déséquilibrées

La simple lecture des taux de couverture de l'outre-mer français a de quoi effrayer. La Nouvelle-Calédonie est dans la situation la moins mauvaise, mais ce territoire est largement déficitaire et il est soumis aux fluctuations des cours du nickel (cf. supra),

Document 26 : Coût des compléments de rémunération et de la déduction d'impôt sur le revenu dans la fonction publique en outre-mer en 2001

	Coût budgétaire annuel (en millions d'euros)
Prime de vie chère	1 367
Prime d'éloignement et d'installation	129
Majoration des retraites	158
Congés bonifiés*	570
Déduction d'impôt sur le revenu	200
Total	**2 426**

* Les fonctionnaires de la métropole en service dans les DOM et à Saint-Pierre-et-Miquelon ainsi que ceux originaires des DOM ou de Saint-Pierre-et-Miquelon exerçant en Métropole et qui ont conservé le « centre de leurs intérêts moraux et matériels » dans leur département d'origine, ont droit, tous les 36 mois, à un congé supplémentaire de 30 jours appelé « congé bonifié ». L'ensemble du séjour, constitué généralement de 65 jours consécutifs, doit être effectué sur le lieu où se situe le « centre des intérêts moraux et matériels ». Les frais de transport sont payés par l'administration, pour l'agent, son conjoint et ses enfants à charge. La rémunération pendant le congé est celle du lieu où le congé est pris. Elle est ainsi majorée d'une « prime de vie chère » si les congés sont pris dans un DOM ou à Saint-Pierre-et-Miquelon.

Source : Laffineur M., 2003, *Rapport d'information relatif à la fonction publique outre-mer*, Assemblée nationale, 59 p.

qui constitue plus de 90 % de ses exportations. En 2006, les taux de couverture vont de moins de 1 % pour Wallis-et-Futuna à 57 % pour la Nouvelle-Calédonie (73 % en 2007), avec 2,4 % pour Mayotte, 12 % pour Saint-Pierre-et-Miquelon, 6,1 % pour la Réunion, 7,4 % pour la Guadeloupe, 19,9 % pour la Martinique, 12 % pour la Polynésie française et 16,3 % pour la Guyane. Pour l'ensemble de l'outre-mer, la balance commerciale s'est fortement dégradée sur la longue durée (doc. 27). Partout, les importations progressent beaucoup plus vite que les exportations. Que dire de Wallis-et-Futuna ou de Mayotte, longtemps à l'écart des échanges, et dont les taux de couverture sont maintenant inférieurs à 3 % !

Il faut néanmoins avoir à l'esprit que la comptabilité des différentes entités de la France d'outre-mer est beaucoup plus complète que les comptes des régions métropolitaines. Cela permet la perception de ces déséquilibres économiques, qui, en métropole, rentrent discrètement dans une logique de répartition spatiale équitable de la richesse. Si l'on y disposait des mêmes informations, la situation de nombreuses régions apparaîtrait probablement très déficitaire, avec en 2000 quatre régions (Ile-de-France, Nord-Pas-de-Calais, Rhône-Alpes et Provence-Alpes-Côte d'Azur) concentrant plus de la moitié du PIB national.

Ces courbes montrent la nécessité de soutenir au maximum les entreprises exportatrices, et de favoriser leur installation. Si la loi de 1994 sur les exonérations sectorielles de charges sociales dans les DOM a eu quelques effets bénéfiques, ceux-ci

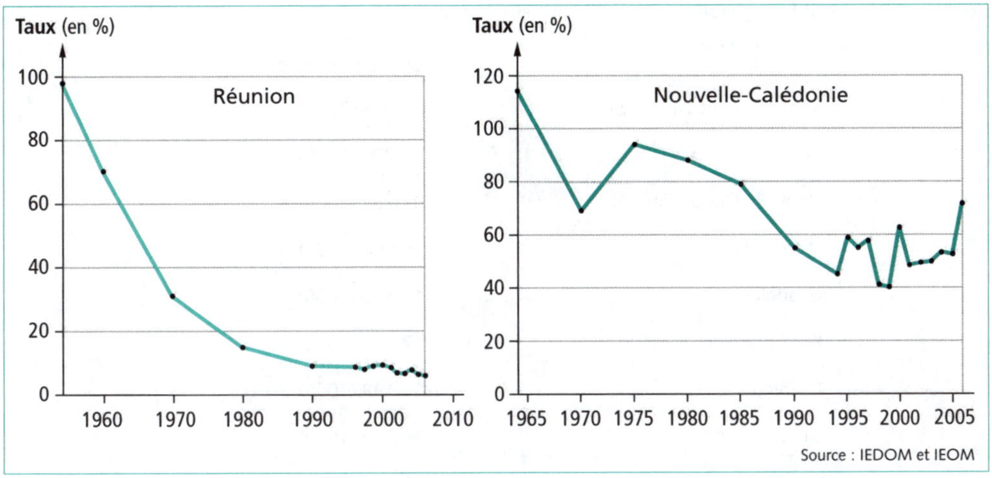

Document 27 : L'évolution des taux de couverture de la Réunion et de la Nouvelle-Calédonie.

restent toutefois bien en deçà des problèmes à surmonter, et n'ont pas permis d'enrayer la dégradation de la balance commerciale. Le coût de la main-d'œuvre domienne est un lourd handicap face à des États environnants qui sont sur les mêmes créneaux de production et utilisent au mieux l'avantage des bas salaires. Les DOM, objectivement, ne peuvent, à moyen terme, jouer sur ce facteur pour se redresser. La population est trop attachée à son haut niveau de vie, comme on a pu le constater au travers de la mobilisation des fonctionnaires à chaque fois que leur surrémunération était remise en cause (cf. supra). Il n'est pas non plus réaliste de penser que des activités à forte valeur ajoutée vont se multiplier rapidement.

Les PIB d'outre-mer sont nettement inférieurs à ceux de la métropole (doc. 28), à l'exception de celui de Saint-Barthélemy, ce que confirme pour les DOM le revenu disponible brut des ménages (RDB)[30], qui était, en 2003, de 17 000 euros par habitant en métropole et de 11 400 euros dans les DOM. La formation du PIB dévoile les spécificités économiques ultramarines, à l'instar de la Corse, avec une hypertrophie des services et une atrophie de l'industrie, ce qui les discriminent nettement des autres régions françaises. Le secteur tertiaire concentre de 78 à 80 % des emplois dans les DOM, contre 72 % en métropole. Cette hypertrophie cache en fait une nette opposition entre des services marchands dont la part est légèrement inférieure à la moyenne métropolitaine et des services administrés surreprésentés.

Parmi les plaies économiques et sociales ultramarines, le chômage est une des principales, mais il est géré de manières différentes suivant que l'on est dans un DOM ou dans le reste de la France d'outre-mer. Au sens du Bureau international du travail (BIT), alors qu'il était de 8,5 % en métropole fin 2006, le taux de chômage atteignait 18 % en Guyane, 26 % aux Antilles et 29 % à la Réunion. Les chômeurs ont les mêmes indemnités qu'en métropole et peuvent bénéficier du Revenu minimum d'insertion (RMI).

Document 28 : Les PIB par habitant en outre-mer et en métropole

	PIB/habitant (en euros)
Saint-Pierre-et-Miquelon	26 073 (2004)
Saint-Barthélemy	26 000 (1999)
Nouvelle-Calédonie	22 798 (2006)
Martinique	19 050 (2006)
Guadeloupe	17 338 (2006)
Polynésie française	17 137 (2004)
Réunion	16 199 (2006)
Saint-Martin	14 500 (1999)
Guyane	13 800 (2006)
Mayotte	3 960 (2001)
Métropole	**29 250 (2006)**

Sources : Comptes économiques rapides de l'outre-mer (CEROM) et INSEE

La situation de l'emploi est plus difficile à appréhender ailleurs, en raison de l'importance des activités tournées vers l'autoconsommation et l'absence d'indemnité de chômage en Polynésie française, à Wallis-et-Futuna et à Mayotte, contrairement à Saint-Pierre-et-Miquelon, où l'Agence nationale pour l'emploi (ANPE) existe, et à la Nouvelle-Calédonie. Ce n'est qu'à l'occasion des recensements que l'on peut avoir une idée de l'importance du phénomène. Ainsi, en 2002, 11,7 % des actifs de Polynésie française s'étaient déclarés au chômage, 16,3 % des actifs néo-calédoniens en 2004. L'année précédente, 41 % des actifs mahorais en faisaient de même. Il est donc assez difficile de connaître le niveau de chômage en dehors des DOM et de Saint-Pierre-et-Miquelon, compte tenu de la subjectivité entourant sa déclaration. De surcroît, même lorsqu'il existe une agence pour l'emploi, la non-indemnisation fait que les populations ne s'y inscrivent pas. Ainsi, la mise en place, en 2000, par la province des îles Loyauté (Nouvelle-Calédonie) d'un Revenu d'insertion des Loyauté (RIL), dont la constitution du dossier était conditionnée à l'inscription à l'APE, a déclenché un gonflement soudain du nombre de demandeurs d'emploi.

La France d'outre-mer bénéficie d'un dispositif singulier qui a fait ses preuves en matière d'insertion dans la vie active : le service militaire adapté (SMA). Créé au début des années 1960, il est réservé aux jeunes gens d'outre-mer et leur permet d'acquérir une formation professionnelle dans de nombreux domaines (mécanique, BTP, agriculture, pêche, etc.) tout en participant à la mise en valeur des collectivités locales. À la fin du service, les régiments, détachements ou groupements du SMA, répartis dans toute la France d'outre-mer, à l'exception de Wallis-et-Futuna et Saint-

Pierre-et-Miquelon, délivrent une attestation de formation professionnelle. La fin de la conscription en 2001 n'a pas entraîné la disparition de ce dispositif qui se maintient désormais sur la base du volontariat.

Les Contrats de plan État-région (CPER), désormais « Contrats de projets », qui ne concernent en outre-mer que les DOM, ont pris acte de la situation précaire de ces quatre régions depuis le Comité interministériel d'aménagement du territoire (CIAT) de Mende en 1993. En effet, c'est à ce moment-là que l'État renforce le volet « aménagement du territoire » et module sa contribution en fonction du chômage et du potentiel fiscal. Pour la période 2007-2013, les enveloppes des CPER des quatre régions d'outre-mer sont presque deux fois supérieures, ramenées à la population, à celles des régions métropolitaines (817 euros/hab. contre 429 euros). Le Fonds d'investissement des départements d'outre-mer (FIDOM), touchant aussi Mayotte et Saint-Pierre-et-Miquelon, est aujourd'hui très majoritairement constitué par les crédits des contrats de plan. Le Fonds d'investissement pour le développement économique et social (FIDES) est le pendant du FIDOM pour l'Océanie.

La relativité du « chômage » en Polynésie française

« Les taux de chômage varient du simple au double selon la zone géographique de résidence. Ce sont les Îles Sous-le-Vent et les Australes qui présentent les taux les plus forts (respectivement 15,3 % et 15 %), suivies de près par les Îles du Vent (13,6 %). Ce sont en revanche les Tuamotu-Gambier et les Marquises qui montrent les taux les plus faibles (soit 7,5 % et 10,6 %).

L'interprétation des disparités géographiques s'avère toutefois délicate, dans la mesure où la notion d'emploi, et par suite, d'inactivité et de chômage, n'ont vraisemblablement pas été perçues partout de la même manière par les personnes interrogées. La pratique d'une manière annexe (dans l'agriculture, la pêche ou l'artisanat) par les personnes s'étant pourtant déclarées à la recherche effective d'un emploi, apporte alors un éclairage complémentaire à l'appréhension du phénomène. C'est en effet aux Australes et aux Îles Sous-le-Vent, là où justement les taux de chômage sont les plus élevés, que l'on observe les plus fortes proportions de chômeurs pratiquant néanmoins une activité agricole, de pêche ou artisanale [...]. La non formalisation de cette activité, voire son caractère d'autoconsommation, ont sans doute conduit les personnes à ne pas se déclarer comme travaillant. La proximité de l'économie « moderne », voire la coexistence d'emplois salariés et structurés en nombre important, en particulier aux Îles Sous-le-Vent, expliquent vraisemblablement aussi cette non déclaration en tant qu'emploi des activités informelles. A contrario, *l'éloignement du pôle administratif et économique de Tahiti a sans doute davantage conduit les habitants des îles éloignées, des Marquises et des Tuamotu-Gambier, à se déclarer au travail lors de l'exercice d'activités traditionnelles informelles : celles-ci demeurent encore fréquentes, sinon la norme, comme en témoigne l'importance de l'agriculture et du non-salariat dans ces archipels.*

On aboutit alors au paradoxe que l'emploi et le secteur moderne... créent le chômage. Cette assertion prend toute sa signification en Polynésie, du fait de la coexistence de deux types d'économie : moderne et traditionnelle. »

ITSTAT, *Les Tableaux de l'économie polynésienne*, 1998, p. 124.

c. Des îlots de richesse faiblement intégrés sur le plan régional

L'ampleur de l'afflux financier venant de métropole fait de chaque entité ultramarine un véritable îlot de richesse au sein d'un environnement relativement pauvre. Vu du reste des Antilles, du Surinam ou de Maurice, les Domiens sont considérés comme des enfants gâtés et sont, par conséquent, jalousés. Au début des années 2000, seules les Caïmans, les Bermudes et les îles Vierges britanniques ont un PIB par habitant supérieur aux départements français d'Amérique (DFA) – données non disponibles pour Porto-Rico – alors que Aruba est au niveau de la Martinique, premier DFA pour cet indicateur. Le PIB/hab. surinamais est dix fois inférieur à celui de Guyane, celui d'Haïti quarante fois inférieur à celui de Martinique. Les DOM font partie des territoires à développement humain élevé, leurs IDH étant supérieurs à 0,850. Dans la Caraïbe, les DFA sont, avec la Barbade, en tête du palmarès. Les écarts sont très importants avec Haïti, mais aussi avec le Guyana, le Surinam, la République dominicaine ou la Jamaïque. L'IDH de la Martinique est à peu près équivalent à ceux du Portugal ou de la Grèce (0,880 en 2000). Dans le Pacifique, la Nouvelle-Calédonie et la Polynésie française ont les PIB par habitant parmi les plus élevés, derrière Hawaii ou Guam et à peu près au même niveau que la Nouvelle-Zélande. En Mélanésie, la domination de la Nouvelle-Calédonie est écrasante avec un PIB par habitant environ 8 fois supérieur à celui des Fidji, 16 fois supérieur à celui du Vanuatu et 29 fois supérieur à celui de Papouasie-Nouvelle-Guinée.

La structure actuelle des échanges commerciaux de l'outre-mer est la résultante de l'histoire économique coloniale, dont les effets restent toujours très prégnants (cf. supra). La métropole est, en dépit de la distance, presque toujours le premier partenaire commercial de la France d'outre-mer, spécialement les DOM où, en valeurs, 62 % des importations et 67 % des exportations se font avec la métropole en 2001. Les ventes de la Réunion à Madagascar, Maurice, aux Seychelles et aux Comores ne représentent que 7 % de ses exportations, tandis que celles de la Martinique vers la Caraïbe – hors Guadeloupe – ou l'Amérique latine 2,5 % seulement, et 3 % vers l'Amérique du Nord ! Dans le Pacifique, la situation est un peu moins déséquilibrée avec les exportations de perles noires ou de nickel vers le Japon, Taïwan et la Chine, et les importations de produits alimentaires ou minéraux provenant d'Australie ou de Nouvelle-Zélande. Il ne faut cependant pas oublier que, généralement, les États voisins de la France d'outre-mer sont de petits marchés, peu solvables, produisant à peu près les mêmes choses que les territoires français à des coûts très inférieurs, ce qui n'est pas pour favoriser les coopérations commerciales.

Par son altérité économique et par son appartenance à la France, l'outre-mer est à l'écart de certaines organisations régionales, dont la France n'est toujours pas membre. Les Antilles françaises sont ainsi exclues de la Communauté des Caraïbes (CARICOM), à la fois communauté et marché commun, et de l'Organisation des États de la Caraïbe de l'Est (OECS), un marché commun avec une monnaie unique regroupant l'ensemble des Petites Antilles, sauf Martinique et Guadeloupe. En revanche, les DFA sont membres de l'Association des États de la Caraïbe (AEC). Mais l'AEC a un rôle très réduit et contribue peu au rapprochement des différentes îles. Dans l'océan Indien, Mayotte est particulièrement isolée du fait de sa non-reconnaissance par la République fédérale islamique des Comores suite aux conditions de la décolonisation de l'archipel (cf. supra). Elle ne participa pas à l'édition 2007 des Jeux des îles de l'océan Indien et ne fait pas partie de la Commission de l'océan Indien (COI), alors que la Réunion, bien que membre de celle-ci, n'est ni dans la Communauté de développement de l'Afrique australe (SADC), ni dans le Marché commun de l'Afrique australe et orientale (COMESA), ni dans l'Association pour la coopération des pays du pourtour de l'océan Indien (IOR-ARC), les demandes de la France d'intégrer cette dernière ayant été rejetées. Dans l'océan Pacifique, l'opposition à la présence française et aux essais nucléaires des États du Pacifique Sud, dont l'Australie et la Nouvelle-Zélande, n'a pas favorisé l'intégration régionale. Depuis la fin du CEP (cf. supra) et le processus de pacification en Nouvelle-Calédonie, les choses se sont arrangées, mais la Polynésie française ou la Nouvelle-Calédonie ne sont pas membres de la Coopération économique Asie-Pacifique (APEC). En revanche elles sont présentes dans la Communauté du Pacifique – ex Commission du Pacifique Sud – dont le siège est à Nouméa (cf. infra), et membres associés du Forum des îles Pacifique depuis 2006.

L'opulence de la France d'outre-mer par rapport à ses voisins pose des problèmes d'immigration, tout particulièrement à Mayotte, en Guyane et à Saint-Martin. Ces territoires font face à un afflux de population difficilement contrôlable et maîtrisable, provoquant une explosion démographique et de graves problèmes sociaux, avec une montée préoccupante de la xénophobie.

Les Comoriens déferlent sur Mayotte, fuyant la misère, l'anarchie et l'insécurité. 55 000 étrangers y résidaient en 2002, soit plus du tiers de la population totale. Il y aurait au minimum 40 000 clandestins, en dépit des expulsions toujours plus nombreuses (8 000 en 1999, 13 000 en 2006), car la frontière franco-comorienne reste très poreuse. L'île d'Anjouan n'est qu'à 70 km et des passeurs introduisent assez facilement les Comoriens. On y vient pour y gagner de l'argent, s'y approvisionner, s'y faire soigner ou y accoucher. Une partie des Mahorais est excédée par cette immigration, synonyme à leurs yeux d'insécurité et de concurrence déloyale sur le marché de l'emploi, ce qui s'est traduit par des manifestations à caractère xénophobe ! La découverte, en 2002, de cueilleurs clandestins travaillant dans la distillerie d'ylang-ylang (cf. supra) de Jean-Paul Guerlain, à Combani, a fait grand bruit, car le célèbre parfumeur a menacé de quitter l'île. Il y aurait, en 2007, 15 000 employés étrangers en situation irrégulière et nombre de politiques locaux, relayés par le ministre de l'Outre-Mer en 2005, souhaitent un aménagement du droit du sol, car on compte 24 000 enfants nés à Mayotte de parents en situation irrégulière. Concurrencés sur leur île par les étrangers, les Mahorais cherchent des emplois ailleurs et leur émigration s'est accélérée entre 1997 et 2002, puisque près de 18 000 ont quitté l'île, vers la Réunion essentiellement, où ils peuvent bénéficier du RMI et de l'assurance chômage.

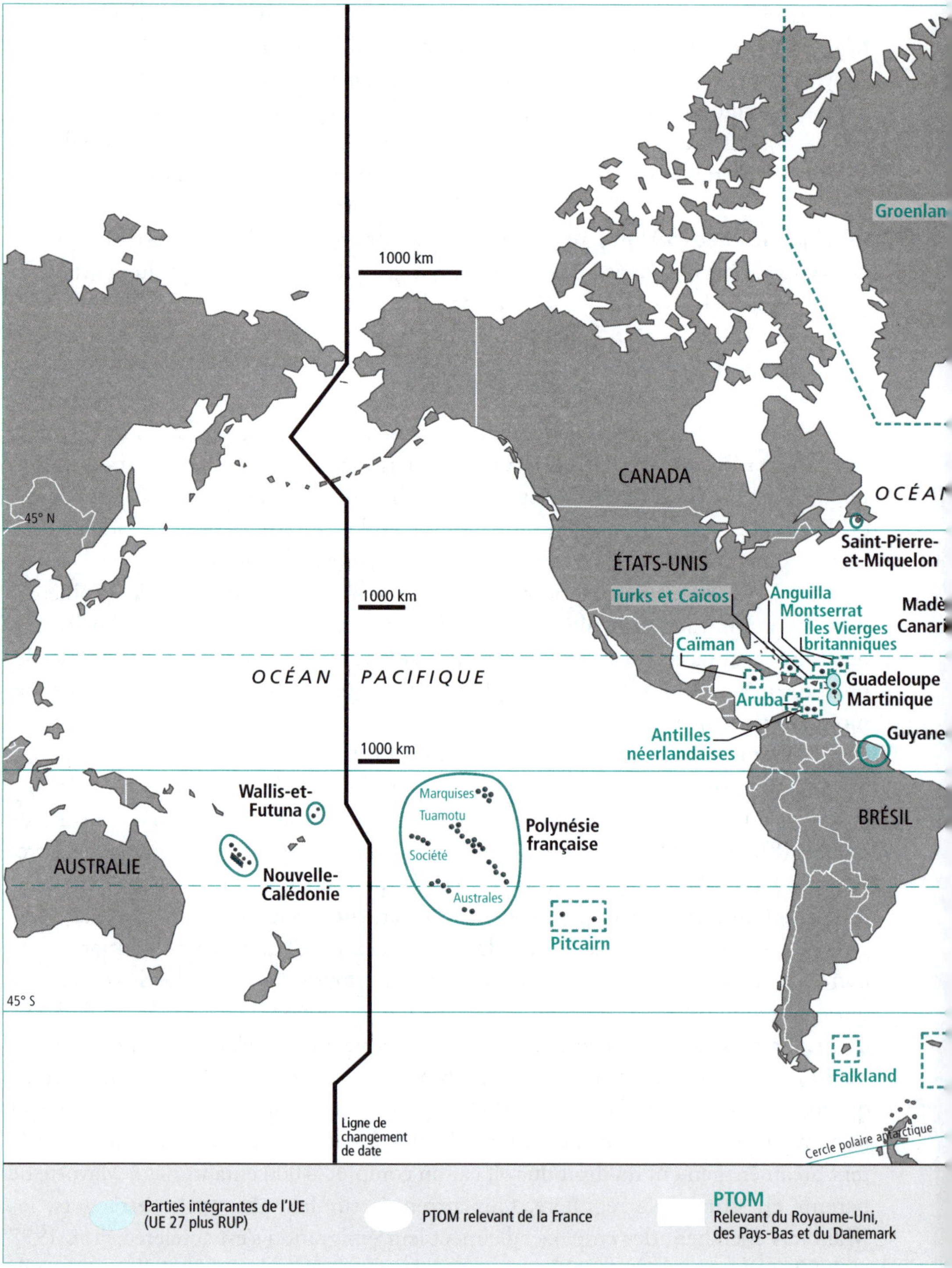

Document 29 : Les régions ultra-périphériques (RUP) et les Pays et territoires d'outre-mer (PTOM).

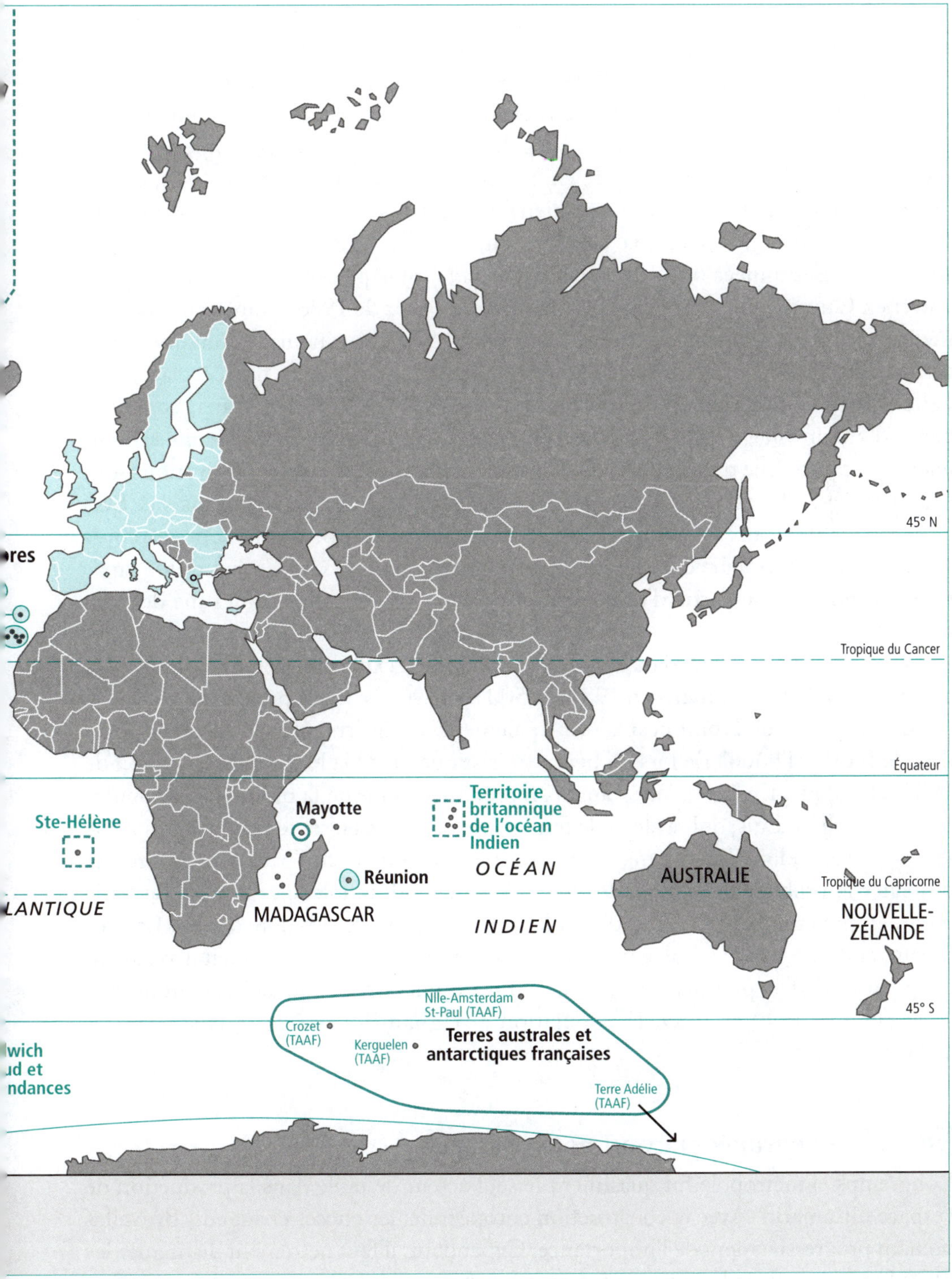

res
Ste-Hélène
Mayotte
Territoire britannique de l'océan Indien
Réunion
OCÉAN
INDIEN
AUSTRALIE
LANTIQUE
MADAGASCAR
NOUVELLE-ZÉLANDE
45° N
Tropique du Cancer
Équateur
Tropique du Capricorne
45° S
Nlle-Amsterdam St-Paul (TAAF)
Crozet (TAAF)
Kerguelen (TAAF)
Terres australes et antarctiques françaises
Terre Adélie (TAAF)
wich
ud et
ndances

En Guyane, avec 46 000 étrangers recensés en 1999, soit 30 % de la population totale, la part de cette population est équivalente. En réalité, ils sont vraisemblablement plus nombreux, de 50 000 à 70 000, avec probablement les Haïtiens en tête, suivis des Surinamais et des Brésiliens. Officiellement, il y aurait entre un cinquième et un quart de la population en situation illégale à Saint-Laurent-du-Maroni, probablement plus dans la réalité[31]. L'arrivée en nombre des Haïtiens débute en 1974, quand les gouvernements états-unien et canadien ferment leurs frontières à cette population. Celle-ci se tourne alors vers la Guyane, où, jusqu'en 1980, aucun visa ne lui est demandée. Les années qui suivent voient les Haïtiens passer par le Surinam pour entrer en Guyane. La guerre civile surinamaise, à partir de 1986, coupe cette route et met un terme à ce flux, mais entraîne l'arrivée de réfugiés surinamais, dont une partie est installée dans des camps par le gouvernement français. Celui mis en place dans l'ancien bagne de Charvein, entre Saint-Laurent-du-Maroni et Mana, constitue aujourd'hui un village de près de 1 000 personnes. L'immigration brésilienne est plus ancienne, puisqu'elle remonte à 1965. Comme pour les Haïtiens, ses motivations sont économiques. Elle est déclenchée par les travaux du Centre spatial guyanais (CSG) et de la ville de Kourou (cf. supra). En 1968, plus de 2 000 Brésiliens sont employés sur ces chantiers. À leur achèvement, cette population migre vers Cayenne et le rapatriement forcé d'une partie d'entre eux n'empêche pas la venue clandestine de leurs compatriotes.

À Saint-Martin, dépendance de la Guadeloupe, l'explosion démographique des années 1980 (8 000 habitants en 1982, 28 500 en 1990) est due à près de 90 % à l'arrivée d'Haïtiens et de Dominicains principalement, venus irrégulièrement s'employer dans le BTP et l'hôtellerie lors du boom touristique né de la loi de défiscalisation de 1986 (cf. supra). En 1990, les étrangers représentent plus de la moitié de la population. Le cyclone Luis, qui ravage l'île franco-néerlandaise en septembre 1995, souffle les nombreux bidonvilles. Le maire se saisit immédiatement de l'occasion pour tenter de régler le problème des « clandestins », devenus indésirables par la crise du bâtiment, en prenant un arrêté interdisant la reconstruction des « bidon-cases ». La préfecture annonce dans la foulée une aide au retour, mais ces mesures incitatives n'ont eu que peu d'effets puisque le solde migratoire annuel n'a été que faiblement négatif (– 2 %) entre 1990 et 1999, la population atteignant lors de ce recensement les 29 000 habitants.

4 L'Union européenne : un nouvel acteur

Longtemps la métropole fut quasiment le seul acteur de taille dans la production de l'espace ultramarin. Avec la construction européenne, les choses changent, Bruxelles prenant progressivement de l'importance. Cependant, il faut nettement distinguer les DOM et le reste de la France d'outre-mer, car ils sont liés à l'Union européenne selon deux procédures différentes.

a. Les régions ultra-périphériques (RUP) : des parties intégrantes de l'Union européenne

Au vu du seul développement économique, le gouvernement français aurait dû placer tout l'outre-mer sous un régime d'association lors de la signature du traité de Rome instituant en 1957 la Communauté économique européenne (CEE). Or, la France demande un régime particulier pour ses DOM, compte tenu de la logique d'assimilation et afin d'appuyer le caractère français de l'Algérie. L'article 227 affirme le principe de l'appartenance des DOM et de l'Algérie au futur marché commun, la possibilité de prévoir des dérogations aux règles communes, mais limite les dispositions immédiatement applicables, les conditions d'application de l'ensemble du traité devant être déterminées par le Conseil des Communautés dans un délai de deux ans. En l'absence d'une telle décision, les DOM restent près de deux décennies en marge, bénéficiant ainsi du Fonds européen de développement (FED), normalement destiné aux pays ACP et aux Pays et Territoires d'outre-mer (PTOM). En 1978, l'arrêt Hansen de la Cour de justice des Communautés européennes (CJCE) marque un tournant en stipulant que tout le droit communautaire s'applique aux DOM, alors que jusqu'à cette date son application est sélective. L'accès à tous les fonds structurels internes – Fonds européen de développement régional (FEDER), Fonds social européen (FSE), Fonds européen d'orientation et de garantie agricole (FEOGA – Section orientation, à ne pas confondre avec le FEOGA – Section garantie qui est l'instrument financier de la Politique agricole commune) et IFOP (Instrument financier d'orientation pour la pêche) – est désormais acquis, mais, en contrepartie, les DOM ne peuvent plus profiter du FED. Les gains l'emportent cependant largement sur les pertes.

L'entrée de l'Espagne et du Portugal dans la Communauté en 1986, avec leurs îles situées dans l'océan Atlantique, conduit la Commission à avoir une approche globale vis-à-vis de ces territoires, d'autant que l'on travaille alors à une réforme des fonds structurels, opérationnelle en 1989. Les DOM sont plus spécialement concernés par

Document 30 : Les régions ultra-périphériques : des parties intégrantes de l'UE.

	La Réunion	Martinique	Guadeloupe	Guyane	Açores	Madère	Canaries
Superficie (en km^2)	2512	1128	1705	83534	2333	798	7747
Population en 2006 (en milliers)	784	401	447	203	242	245	1931
Accroissement de la population entre 2000 et 2005 (moyenne annuelle en %)	1,6	0,7	1,2	3,4	2,6	0,3	0,3
PIB par hab. en 2004 et en € (en standard de pouvoir d'achat)	13006	15972	14380	11690	14175	19532	19950

Source : Eurostat.

l'« objectif 1 », destiné au développement des régions dont le PIB par habitant est inférieur à 75 % de la moyenne européenne. Fin 1989, est adopté un Programme d'options spécifiques à l'éloignement et à l'insularité des départements d'outre-mer (POSEIDOM), suivi en 1991 du POSEIMA, concernant les Açores et Madère, et POSEICAN pour les Canaries. Le concept d'ultrapériphéricité apparaît pour appréhender la situation des régions bénéficiaires des POSEI, appelées régions ultra-périphériques, les RUP (doc. 30). L'article 299 § 2 du traité d'Amsterdam (1997) reconnaît désormais les « handicaps structurels » des RUP et renforce l'approche développée par l'Union depuis 1989.

Avec ces fonds structurels, les DOM reçoivent des sommes considérables et croissantes : 750 millions d'euros pour la période 1989/1993 ; 1,824 milliard d'euros pour 1994/1999 ; 2,885 milliards d'euros pour 2000/2006 et 3,178 milliards pour 2007/2013. Un Document unique de programmation (DOCUP) fournit les axes de développement qui sont financés par l'Union européenne, en articulation avec les CPER (cf. supra). Depuis 2000, seuls les DOM (en France) sont éligibles à l'« objectif 1 », devenu « objectif de convergence », qui domine largement les fonds structurels européens avec 136 milliards d'euros sur 195 milliards pour 2000/2006. Effectivement, la Corse et les arrondissements de Valenciennes, Douai et Avesnes, qui étaient éligibles à l'« objectif 1 » dans la période 1994-1999 ne le sont plus depuis.

Le FEDER sert prioritairement aux infrastructures de désenclavement, avec en particulier les extensions des aéroports de Gillot à la Réunion, du Lamentin à la Martinique et du Raizet en Guadeloupe, tout comme les installations portuaires de la Pointe-des-Galets à la Réunion ou le complexe industralio-portuaire martiniquais de Jarry. Plus généralement, ce fonds cofinance les infrastructures servant de base au développement économique, tels les réseaux routiers ou les adductions d'eau. Le FEOGA intervient dans les projets agricoles. L'irrigation du littoral Ouest (ILO) à la Réunion (doc. 16) est ainsi financée par le FEDER et le FEOGA à hauteur de 55 %, l'État (10 %) et le département de la Réunion (35 %). Plus discret, car ne se traduisant pas par de grandes réalisations, le FSE est cependant essentiel avec 20 % des aides européennes en Guyane et 28 % à la Réunion. Dans ce dernier département, il paye 40 % de la formation professionnelle et a permis à plus de 20 000 bénéficiaires, entre 1994 et 1999, de poursuivre une formation à l'extérieur, essentiellement en métropole.

Depuis quelques années seulement, les DOM sont éligibles à l'initiative communautaire Interreg et bénéficient pour la période 2000-2006 des programmes Interreg III « Espaces Caraïbes » et « Océan Indien ». Ce tardif soutien à la politique de coopération régionale souligne que les autorités n'ont pris conscience que récemment de l'isolement de l'outre-mer français (cf. supra).

Nous avons abordé précédemment l'importance de l'octroi de mer pour les communes domiennes. L'intégration à l'Union européenne donna lieu à d'importantes contestations sur la conformité de cette taxe au droit communautaire, apparaissant comme une limitation à la libre-circulation des produits puisqu'elle fait des

DOM des territoires d'exportation par rapport à la métropole. Finalement, en 1992, la CJCE, par l'arrêt « Legros », juge que l'octroi de mer est équivalent à un droit de douane et impose à la France de modifier son régime dans l'année pour y soumettre aussi les biens produits localement. La France s'exécute en mettant sur pied un régime accepté à l'arraché et assez proche du précédent, avec des possibilités de dérogations pour les productions locales. Ce dispositif, mis en place en 1992 pour dix ans, a été remplacé en 2004. Le nouveau, qui doit s'appliquer jusqu'en 2014, stipule que seuls les biens pour lesquels un surcoût de fabrication résultant des handicaps de l'ultrapériphéricité peut être identifié, sont susceptibles de bénéficier d'un régime dérogatoire.

L'intégration des DOM à l'Union s'est aussi concrétisée le 1er janvier 2002 avec la mise en circulation de la nouvelle monnaie européenne. Cette introduction s'est faite sous la responsabilité de l'Institut d'émission des départements d'outre-mer (IEDOM), un établissement public qui a les missions d'une banque centrale au nom, pour le compte et sous l'autorité de la Banque de France. Cependant, quelque exceptionnelle que soit l'introduction d'une nouvelle monnaie, il est intéressant de noter que c'est la deuxième fois qu'un tel événement se produit à la Réunion en moins de trente ans, puisqu'en 1975 le franc français y avait remplacé le franc de la Communauté financière africaine (FCFA). La même année, les billets spéciaux, mais en francs français, en circulation dans les Antilles françaises étaient remplacés par les billets métropolitains. Eu égard à la zone d'intervention de l'IEDOM, la circulation de l'euro déborde les RUP et concerne aussi Mayotte, Saint-Pierre-et-Miquelon et les TAAF, qui font partie des territoires associés et non pas intégrés à l'Union européenne.

b. Un régime d'association pour les pays et territoires d'outre-mer (PTOM)

La liste des vingt et un pays et territoires d'outre-mer (PTOM) relève de l'inventaire à la Prévert tant est grande la diversité de cet ensemble dont le seul point commun, en plus de leur statut européen, est d'être insulaire (docs. 29 et 31). Du Groenland à Pitcairn, d'Aruba à Sainte-Hélène, de Wallis-et-Futuna aux Falkland, ce sont tous les océans à toutes les latitudes qui en sont piquetés.

Les PTOM font partie du deuxième cercle concentrique de l'Union européenne, au-delà des RUP et en deçà des pays ACP (États d'Afrique, des Caraïbes et du Pacifique). Comme ces derniers, ils bénéficient du Fonds européen de développement (FED) et des prêts de la Banque européenne d'investissements (BEI). Au titre du VIe FED (1986-1990), les PTOM français ont une dotation initiale de 24 millions d'euros, 40 millions pour le VIIe FED (1991-1995), 50 millions pour le VIIIe FED (1996-2000), 175 millions d'euros pour le IXe FED (2000-2007) et 286 millions d'euros pour le Xe FED (2008-2013). On est loin des sommes attribuées aux DOM (cf. supra), faute de fonds structurels. En effet, si on rapporte ces sommes à la population, les DOM ont reçu de Bruxelles, entre 2000 et 2006, 288 euros/hab./an contre 18 euros/hab./an pour les PTOM français, entre 2000 et 2007. Toutefois, le FED a partiellement financé en Nouvelle-Calédonie, par exemple, la route Koné-Tiwaka ou des constructions scolaires.

Longtemps, le régime des PTOM a été très proche de celui des pays ACP, mais, à partir de 1991, des différences notables apparaissent, confirmées par l'adoption d'un nouvel accord d'association entre l'Union européenne et les PTOM en novembre 2001. Ce régime, en vigueur jusqu'en 2011, favorise les moins avancés d'entre eux et insiste sur les secteurs social et environnemental. Les mécanismes commerciaux sont revus et pour

Document 31 : Des régions associées à l'UE.

	Superficie (en km²)	Population (en milliers)
PTOM relevant de la France	**30 563**	**707**
Dont Mayotte	374	186
Nouvelle-Calédonie	18 600	240
Polynésie française	3 814	260
Saint-Pierre-et-Miquelon	242	6
TAAF*	7 391	–
Wallis-et-Futuna	142	15
PTOM relevant du Royaume-Uni	**17 668**	**170**
Dont Anguilla	91	12
Bermudes	533	65
Caïman	260	42
Turk et Caïcos	430	20
Îles Vierges britanniques	150	21
Montserrat	102	4
Falkland	12 173	2
Sandwich du Sud et dépendances	4 066	–
Pitcairn	29	0,05
Saint-Hélène et dépendances	307	4
Territoire britannique de l'océan Indien	60	–
Territoire de l'Antarctique britannique*	–	–
PTOM relevant des Pays-Bas	**1 153**	**297**
Dont Aruba	193	81
Antilles néerlandaises	960	216
PTOM relevant du Danemark (Groenland)	**2 166 086**	**60**
Ensemble	**2 215 470**	**1 234**

Source : Commission européenne et rectifications de l'auteur.

* Compte tenu du traité de Washington, nous n'avons pas pris en compte les superficies des territoires britannique et français de l'Antarctique.
N. B. : Les superficies de ces PTOM varient fortement d'une source à une autre et sont donc sujettes à caution, à l'instar de l'Océanie française (cf. supra).

la première fois des mesures protectionnistes adoptées, spécialement en ce qui concerne l'importation de « produits agricoles sensibles » (riz et sucre) en provenance des PTOM.

Tandis qu'une véritable solidarité s'est créée au sein des RUP, avec au moins une conférence des présidents des régions ultra-périphériques par an, on en est encore assez loin pour les PTOM, en dépit de la création en 2002 de l'Association des PTOM de l'Union européenne (OCTA) qui doit permettre à ces îles de mieux défendre leurs intérêts auprès des instances européennes. Leur nombre, leur dispersion et leur diversité continuent de les desservir. Par exemple, l'euro n'y est majoritairement pas utilisé, la monnaie ayant toujours cours en Océanie française étant le franc de la communauté financière du Pacifique (FCFP ou XPF sur le plan international, eXchange Pacific Franc) – ex franc des colonies françaises du Pacifique – sous la responsabilité de l'Institut d'émission d'outre-mer (IEOM), pendant de l'IEDOM (cf. supra) pour le Pacifique. Sa convertibilité avec l'euro, au taux fixe de 1 000 FCFP pour 8,38 euros, est garantie par le Trésor français. Quant aux ressortissants des PTOM s'ils ont, en règle générale, la nationalité de leurs États et sont donc citoyens européens avec la liberté de circulation au sein de la Communauté, seuls ceux des PTOM français sont électeurs et éligibles au Parlement européen.

Conclusion

De l'amoncellement des facteurs ayant façonné l'outre-mer français sur la longue durée, l'État apparaît comme l'élément dominant et le principe majeur de compréhension. Ne nous fions pas aux proximités physiques qui circonscriraient d'hypothétiques aires culturelles : la Réunion ressemble bien moins à Mayotte qu'aux autres DOM et Wallis-et-Futuna a bien des points communs avec cette île de l'archipel comorien. L'action récente de l'appareil politique européen n'a fait que renforcer cet état de fait en distinguant les RUP des PTOM. Pris au piège de l'assistance, les DOM offrent des profils étrangement semblables. Ainsi, conquête, exploitation et administration forment un triptyque se refermant sur la France d'outre-mer comme pour mieux la différencier.

La géographie classique française, lancée dans une approche régionale, n'a vu qu'une collection de singularités dans cet ensemble. De grandes thèses, celles en particulier de Guy Lasserre sur la Guadeloupe, de Jean Defos du Rau sur la Réunion ou de François Doumenge sur le Pacifique Sud, ont fourni un matériau considérable, mais n'ont pas encouragé un entendement global qui était pourtant à portée de main. Ainsi, dans la préface de Guy Lasserre à l'ouvrage pionnier *La France d'outre-mer*, publié en 1974[32], on trouve les grands principes de différenciation et d'unité, mais la réflexion s'arrête là. Le reste de l'ouvrage aborde successivement et sans souci de classification les différentes contrées ultramarines. Nous tâcherons de ne pas tomber dans ce travers et, à cet effet, nous avons opté pour une démarche comparative. Les deux parties qui suivent n'ont pas pour mission de présenter la « diversité » de la France d'outre-mer, notion commode et molle qui ne signifie pas grand-chose, car ce n'est qu'une question de niveau d'analyse. Les statuts et l'urbanisation, qui constituent les deuxième et troisième partie, sont les structures explicatives dans lesquelles la perte de renseignements sur l'outre-mer est la plus faible. Exprimé d'une autre façon, ces deux thèmes sont à notre démarche empirique ce que les facteurs sont à l'analyse factorielle, une sorte de condensation d'informations. Ils permettent aussi d'aborder notre objet à des échelons différents, l'urbanisation favorisant une analyse plus fine des lieux.

Chapitre 2

Les DOM et les autres

Les statuts actuels sont, selon nous, la clé de compréhension de la France d'outre-mer. Ils sont l'aboutissement d'une dynamique historique agrégeant une multitude d'actions humaines sur lesquelles les écosystèmes ont eu leur influence. L'économie, la société et son évolution démographique, comme les équipements en découlent. Face à la cohérence des DOM, bien que la Guyane offre certaines spécificités, le reste de l'outre-mer français est plus malaisé à classifier : si les terres inhabitées (TAAF, îles Éparses, Clipperton) se distinguent facilement du reste, l'Océanie française, Mayotte et Saint-Pierre-et-Miquelon posent problème pour cet exercice. Au risque de tomber dans l'idiographie, Saint-Pierre-et-Miquelon nous apparaît comme fondamentalement atypique par son histoire, son peuplement, son écosystème et son évolution statutaire. Pour le reste, la Nouvelle-Calédonie, la Polynésie française, Wallis-et-Futuna et Mayotte ont des caractéristiques communes.

I. L'homogénéité des DOM

Il ne fait pas de doute que les départements d'outre-mer, regroupant 2,9 % de la population nationale, forment une catégorie nettement différenciée au sein de la France d'outre-mer par de leur exploitation et leur administration. Par le monde, ils constituent, avec Hawaii, cinquantième État fédéré de l'Union, les seuls exemples d'une telle assimilation si loin de la métropole.

1 Des terres à sucre... et à esclaves

Bien que les autres îles tropicales n'échappent pas complètement à cette spéculation (cf. supra), la canne à sucre – une graminée – marque plus profondément qu'ailleurs la société et l'économie des DOM, par sa persistance, son extension spatiale et ses effets socio-économiques. Sur la longue durée, elle devance toutes les autres cultures d'exportation, café, cacao, tabac, coton, plantes à parfum ou banane, et engendre une communauté d'intérêt et de destin.

a. La canne et l'esclavage : un lien étroit

C'est vers 1650, qu'elle apparaît, grâce notamment à l'installation de colons hollandais, juifs ou calvinistes, chassés du Brésil par l'Inquisition portugaise et connaissant bien les techniques de fabrication du sucre[33]. Au XVIIIe siècle, elle fait la prospérité des grands propriétaires antillais, surtout martiniquais. Son introduction nécessite une main-d'œuvre importante, quoique, dès 1636, des esclaves aient été introduits en Guadeloupe. La disparition des Amérindiens et la faiblesse de l'immigration européenne expliquent que les colons se tournent vers l'Afrique et la traite négrière. En 1685, le *Code noir* est promulgué pour les Antilles et donne un « statut juridique » à l'esclave. Au début du XVIIIe siècle, se met en place le commerce triangulaire entre l'Europe, l'Afrique et les Antilles. Le Code noir n'est appliqué qu'en 1704 en Guyane et en 1723 à la Réunion, car le développement de l'esclavage se fait avec retard dans cette île, étant donné que l'agriculture vivrière domine jusqu'à l'arrivée du café en 1715. Ce n'est qu'après 1815 que la Réunion se tourne vers la production industrielle du sucre.

Des complexes agro-manufacturiers de grande taille, appelés « habitation », se multiplient. Aux Antilles et en Guyane, c'est à la fois une plantation de canne et une manufacture sucrière. L'exemple de la Guadeloupe montre que, rapidement, la structure foncière est très concentrée et qu'apparaît la monoculture sucrière (90 % des surfaces consacrées aux cultures d'exportation en 1671). En 1737 en Guyane, ce sont les Jésuites qui ont la plus grande habitation avec près de 350 esclaves noirs. Dans les années 1780 en Guadeloupe, une habitation moyenne couvre 180 hectares et emploie 112 esclaves. À la Réunion, les concessions, « entre deux ravines, du battant des lames au sommet des montagnes », s'inscrivent dans une sorte de tronc de cône, délimitées latéralement par les cours d'eau et longitudinalement par la ligne de rivage au-delà des « 50 pas du Roy » (cf. supra) et la ligne domaniale, qui fait le tour de l'île à une altitude comprise entre 1 300 et 1 700 m. Vers 1730, la taille moyenne est de 200 hectares, mais le partage des concessions entre héritiers entraîne un laniérage croissant. La culture du café demande elle aussi beaucoup de bras et, à côté des piocheurs et porteurs, il faut des pileurs, des vanneurs, des trieurs, etc. Les années 1820-1830 constituent l'apogée de l'économie de plantation esclavagiste, car, en métropole, à la suite de l'indépendance d'Haïti, le sucre produit à la Martinique, à la Guadeloupe, en Guyane ou à partir de 1815 à la Réunion – en raison de la perte de l'île Maurice – est privilégié. Il représente, à ce moment-là, 40 % des importations coloniales françaises.

Pendant des décennies, ces colonies reçoivent des dizaines de milliers d'Africains. Interdite par les Britanniques en 1806 et par le congrès de Vienne en 1815, la traite se poursuit clandestinement. L'abolition de l'esclavage clôt ce premier long cycle de

Extraits du Code noir de 1685

Article 2 – Tous les esclaves qui seront dans nos îles seront baptisés et instruits dans la religion catholique, apostolique et romaine [...].

Article 9 – Les hommes libres qui auront eu un ou plusieurs enfants de leurs concubinages avec leurs esclaves [...] seront chacun condamnés en une amende de deux mille livres de sucre [...]. N'entendons toutefois le présent article avoir lieu, lorsque l'homme libre qui n'était point marié à une autre personne durant son concubinage avec son esclave, épousera dans les formes observées par l'Église sa dite esclave, qui sera affranchie par ce moyen, et les esclaves rendus libres et légitimes.

Article 11 – Défendons très expressément aux curés de procéder aux mariages des esclaves, s'ils ne font apparoir du consentement de leurs maîtres [...].

Article 12 – Les enfants qui naîtront de mariages entre esclaves seront esclaves et appartiendront aux maîtres des femmes esclaves, et non à ceux de leur mari, si le mari et la femme ont des maîtres différents.

Article 16 – Défendons pareillement aux esclaves appartenant à différents maîtres de s'attrouper le jour ou la nuit, sous prétexte de noces ou autrement, soit chez l'un de leurs maîtres ou ailleurs, et encore moins dans les grands chemins ou lieux écartés, à peine de punition corporelle, qui ne pourra être moindre que du fouet et de la fleur de lis [...].

Article 18 – Défendons aux esclaves de vendre des cannes de sucre pour quelque cause et occasion que ce soit, même avec la permission de leurs maîtres, à peine de fouet contre les esclaves, et de dix livres tournois contre leurs maîtres qui l'auront permis [...].

Article 33 – L'esclave qui aura frappé son maître, sa maîtresse ou le mari de sa maîtresse ou leurs enfants avec contusion ou effusion de sang, ou au visage, sera puni de mort.

Article 34 – Et quant aux excès et voies de fait qui seront commis par les esclaves contre les personnes libres, voulons qu'ils soient sévèrement punis, même de mort s'il y échet.

Article 35 – Les vols qualifiés, même ceux des chevaux, cavales, mulets, bœufs et vaches qui auront été faits par les esclaves, ou par les affranchis, seront punis de peines afflictives, même de mort si le cas le requiert.

Article 38 – L'esclave fugitif qui aura été en fuite un mois à compter du jour que son maître l'aura dénoncé en justice, aura les oreilles coupées et sera marqué d'une fleur de lis sur une épaule ; et s'il récidive une autre fois à compter pareillement du jour de la dénonciation, aura le jarret coupé et il sera marqué d'une fleur de lis sur l'autre épaule ; et la troisième fois il sera puni de mort.

Article 40 – L'esclave puni de mort sur la dénonciation de son maître, non complice du crime par lequel il aura été condamné, sera estimé avant l'exécution par deux principaux habitants de l'île qui seront nommés d'office par le juge ; et le prix de l'estimation sera payé au maître [...].

Article 42 – Pourront seulement les maîtres, lorsqu'ils croiront que leurs esclaves l'auront mérité, les faire enchaîner et les faire battre de verges ou de cordes ; leur défendons de leur donner la torture, ni de leur faire aucune mutilation de membre, à peine de confiscation des esclaves et d'être procédé contre les maîtres extraordinairement.

Article 44 – Déclarons les esclaves êtres meubles, et comme tels entrer dans la communauté, n'avoir point de suite par hypothèque, se partager également entre les cohéritiers sans préciput ni droit d'aînesse [...].

l'histoire économique de la France d'outre-mer. Près des deux tiers de la population changent de statut – cette part atteint les trois quarts à Marie-Galante – montrant l'ampleur de l'acte (doc. 32). C'est un tournant majeur de l'histoire de ces terres ultramarines. Il y a déjà eu une première abolition votée par la Convention, le 16 pluviôse an II (4 février 1794), mais elle est repoussée par les colons et annulée par Napoléon en 1802. En 1833-1834, les Britanniques instaurent dans leurs colonies l'interdiction de l'esclavage. En France, c'est finalement la Deuxième République qui l'abolit définitivement le 27 avril 1848, grâce, notamment, à l'obstination de Victor Schœlcher L'application du décret ne se fait pas sans peine. Ainsi, il faut attendre la fin de l'année 1848 pour que les esclaves soient libérés à la Réunion. Ceci explique que le jour férié créé par la loi de 1983 pour commémorer l'abolition de l'esclavage dans les territoires ultramarins correspond à des dates différentes (27 avril à Mayotte, 22 mai en Martinique, 27 mai en Guadeloupe, 10 juin en Guyane et 20 décembre à la Réunion).

Aux Antilles, une politique de contrôle social très contraignante est mise en place de 1848 à 1856 pour limiter la désertion des habitations. Les colons imposent un livret de travail et un passeport intérieur. Ce n'est que le prolongement logique d'une société basée sur l'exclusion et la peur, car si les esclaves craignent leurs maîtres, ceux-ci ont toujours souffert de fièvres obsidionales, imaginant en permanence des complots d'esclaves, redoutant d'être empoisonnés...

Document 32 : Le poids des esclaves dans la population en 1848.

	Population totale	Nombre d'esclaves	Part des esclaves
Guadeloupe	129 000	87 000	67 %
Martinique	122 000	75 000	61 %
Guyane	19 500	12 500	64 %
La Réunion	103 000	61 000	59 %
Ensemble	**373 500**	**235 500**	**63 %**

Source : Commission de l'indemnité coloniale, cité par N. Schmidt, « 1848 dans les colonies françaises des Caraïbes. Ambitions républicaines et ordre colonial », *Revue française d'histoire d'outre-mer*, n° 320, 1998, pp. 33-69.

b. Les conséquences de l'Abolition

Les « habitations » connaissent de profondes mutations, quoique l'augmentation du cours des sucres coloniaux dans les années 1850 encourage un *statu quo* cultural. Si, aux Antilles et à la Réunion, l'arrivée de salariés africains et surtout indiens conduit à une transition douce, les premières années n'en sont pas moins délicates. Faute de main-d'œuvre, la production martiniquaise passe de 33 000 tonnes de sucre en 1848 à 12 000 tonnes en 1851, pour reprendre ensuite, tandis qu'en Guyane, les habitations ne peuvent se réorganiser sur la base du travail salarié. Les libérés, profitant de la très faible densité d'occupation, se dispersent en une multitude de petites exploitations isolées.

Plus généralement, 1848 constitue un tournant important dans le peuplement et l'utilisation du sol des DOM. De nouvelles terres sont gagnées à la culture. Il s'agit de secteurs marginaux, défavorables à la plantation. Nombre d'esclaves libérés se dirigent vers ces zones peu convoitées, voire inoccupées, telles les premières pentes de la Soufrière et la zone des Grands-Fonds en Guadeloupe, ou les Hauts de la Réunion. Ils y retrouvent parfois les descendants des esclaves échappés des « habitations » et dénommés « Marrons ». Le marronnage est la cause de la première occupation de régions intérieures difficiles d'accès, parce qu'il faut s'installer dans des lieux reculés afin de se protéger des terribles chasseurs de fuyards. L'exiguïté de la Martinique ne favorise pas le marronnage parce que, de surcroît, la fuite dans les îles voisines est dangereuse. En conséquence, il est ici davantage lié à l'étendue des zones colonisées qu'au nombre d'esclaves et, de ce fait, plus important au XVIIe qu'au XVIIIe siècle. Inversement, l'« immensité » guyanaise encourage le phénomène, et nombreux sont ceux, venant majoritairement de Guyane hollandaise, qui s'installent le long des fleuves, au-delà du premier saut, qui leur garantit une sorte de protection, attendu que le fleuve est la seule voie de communication. Le fleuve Maroni en tire son nom. Les cirques réunionnais constituent de bons refuges pour ces fugitifs, qui en sont les premiers occupants et vivent parfois plusieurs décennies totalement à l'écart du reste de l'île.

Au moment de l'Abolition, la canne, quoiqu'en tête, ne couvre que 16 % des surfaces cultivées en Guyane, plus de la moitié de celles-ci est consacrée à cette spéculation aux Antilles. L'euphorie du sucre s'achève avec la suppression du Pacte colonial, en 1861 (cf. supra). Cuba devient un concurrent redoutable, dont l'ampleur de la production fait chuter les cours. C'est alors que les petites sucreries d'habitations sont remplacées par des usines à sucre utilisant une technologie nouvelle importée de la sucrerie de betterave et fonctionnant à la vapeur. Cette concentration industrielle, très spectaculaire à la Guadeloupe puisqu'en moins de trois décennies on passe de 500 habitations-sucreries à une vingtaine d'« usines centrales », s'accompagne d'une concentration foncière. Effectivement, beaucoup de petits propriétaires sont ruinés par le sucre industriel, les autres étant très endettés parce qu'ils tentent de se moderniser. Ils passent sous la dépendance des sucriers qui achètent les terres pour alimenter en canne leurs usines. À la Réunion, la famille Kerveguen est à la tête, au début du siècle dernier, d'un domaine de 30 000 hectares, soit environ le huitième de la surface totale de l'île ! Ces sucreries donnent naissance à des bourgs où le personnel technique est parfois logé, telles La Mare, le Quartier Français et Vue-Belle à la Réunion. La structure foncière influence la répartition de l'habitat, le grand domaine étant synonyme de concentration, à l'opposé des zones de petites propriétés, caractérisées par la dispersion.

Les Antilles et la Réunion profitent des destructions causées à l'industrie sucrière métropolitaine par les deux guerres mondiales. L'Europe manque de sucre et les cours sont hauts, alors que le rhum antillais et réunionnais bénéficie à partir de 1922 d'un régime contingentaire spécifique. De surcroît, à dater des années 1950, la demande française progresse rapidement, avec l'augmentation de la population et du niveau de vie, ce qui permet des investissements importants, dans le domaine de la mécanisation, de l'irrigation et de la sélection de variétés adaptées. L'État joue un rôle fondamental avec des aides conséquentes aux producteurs, qu'elles soient structurelles ou conjoncturelles, une garantie d'écoulement et un principe de parité des prix avec les sucres métropolitains. Mais la filière canne-sucre-rhum décline, en dépit des aides structurelles ou conjoncturelles des collectivités locales, de l'État et de l'Union européenne : aide aux producteurs, garantie d'écoulement et principe de parité des prix avec les sucres métropolitains. Au niveau européen, l'Organisation commune du marché du sucre (OCMS) définit pour chaque pays membre de l'UE des quotas de production bénéficiant d'une garantie de prix et de commercialisation. Ce système, révisé en 2006 et valable jusqu'en 2014, est favorable aux RUP, en dépit de la baisse du prix d'achat garanti, par des quotas élevés de production, un fonds de conversion des usines sucrières et une indemnisation des pertes de revenus agricoles dues à la baisse des prix d'achat.

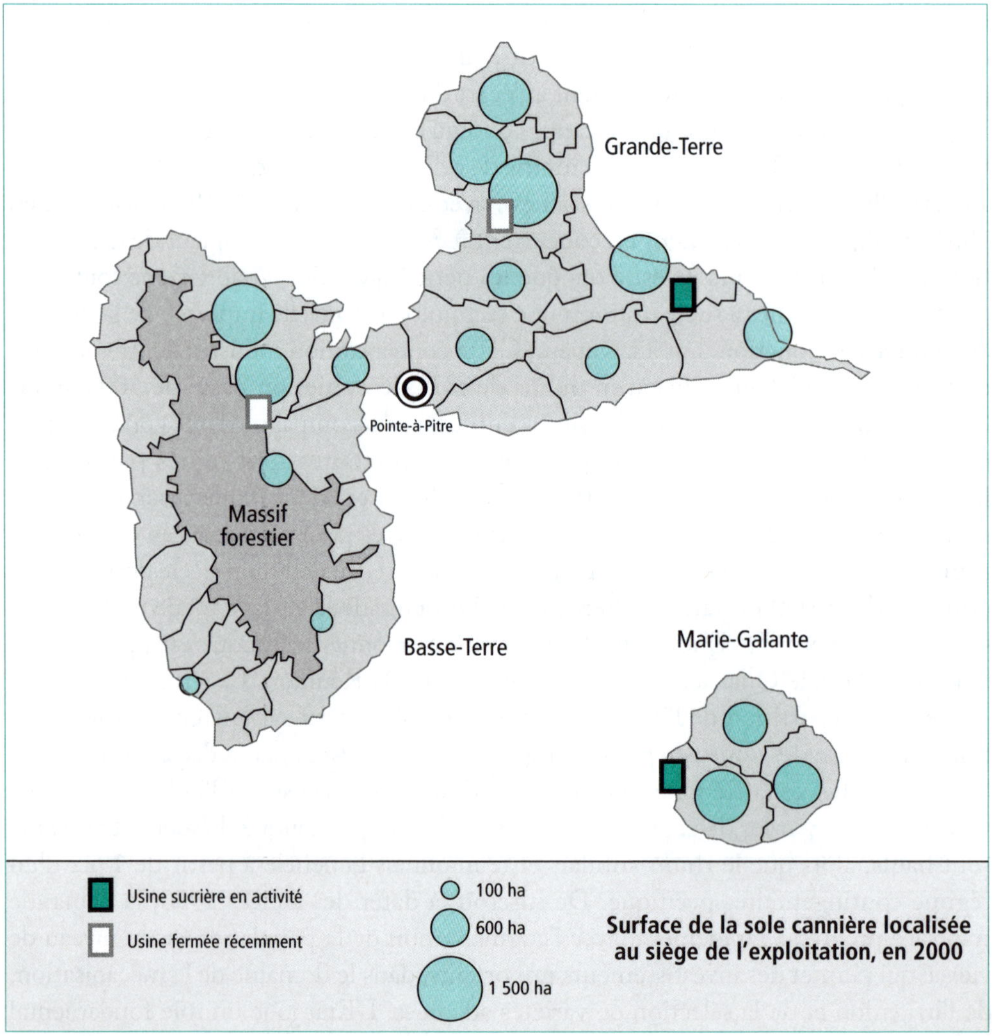

Document 33 : La canne à sucre en Guadeloupe.

Le déclin de la filière canne-sucre-rhum tient d'abord dans la baisse des surfaces cultivées due à l'extension de l'habitat, spécialement à la périurbanisation (cf. infra), et à la concurrence d'autres spéculations agricoles d'exportation, telle la banane (cf. supra), l'avocat ou l'ananas. L'endettement des planteurs intervient également sur la production. Grâce au recensement agricole de 2000, mené dans les DOM en même temps qu'en métropole, on connaît avec précision la place de la canne à sucre. Celle-ci n'est plus prépondérante qu'à la Réunion où elle occupe encore 59 % de la SAU, contre 34 % en Guadeloupe et seulement 10 % en Martinique. Cette domination à la Réunion cache une réalité bien différente en terme de revenus puisque les fruits, les légumes frais et les fleurs dépassent, au cours des années 1990, la canne à sucre. Depuis la campagne 1992/1993, la récolte de cette dernière est inférieure à 2 millions de tonnes (1,8 million de tonnes en 2007) et, afin de répondre aux exigences de rentabilité, le nombre d'usines est tombé de 13 en 1960 à 2 en 2008, la dernière fermeture étant celle de l'usine de Beaufonds fin 1995. En Guadeloupe, il n'en reste plus que deux : Gardel en Grande-Terre et Grande-Anse à Marie-Galante, alors que deux usines ont été fermées dans les années 1990. La canne à sucre se maintient sur Marie-Galante et dans le nord de Grande-Terre (doc. 33).

Une des conséquences de cette économie de plantation est d'avoir délaissé le marché local, largement sous-approvisionné, ce qui a posé de sérieux problèmes pendant la Seconde Guerre mondiale à la Réunion (cf. supra). Les aides publiques restent concentrées sur les cultures d'exportation, alors qu'un gros effort devrait être fait dans le domaine des productions animales et légumières, qui offrent des perspectives intéressantes de développement, compte tenu de besoins locaux croissants, privilégiant de plus en plus la consommation de viandes, de produits laitiers, de légumes frais et de fruits. La Réunion est actuellement le DOM qui s'est le plus engagé sur cette voie, correspondant à une autre forme de diversification, avec l'essor d'un élevage industriel et d'une production de fruits et légumes. Ainsi, son degré d'autosuffisance alimentaire est supérieur à ceux des autres DOM, tout particulièrement pour la viande de volailles. Il reste cependant beaucoup de chemin à parcourir.

Une agriculture traditionnelle guyanaise : l'abattis

« En Guyane, les fleuves frontaliers abritent une agriculture traditionnelle sur abattis. Cette culture est caractéristique des pays tropicaux. L'espace est mis en culture, après défrichage puis brûlis, pour une période assez courte de deux à trois ans, l'ensemble retournant ensuite à la forêt. Des tubercules (manioc, ignames, dachines), des légumes (concombres, salades) et des fruits (bananes, ananas, papayes) font l'essentiel de la production sur abattis. La forme, la superficie et les cultures de ces abattis sont étroitement liées aux groupes sociaux qui les mettent en valeur. Ainsi on trouvera du coton sur les seuls abattis amérindiens et du riz chez les Bushenengués ».*

Agreste Guyane, n° 1, 2001.

* Littéralement « hommes des bois » : il s'agit des descendants des esclaves ayant fui les plantations de Guyane hollandaise au XVIIIe siècle et s'étant réfugiés en forêt.

Quant à l'agriculture vivrière, il n'y a qu'en Guyane où elle n'est pas en déclin. Contrastant avec l'agriculture moderne, avec ces rizières sur polder où les traitements phytosanitaires sont assurés par de petits avions, l'agriculture traditionnelle, sur abattis, progresse par l'évolution démographique. Ce phénomène est localisé dans l'Ouest, sur le fleuve frontalier Maroni (+ 57 % pour le nombre des exploitations et + 61 % pour la SAU entre 1989 et 2000 dans cette région !), et correspond souvent à une occupation sans titre des terres par des immigrants étrangers (cf. supra).

2 Des sociétés créoles

Le terme « créole », attesté en français en 1670, vient du portugais *crioulo* passé au français par l'intermédiaire de l'espagnol *criollo.* Le fait créole est à la fois linguistique et culturel. Les pays créolophones sont des zones touchées par la « diglossie », concept développé par le linguiste C. Ferguson pour décrire la coexistence au sein d'une même communauté de deux langues, dont l'une est stigmatisée et cantonnée aux usages familiers, l'autre valorisée et réservée aux échanges officiels. Cette dernière naît dans des lieux mis en valeur par des Européens entre le XVIe et le XVIIIe siècle grâce à l'esclavage.

a. Les langues créoles pour ciment

Le système économique qui donne naissance aux créoles est la plantation, le lieu est l'« habitation » sur laquelle, au départ, cohabitent la diversité dialectale des colons français et les langues africaines. L'élément autochtone ne joue aucun rôle, soit par son absence, soit parce qu'il a été éliminé. De l'urgence de se comprendre entre allochtones naissent les créoles, non pas mélange de langues, mais appropriation approximative des dialectes et des jargons esclavagistes par les esclaves. Les créoles, qu'ils soient à base française, anglaise, néerlandaise, portugaise ou espagnole, sont donc le résultat de conditions très spéciales, liées à la servitude, qu'on ne trouve que dans les DOM pour l'outre-mer français.

Le gouvernement Jospin a étendu aux DOM l'application de la loi Deixonne de 1951 relative à l'enseignement des langues et dialectes locaux, jusque-là réservée aux régions de métropole, à la Polynésie française et à la Nouvelle-Calédonie. La création en 2001 d'un certificat d'aptitude à l'enseignement secondaire (CAPES) de créole, relance la polémique sur la question linguistique dans les DOM, thème hautement politique relevant d'un questionnement et d'une affirmation identitaire[34]. Ce « jargon des nègres » a longtemps été rejeté par le colonisateur et par une partie des descendants des esclaves, ceux en ascension sociale. Il y a encore peu de temps, on était puni lorsqu'on parlait le créole à l'école, et le travail de sape de cette institution a réussi à inculquer à ceux qui lui doivent leur trajectoire professionnelle que le créole est synonyme d'arriération. Ainsi, alors que l'aristocratie terrienne et la haute bourgeoisie réunionnaises adoptèrent une attitude tolérante à son égard, les classes moyennes issues des milieux modestes, en pleine expansion avec la départementalisation, furent les plus hostiles au créole, montrant par là la dimension sociologique de cette question et nous rappelant que « *la culture moyenne, qu'on ne s'y trompe pas, se pense par opposition à la vulgarité* »[35], celle-ci étant évoquée par tout ce qui rappelle l'esclavage, qu'il s'agisse de la langue, la musique ou la danse.

Des artistes (écrivains, poètes, dramaturges…) écrivent le créole, longtemps cantonné à l'oral, dans la deuxième moitié du XXe siècle. Un mouvement militant se développe pour la cause du créole. Sur le plan universitaire, se crée en 1975 le Groupe d'études et de recherches en espace créolophone (GEREC), devenu en 1998 le GEREC-F, cette dernière lettre signifiant « francophone ». Le travail de légitimation est à l'œuvre, mais il reste toutefois beaucoup de chemin à parcourir si l'on en juge par la lecture du *Guide du Routard* qui explique dans l'édition 1997-1998 sur la Réunion que « *Phonétiquement et grammaticalement, la langue créole ressemble un peu à ce qu'il est convenu d'appeler du « p'tit nègre » (cela dit sans aucune méchanceté de notre part).* »[36]

Une partie de la polémique actuelle repose sur l'usage du terme créole au singulier, les uns montrant que les créoles des DOM ne forment pas une seule et même langue, les autres utilisant à dessein le singulier pour rappeler l'unité de ce monde créolophone francophone et le comparer aux langues régionales métropolitaines, telles le breton ou l'occitan. Or, les solutions de continuité entre ces différentes aires créoles sont évidentes, et le créole réunionnais est bien éloigné des créoles antillais ou guyanais. En dépit de ces controverses, on assiste à une extension de son domaine d'emploi à l'école, l'église, les bureaux, les médias, les théâtres ou les autres lieux de spectacle. Par ailleurs, son usage militant progresse, parallèlement à la dénonciation de sa francisation, ce qui, compte tenu de son origine, peut laisser perplexe et fait apparaître une volonté de figement.

Associées à ces questions linguistiques, d'autres formes culturelles créoles sont exhumées, tel le *maloya* à la Réunion, une musique et une danse d'esclaves et de Noirs Marrons. Mais c'est sûrement aux Antilles que cette revalorisation est la plus spectaculaire. Un vaste mouvement de patrimonialisation est à l'œuvre[37]. Il correspond à une quête identitaire, un souci d'enracinement. On redécouvre des instruments de musique oubliés (*gwo ka* et *bélé* par exemple), des danses, des combats cadencés rappelant la *capoeira* brésilienne (*danmyé* et *mayolé,* équivalent du *moringue* réunionnais). On réhabilite les cases en gaulettes. On sauvegarde les maisons aux facades couvertes d'*essentes*, des planches de bois en essences locales. On remet en état les charettes à bœufs qui transportaient la canne. On voit réapparaître les jouets traditionnels…

b. Les différentes origines de la population

Ces sociétés créoles sont composées de populations allochtones d'horizons différents qui se sont très largement métissées. Les autochtones ont disparu aux Antilles, n'existaient pas à la Réunion et sont restés en marge de la société créole en Guyane, où les communautés amérindiennes ont conservé leur langue, leur économie de subsistance et leur organisation sociale. Les deux principales souches de la population domienne sont donc africaine et européenne. Celle-ci a précédé les esclaves, la population blanche restant majoritaire à la Martinique jusque dans les années 1670, jusqu'en 1714 à la Réunion. Le développement des « habitations » (cf. supra) demande de plus en plus d'esclaves, qui sont pris sur les côtes africaines, majoritairement sur la côte des Esclaves pour la traite française, entre les fleuves Volta et Badagri, un domaine centré sur les littoraux actuels du Togo et du Bénin. Mais l'occupation britannique de la Guadeloupe, de 1759 à 1763, décisive pour son peuplement avec l'introduction de plus de 30 000 esclaves au cours de cette courte période, se fournit en « bois d'ébène » sur la côte de l'Or, entre le fleuve Volta et le cap des Trois-Pointes, c'est-à-dire grossièrement le littoral actuel du Ghana. À la Réunion, aux contingents pris en Afrique occidentale, s'ajoutent Malgaches, Mozambicains, voire Indiens.

La coexistence de Blancs et de Noirs, malgré le cloisonnement, engendre le métissage. Au tout début de la colonisation, celui-ci est dû à l'insuffisance des femmes blanches. Ainsi, les premiers Européens installés à la Réunion épousent des Malgaches ou des Indiennes. Au fur et à mesure, la catégorie des Libres de couleur, des Noirs libres ou des mulâtres, grossit, parce que la liberté peut être octroyée par les maîtres aux descendants de femmes libres. Pour affranchir les enfants nés d'unions mixtes, on accorde assez souvent la liberté à leur mère, mais si l'article 9 du Code Noir prévoit les mariages mixtes, ceux-ci sont peu nombreux et dès 1711 ils sont interdits à la Guadeloupe. En revanche, l'exploitation sexuelle des esclaves est très courante.

Ces Libres occupent une situation intermédiaire dans la société coloniale, reniant souvent leurs ancêtres esclaves et possédant même parfois des esclaves. À la veille de l'Abolition, en 1847, la part de la population blanche dans la population sédentaire s'élève à 8 % à la Martinique, à 7 % en Guyane et à 31 % à la Réunion[38]. Les Libres de couleur représentent entre un quart et un tiers de la population sédentaire aux Antilles et en Guyane, seulement un dixième à la Réunion, en raison probablement de la politique de « blanchiment » excluant le métissage sur cette île dès le début du XVIIIe siècle. Le reste de la population est esclave (doc. 32), mais les chiffres de 1848 ne sont pas complètement représentatifs, eu égard aux vagues d'affranchissements qui précédent l'Abolition à partir de 1830 et qui concernent 50 000 personnes dans les colonies, dont 45 000 en Martinique, Guadeloupe et Guyane.

L'Abolition de 1848 est à l'origine d'une grave crise de main-d'œuvre, conséquence de la désertion des plantations par les affranchis (cf. supra). Il faut donc remplacer les esclaves. Les grands colons réunionnais recrutent dans un premier temps à Madagascar, aux Comores et sur les côtes du Mozambique, mais cette politique a tout d'une traite déguisée et fut condamnée. C'est alors qu'on se tourne vers l'Inde pour engager massivement. Les *coolies* ont une bonne réputation, ils ont fait leur preuve dans les colonies britanniques, telles que Maurice. Leur arrivée aux Antilles et à la Réunion débute dans les années 1850. La convention internationale signée par la Grande-Bretagne et la France en 1861, qui fixe les conditions du recrutement et de l'emploi des Anglo-Indiens dans les colonies françaises, accélère cette immigration qui donne la troisième souche de peuplement des DOM.

Jusqu'à la résiliation de la convention par les Britanniques en 1882, ce flux est conséquent à la Réunion et la Guadeloupe, plus faible en Martinique et en Guyane, colonie où se développent d'autres immigrations, notamment celle liée au bagne et à la ruée vers l'or, avec l'arrivée de forçats blancs ou indochinois (cf. supra) et d'Antillais, en particulier des anglophones. 25 000 Indiens sont engagés en Martinique, contre 43 000 en Guadeloupe et bien plus à la Réunion, île où près de 50 000 Indiens habitent en 1882, selon les estimations de Jean-François Dupon[39]. Ces Indiens viennent principalement du sud-est de la péninsule, précisément de la côte de Coromandel, correspondant à Madras, Pondichéry et leurs arrière-pays, c'est-à-dire l'État actuel du Tamil Nadu. Il s'agit donc d'une population tamoule, des « Noirs à figure de Blancs » ou des « Blancs à peau noire » selon les descriptions anthropologiques de l'époque. À côté de ces Tamouls, un quart environ des « Z'Indiens » aux Antilles vient de la région de Calcutta.

À la fin du XIXe siècle, les Indiens ne sont plus que 5 000 à la Martinique, une majorité étant repartie à l'issue de leur contrat, contre 25 000 à la Réunion, soit environ un sixième de la population totale. Leur fixation se fait souvent par force, compte tenu de l'action des engagistes qui empêchent le retour d'une main-d'œuvre capitale. Ils deviennent une composante essentielle de la communauté réunionnaise où ils prennent le nom de Malabars, aujourd'hui Malbars, par la conservation du nom des premiers Indiens arrivés comme esclaves au XVIIIe siècle (les « pièces d'Inde ») et qui provenaient de la côte sud-occidentale de la péninsule, la côte de Malabar avec Goa et Mahé.

Le métissage de cette population est important. Toutefois les traits dravidiens sont encore bien visibles chez une fraction significative de la population réunionnaise, en raison de la concentration des engagés autour des usines sucrières et au voisinage des grandes propriétés, qui fixent par la suite leurs descendants, ce qu'on retrouve d'ailleurs sur Grande-Terre en Guadeloupe, à Port-Louis, au Moule ou à Saint-François. Ainsi s'explique leur forte présence à la Réunion sur la côte au vent, de Sainte-Suzanne à Bras-Panon, concomitamment à une faible représentation dans le Sud, de Saint-Pierre à Sainte-Rose, où il n'y a pas de grands domaines sucriers, et dans les Hauts pour la même raison. Actuellement, cette communauté, à la fois créolisée et en quête de ses racines, est très présente sur le plan économique dans les compagnies de transport et les agences de location de voitures.

D'autres groupes moins nombreux s'installent également dans les DOM, tels des Chinois, aujourd'hui fréquemment à la tête des commerces de détail – mais également dans la grande distribution aux Antilles avec le groupe Ho Hio Hen –, ainsi que de nombreuses expressions le rappellent, comme la « boutik chinois » réunionnaise ou « aller au Chinois » en Guyane, signifiant aller à l'épicerie du coin. Cette mainmise sur ce type de commerce n'est d'ailleurs pas une particularité de la Réunion ou de la Guyane, puisqu'on la retrouve en Polynésie française et en Nouvelle-Calédonie. Plus typique est l'existence à la Réunion d'une population musulmane originaire du Gujarat en Inde ou du Pakistan, improprement appelée « Z'Arabes ». Arrivés de la fin du XIXe au début du XXe siècle et bien que peu nombreux, ils sont économiquement puissants en contrôlant les magasins de tissus, de vêtements, d'électroménager dans les villes principales, et en constituant des groupes familiaux importants dans quelques secteurs commerciaux, comme le groupe Dindar dans l'électroménager, la hi-fi, les meubles… Ils forment encore aujourd'hui une communauté assez fermée, notamment par son attachement à l'islam. En Guadeloupe et en Guyane, les quelques centaines de Syro-Libanais, arrivés dans l'entre-deux-guerres à la faveur du mandat que la France exerce sur les pays du Levant, forment également un isolat résistant et largement impliqué dans le commerce, à l'instar de la diaspora levantine en Afrique, voire dans le domaine politique comme l'incarne Antoine Karam, l'actuel président du Conseil régional de Guyane. Quant aux Hmongs, exilés du Laos communiste, ils arrivent en 1977 et 1979 en Guyane. Ils sont regroupés à Cacao et Javouhey et, bien qu'étant moins de 2000, produisent aujourd'hui la majorité des fruits et légumes frais commercialisés dans ce DOM.

La départementalisation favorise l'arrivée de métropolitains, appelés « Métros » ou « Z'Oreils », tout particulièrement par le gonflement des effectifs de l'administration (cf. infra). Un nouveau système migratoire se met alors en place, dans un contexte de forte croissance démographique. Il ne remet toutefois pas en question la diversité de ces sociétés créoles, qui, malgré leur métissage poussé, s'entêtent encore à établir de subtiles distinctions dans le continuum des couleurs de peau, allant du noir au blanc, et à reconstituer de vaines classifications en quarteron, octavon, etc., comme le note l'écrivain et ethnologue Michel Leiris plus d'un siècle après l'abolition. L'héritage de l'esclavage n'est toujours pas soldé : pour preuve la loi du 10 mai 2001, dont l'article 1er indique que la « *République française reconnaît que la traite négrière transatlantique ainsi que la traite dans l'océan Indien, d'une part, et l'esclavage, d'autre part, perpétrés, à partir du XVe siècle, aux Amériques et aux Caraïbes, dans l'océan Indien et en Europe contre les populations africaines, amérindiennes, malgaches et indiennes, constituent un crime contre l'humanité* ».

3 Une dynamique démographique associée à la départementalisation

1946 constitue aussi une date essentielle pour le mouvement naturel de la population. Les efforts consentis par l'État en matière de santé, avec la multiplication des équipements, tels les hôpitaux, provoquent une amélioration conséquente de l'état sanitaire des individus et une spectaculaire croissance démographique, due à une transition épidémiologique très brève. La mortalité infantile réunionnaise, qui culmine à 230 pour 1000 en 1948, est restée au-dessus de 100 pour 1000 jusqu'en 1959 pour tomber à 15 pour 1000 vingt ans plus tard et à 7 pour 1000 actuellement, valeur légèrement supérieure à celle de métropole (4 pour 1000). Cependant, malgré l'augmentation du nombre de médecins – on en compte un pour 6700 habitants en 1946 à la Réunion contre un médecin libéral pour 670 habitants en 2001 – la densité des professionnels médicaux dans les DOM reste toujours en retrait par rapport à la métropole, particulièrement pour les spécialistes, qui sont en 2000 entre 64 et 94 pour 100000 habitants contre 170 dans l'hexagone.

Les stigmates des origines aux Antilles

« Ces différences de couleur ou, plus largement, de type ne sont pas des différences exclusivement physiques, puisqu'elles s'accompagnent d'un contexte historique dont elles sont la marque visible : toute question raciale mise à part, un Blanc des Antilles peut être immédiatement reconnu pour un descendant d'hommes libres, un Noir (presque à coup sûr) pour un descendant d'esclaves et (avec la même probabilité) celui qui appartient à l'une des catégories intermédiaires pour le produit plus ou moins lointain de l'union de la classe servile avec celle des maîtres ou des gens libres. De plus, on peut dire que, dans l'ensemble, quelles que soient les modifications survenues dans la structure sociale, ce sont encore les Blancs qui représentent la classe économiquement la plus haute et les Noirs la plus basse, tandis que les mulâtres se tiennent dans la moyenne. [...] Alors qu'en France [métropolitaine] *une personne de l'extraction la plus humble, parvenue à une certaine situation, passera inaperçue dans son nouveau milieu pour peu qu'elle en ait adopté les modes et les manières, il n'est rien de tel aux Antilles : chacun porte sur la face son pedigree et l'homme de couleur même le plus élégant et le plus distingué demeure nécessairement un « homme de couleur », c'est-à-dire quelqu'un dont on sait que sa promotion est récente ou qu'en tout cas il se rattache en un point plus ou moins reculé de son ascendance à une classe inférieure. Les tensions purement sociales qu'on observe dans nos pays ont ici une composante particulière qui les complique : la composante raciale qui ne peut guère qu'aggraver ces tensions [...] L'évolution qui s'est opérée en Martinique et en Guadeloupe depuis 1848, bien que considérable, est loin d'avoir effacé les vieilles divisions sociales de l'époque esclavagiste : hiérarchie dont les catégories sont encore conformes à la répartition traditionnelle de la population selon l'origine, la catégorie la plus haute étant celle des Blancs purs (ou qui passent pour tels) et la plus basse celle des nègres [...]. Outre qu'en règle générale un Blanc originaire, même pauvre, estime qu'un mariage mixte serait pour lui une mésalliance, une nette illustration de cet état de choses est donné par le fait que, dans les milieux de couleur, il est ordinairement regardé comme enviable d'avoir une peau claire et des cheveux non crépus, soit un type physique aussi peu négro-africain que possible : d'un enfant qui, dans une famille, présente des traits négroïdes plus marqués que n'en présentent les autres, on dit couramment qu'il est « mal sorti » et, d'une personne aux cheveux lisses, qu'elle a de « bons cheveux » (Guadeloupe) [...] »*

Leiris M., *Contacts de civilisations en Martinique et en Guadeloupe*, Paris, UNESCO-Gallimard, 1955, p. 117 *sqq.*

a. Une transition démographique brutale et inachevée

Si la transition démographique débute généralement avant la Seconde Guerre mondiale (doc. 34), la chute de la mortalité s'accélère dans les années 1950, tandis que la fécondité reste très élevée jusqu'au début des années 1970, puisqu'on dépasse à ce moment-là les cinq enfants par femme dans les quatre DOM (doc. 35). La transition démographique domienne est à rapprocher des transitions démographiques des pays en voie de développement, caractérisées par leur brièveté et le niveau élevé des taux d'accroissement naturel, avec des valeurs supérieures à 3 % sur plus d'une décennie. Ce genre de transition, courte et haute, est à l'origine d'une population jeune, contribuant à maintenir la natalité à un niveau élevé et la mortalité à un niveau faible, les moins de 20 ans représentant en 2005

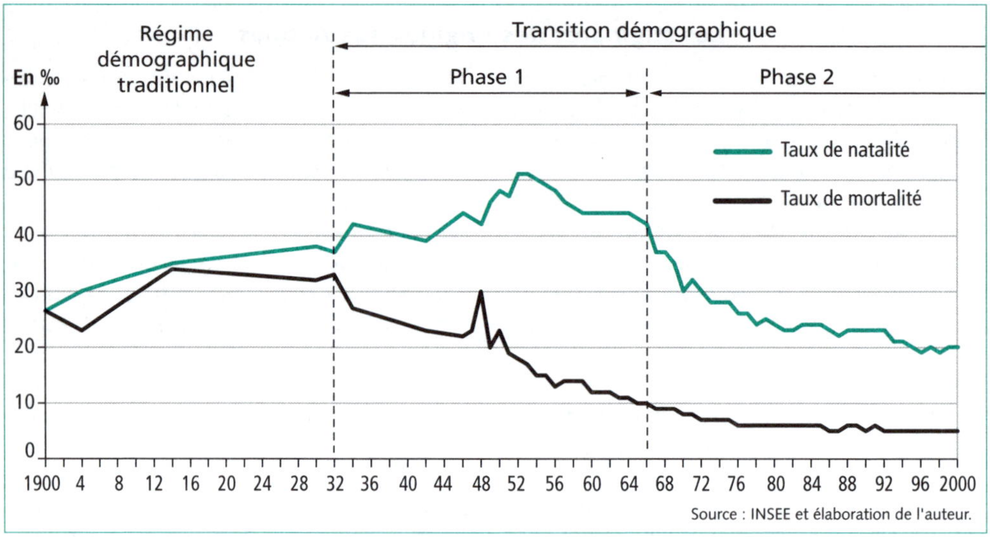

Document 34 : L'évolution de la mortalité et de la natalité à la Réunion au XXe siècle.

de 29 % (Martinique) à 44 % (Guyane) de la population totale dans les DOM, contre 25 % en métropole. Ainsi, si l'indice synthétique de fécondité est aujourd'hui voisin du seuil de remplacement des générations aux Antilles et à la Réunion (doc. 35), et donc proche de celui de métropole, la natalité reste assez vigoureuse à la Martinique avec, en 1999, 2 enfants de plus (15 pour 1 000) qu'en métropole pour 1 000 habitants, 5 de plus à la Guadeloupe, 7 de plus à la Réunion et 18 de plus en Guyane, en raison de sa forte fécondité qui a tendance à croître en cours des années 1990, largement en relation avec l'immigration étrangère. Pour la mortalité, en dépit d'une espérance de vie légèrement inférieure à celle de métropole pour les deux sexes, les décès sont beaucoup moins nombreux : en 2005, on n'en compte que 3,6 pour 1 000 habitants en Guyane, 5,6 à la Réunion et 7 en Martinique, contre 8,7 en métropole.

À l'exception de la population guyanaise, les Domiens alignent leurs comportements démographiques sur les métropolitains. Ainsi, on remarque depuis quelques années une légère reprise de la fécondité, comme en métropole, qui se singularise de ses voisins européens. Plus surprenant encore, depuis la départementalisation le rythme saisonnier des naissances s'est inversé à la Réunion pour se calquer sur celui de métropole, avec un minimum en novembre et des maxima de mars à juillet. La transition démographique des DOM n'est pas achevée. Si aux Antilles françaises elle est presque terminée, ce n'est pas le cas de la Réunion et surtout de la Guyane. Les taux d'accroissement naturel restent élevés, 0,9 % en Martinique, 1,5 % à la Réunion, 2,7 % en Guyane en 1999, contre 0,35 % en métropole. Plus des neuf dixièmes de l'augmentation de la population sont dus à cet accroissement naturel. De la sorte, la départementalisation et ses effets apparaissent nettement sur la courbe de la population totale des DOM (doc. 36). De l'abolition de l'esclavage au lendemain de la

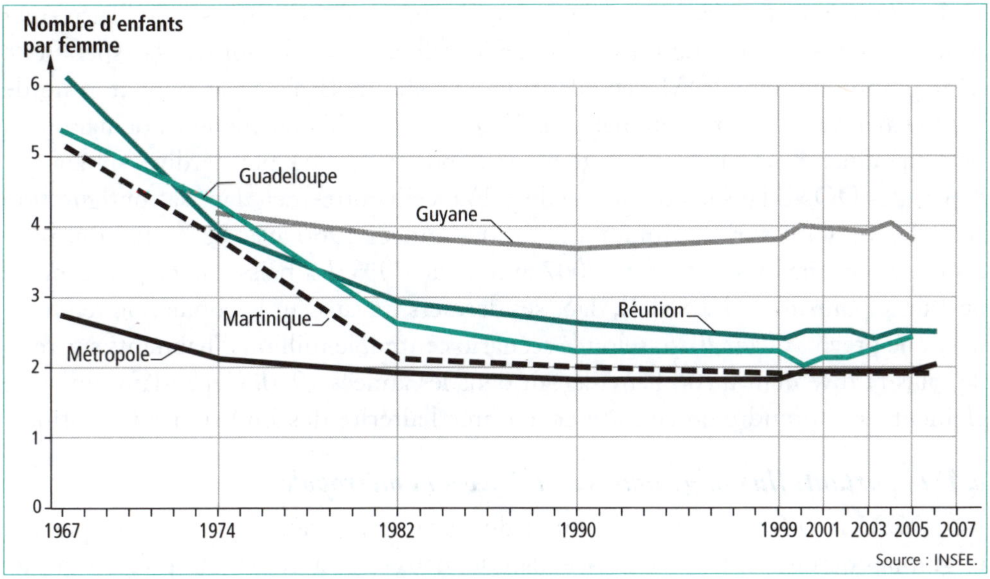

Document 35 : Évolution du nombre moyen d'enfants par femme.

Seconde Guerre mondiale, soit un siècle environ, les effectifs n'ont progressé que de 75 %, tandis qu'ils vont connaître une évolution relative identique entre la fin des années 1940 et la fin des années 1960. En valeurs absolues, le constat est encore plus édifiant, puisqu'il n'a fallu qu'une quinzaine d'années à partir de la départementalisation pour arriver au même gain de population qu'entre 1848 et 1946. De 1982 à 2007, le nombre de Domiens a encore augmenté de moitié.

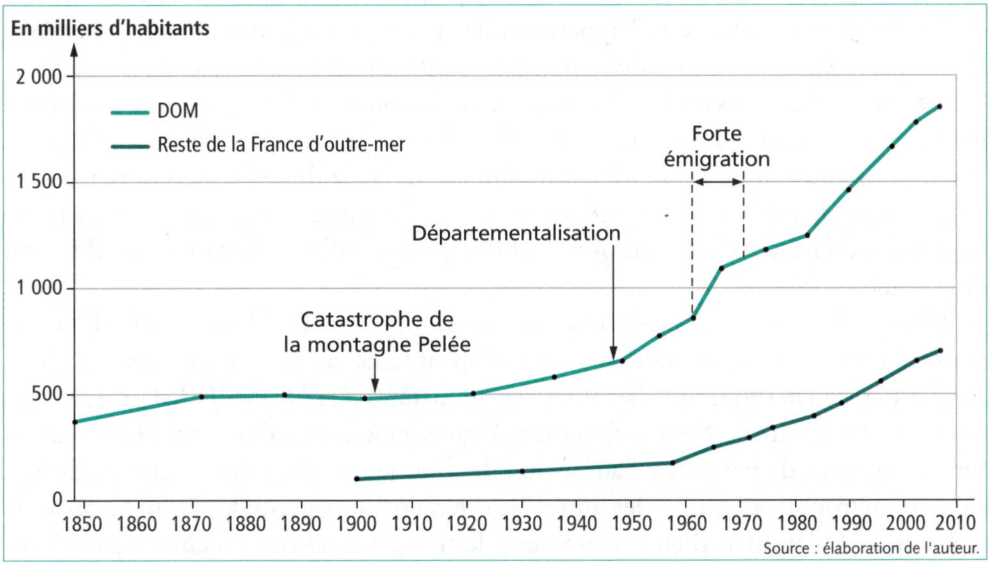

Document 36 : Évolution comparée de la population totale des DOM et du reste de la France d'outre-mer.

La comparaison de cette courbe de population avec celle du reste de l'outre-mer français, dans sa configuration actuelle (doc. 36), démontre la spécificité démographique des DOM découlant de leur statut. Il n'y a pas pour le reste de l'outre-mer français, contrairement aux DOM, d'infléchissement au lendemain de la Seconde Guerre mondiale. La forte progression est décalée, plus tardive, si bien que la part des DOM dans la population de la France d'outre-mer, dans sa configuration actuelle, a atteint son maximum à la fin des années 1960 avec 83 % environ, pour diminuer ensuite et se situer en 2007 autour de 70 %. La baisse de ce pourcentage devrait se poursuivre. L'INSEE, dans ses derniers travaux sur la population réunionnaise, ne prévoit qu'en 2025, selon le scénario central, le million d'habitants sur cette île, plus tardivement qu'on l'envisageait dans les années 1980. Cependant, un autre élément est à prendre en compte et renforce l'altérité des DOM : les migrations.

b. D'importants flux migratoires croisés avec la métropole

Les DOM se différencient nettement du reste de la France d'outre-mer par des migrations définitives importantes, et dans les deux sens, avec la métropole. Jusqu'aux années 1950, ces flux sont faibles et limités aux filières administratives : fonctionnaires métropolitains affectés outre-mer, démobilisation de Domiens en métropole… La mise en place de la départementalisation engendre une politique migratoire dans laquelle la mobilité des Domiens vers la métropole est considérée comme un palliatif aux inégalités de développement et comme une marque de solidarité de la nation. Il faut dire que tous les ingrédients sont alors réunis pour qu'une émigration se mette en place. Dans l'espace potentiel de départ, l'explosion démographique et une crise sociale découlant aux Antilles de la fermeture des usines sucrières n'augurent rien de bon pour les pouvoirs publics qui craignent pour la stabilité politique. Les émeutes de 1959 à Fort-de-France et l'apparition des premières organisations indépendantistes martiniquaises et guadeloupéennes confirment le gouvernement dans ces craintes (cf. infra). La « surpopulation », en fait le sous-emploi, apparaît aux yeux des gouvernants comme la raison du malaise des DOM. Dans l'espace potentiel d'accueil, la croissance économique est très forte. On est au cœur des « Trente Glorieuses » et l'on manque de main-d'œuvre, spécialement sur des postes auxquels les étrangers ne peuvent prétendre, tels les emplois publics peu qualifiés offerts par les PTT ou l'Assistance publique.

Dans le dessein d'organiser cette migration, une société d'État, le BUMIDOM (Bureau pour le développement des migrations intéressant les départements d'outre-mer) est créée en 1963, sous la tutelle des ministères des DOM-TOM et de l'Économie et des Finances. Ses missions aux Antilles et à la Réunion sont d'informer les futurs migrants, de permettre l'admission des plus jeunes dans des centres de formation en métropole, de placer les autres directement sur un emploi et de favoriser le regroupement familial. Bien évidemment, le transport est pris en charge par l'État. En Guyane, en raison d'un contexte démographique particulier, le BUMIDOM a des objectifs différents ; d'abord de faciliter… l'immigration de métropolitains. Les Guyanais travaillant en Guyane ne peuvent en bénéficier. Cette restriction, associée à d'autres, limite les départs organisés à moins de 2000, ce qui est loin d'être négligeable dans un département ne comptant que 55000 habitants en 1974. Les DOM ont aussi pour mission de repeupler des zones métropolitaines en déclin démographique, comme le révèle l'épisode honteux de l'émigration définitive et autoritaire de 1600 enfants ou adolescents Réunionnais entre 1963 et 1980. Petits délinquants ou relevant de la Direction départementale de l'action sanitaire et sociale (DDASS), ils partent pour la Creuse ou le Cantal.

À côté de cette émigration administrée, une émigration autonome se développe pour les personnes ne remplissant pas les conditions demandées par le BUMIDOM. Au final, le nombre de départs est considérable. Entre 1967 et 1974, le nombre de départs est supérieur de 79000 personnes au nombre d'arrivées dans les Antilles françaises, soit près de 12 % de la population. Selon Hervé Domenach et Michel Picouet[40], certaines générations sont particulièrement concernées. Par exemple, entre 1968 et 1975, 30 % des Martiniquaises de 20 à 24 ans et des Martiniquais de 25 à 29 ans partent en métropole. De 1963 à 1981, plus de 50000 Réunionnais gagnent aussi la métropole, dont 37000 pris en charge par le BUMIDOM.

Dans les années 1970, cette politique migratoire est de plus en plus critiquée dans les DOM, où certains la considèrent comme une « traite à rebours » ou une « déportation ». Si ces départs massifs ont des conséquences notables sur la natalité, puisqu'ils concernent des jeunes adultes en âge de procréer, cette émigration n'améliore localement pas la situation économique et l'emploi. Les Noirs antillais doivent fréquemment faire face au racisme des Français d'origine européenne et à des problèmes d'insertion sociale. Le mythe républicain égalitariste et assimilateur chancelle. De nombreux hommes politiques, surtout aux Antilles, se saisissent de la question migratoire pour déployer une pensée identitaire, autonomiste, voire indépendantiste. En 1979, Aimé Césaire dénonce « *l'hémorragie des forces vives du pays* […] *l'expatriation forcée d'une jeunesse sans perspective* »[41].

À la fin des années 1970, le contexte économique métropolitain évolue. Le premier choc pétrolier clôt les « Trente Glorieuses », le chômage progresse, rendant l'insertion des migrants plus difficile. L'arrivée de la gauche au pouvoir en 1981 sonne le glas du BUMIDOM, remplacé par l'ANT (Agence nationale pour l'insertion et la promotion des travailleurs d'outre-mer) en 1982. Cette société d'État veille à l'insertion et à la promotion sociale des travailleurs d'outre-mer. L'émigration se tarit alors. De 1982 à 1990, les DOM deviennent des terres d'immigration, mais si cette tendance se confirme pour la Réunion et la Guyane au cours de la décennie suivante, les Antilles redeviennent des terres d'émigration entre 1990 et 1999.

L'épisode du BUMIDOM laisse en métropole une importante communauté domienne, alors que le reste de la France d'outre-mer y est peu établi. En 1999, les Domiens représentent 90 % des 357000 personnes nées en outre-mer et résidant en

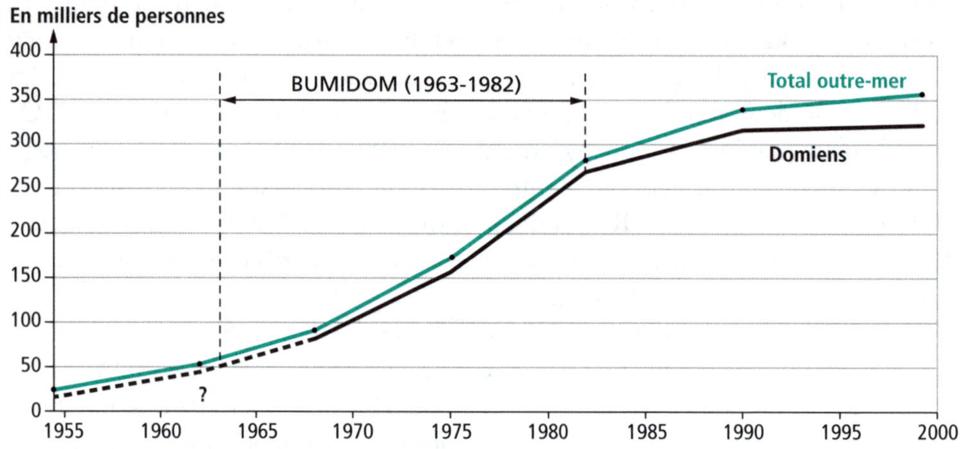

N. B. : Pour 1962, il n'est pas possible de connaître la ventilation Domiens - non Domiens. L'indépendance de deux TOM et du Condominium néo-hébridais (cf. supra) entre le milieu des années 1970 et 1980 n'a eu que peu d'effets sur cette série statistique.

Source : INSEE.

Document 37 : Évolution du nombre de personnes nées dans la France d'outre-mer recensées en métropole.

métropole, tandis qu'ils constituent moins des trois quarts des Ultramarins[42] (doc. 37). On pourrait invoquer la distance pour expliquer cette surreprésentation domienne, mais ce facteur est loin d'être satisfaisant, car il ne permet pas de comprendre, par exemple, la faible présence des Mahorais en comparaison aux effectifs de Réunionnais. La population « originaire » des Antilles et de la Réunion en métropole, c'est-à-dire les personnes nées dans ces îles ainsi que leurs enfants de moins de 25 ans, quel que soit le lieu de leur naissance, s'élève en 1990 à 480 000 personnes, soit 173 000 Martiniquais, 157 000 Guadeloupéens et 150 000 Réunionnais, et il est très probable qu'elle dépasse largement le demi-million aujourd'hui. Ainsi, cette deuxième voire cette troisième génération issue de l'immigration et qui n'a jamais vécu sous les tropiques, ceux que l'on appelle aux Antilles les « négropolitains » ou « neg'zagonaux », prend de l'importance.

En 1999, près d'un quart des personnes nées aux Antilles habite en métropole. Une véritable communauté antillaise est apparue en raison de sa forte concentration en Île-de-France – la « troisième île » – qui regroupe, en 1999, sept Guadeloupéens et Martiniquais sur dix installés dans l'Hexagone. En revanche, les Réunionnais, arrivés un peu plus tard, sont dispersés en province afin de faciliter leur intégration. Un tiers d'entre eux habite l'Île-de-France, 20 % sont en Rhône-Alpes et Provence-Alpes-Côte d'Azur. Cette dispersion rend ce groupe plus imperceptible que les Antillais, d'autant que nombre de Réunionnais ne sont pas d'origine africaine (cf. supra). À une échelle plus fine, l'émigration administrée des Antillais en Ile-de-France renforce leur regroupement par une politique d'attribution massive de logements sociaux. De la sorte, en 1999, plus de la moitié des ménages antillais de l'Île-de-France vit en HLM, soit une proportion deux fois supérieure à celle de l'ensemble des Franciliens. Une partie de cette communauté antillaise est à l'origine, ces dernières années, du débat en métropole sur la « question noire », notamment au travers de la plainte déposée par le collectif DOM à l'encontre de l'historien Olivier Pétré-Grenouilleau et auteur des *Traites négrières, essai d'histoire globale*, paru chez Gallimard en 2004. Cette focalisation sur la colonisation et l'esclavage est le reflet de la discrimination ressentie par ces populations majoritairement d'origine africaine.

En sens inverse, de nombreux métropolitains s'établissent dans les DOM. Le synchronisme de ce mouvement avec celui du BUMIDOM ne fait qu'un peu plus focaliser les critiques sur le système migratoire domien. D'une part, les autochtones sont fortement incités par l'État à partir en métropole et, de l'autre, les métropolitains s'installent dans les DOM. Aimé Césaire, qui n'est pas avare de formules, parle de « *génocide par substitution* » pour évoquer l'immigration blanche et l'émigration noire aux Antilles. Si ce phénomène est bien réel, on ne peut toutefois pas accuser les métropolitains de monopoliser les emplois devant revenir aux locaux, car il s'agit souvent de postes qualifiés ne correspondant pas au niveau de formation de la main-d'œuvre domienne, la Guyane, avec l'essor du secteur spatial (cf. supra) demandant des personnels de très haut niveau, constituant un cas extrême. À la Réunion, la moitié de ces immigrants dans les années 1980 ont un emploi garanti comme cadres du secteur privé ou fonctionnaires, ce qui explique que le chômage les touche près de quatre fois moins que les Réunionnais de souche. Une telle situation est partiellement à l'origine de l'antagonisme, plus ou moins vif, entre les locaux et les métropolitains, généralement considérés comme des privilégiés, étant donné leur niveau de vie, habituellement élevé. L'augmentation continue des niveaux de formation des Domiens, qu'ils poursuivent leurs études en métropole ou sur place, devrait, à terme, réduire ce type de migration, mais la question de la préférence régionale en matière d'emploi reste un sujet sensible. Par ailleurs, on constate que, pour la période 1990-1999, les Antillais qui sont partis faire leurs études dans l'hexagone ont eu tendance à y rester.

La quasi-stabilité des Domiens insulaires (Guadeloupéens, Martiniquais et Réunionnais) entre 1990 et 1999 s'explique, outre le problème de l'emploi en métropole, par les premiers mouvements de retour au moment de la retraite, qui vont sûrement aller en s'amplifiant ces prochaines années. Au cours de cette période, plus de 30 000 ont quitté l'Île-de-France pour rentrer dans leur DOM d'origine. Les retours des Réunionnais interviennent majoritairement avant la retraite. Ils s'accompagnent d'enfants souvent nés en métropole, si bien que sur les 65 000 résidents réunionnais nés en métropole recensés en 1999 – soit 9,1 % de la population totale, contre 1,4 % en 1967 et 2,6 % en 1974 – une partie est d'origine réunionnaise. Ce contingent marginal ne doit cependant pas cacher les arrivées croissantes de métropolitains à la recherche d'un emploi, depuis les années 1980, souvent à la suite de vacances sur l'île, et qui concurrencent les natifs, démontrant le nouveau regard qu'on porte en métropole sur cette ancienne colonie, qui, de contrée lointaine et malsaine, s'est muée en territoire séduisant de résidence permanente.

4 L'alignement sur la métropole

Dans une multitude de domaines, les départements d'outre-mer ressemblent à la métropole. Leurs populations jouissent de conditions de vie de plus en plus satisfaisantes et adoptent les comportements des Occidentaux, alors que leurs droits sociaux se sont progressivement conformés à ceux des métropolitains, dans un contexte d'assistanat difficilement imaginable depuis la métropole.

a. Des modes de vie occidentalisés

La départementalisation est à l'origine de modifications radicales des genres de vie. Les efforts en matière de logements ont été considérables, quand bien même ils n'ont pas encore permis de résorber totalement l'habitat précaire. À titre d'illustrations, la part des logements sans eau et sans électricité a nettement chuté (doc. 38), et les habitations de fortune sont très minoritaires, ne représentant plus que 2 % du parc des résidences principales à la Réunion aujourd'hui. C'est au cours du IVe Plan (1962-1965) que les premiers immeubles collectifs sociaux, construits sur le modèle des « barres » métropolitaines, font leur apparition dans le paysage de Pointe-à-Pitre. La part croissante des capitaux étatiques entraîne une suprématie de quelques constructeurs publics dans le secteur du bâtiment (Société immobilière Martinique-Guyane – SIMAG –, Société immobilière du département de la Réunion – SIDR –, etc.) et une standardisation poussée de l'habitat, y compris individuel, comme c'est particulièrement net dans le paysage réunionnais avec les milliers de « maisons SATEC » (Société d'aide technique et de crédit) ou de « cases Tomi », du nom de leur promoteur. La Ligne budgétaire unique (LBU), nom de la dotation financière de l'État pour la construction et l'amélioration des logements dans les DOM et à Mayotte, s'élève à près de 190 millions d'euros en 2000.

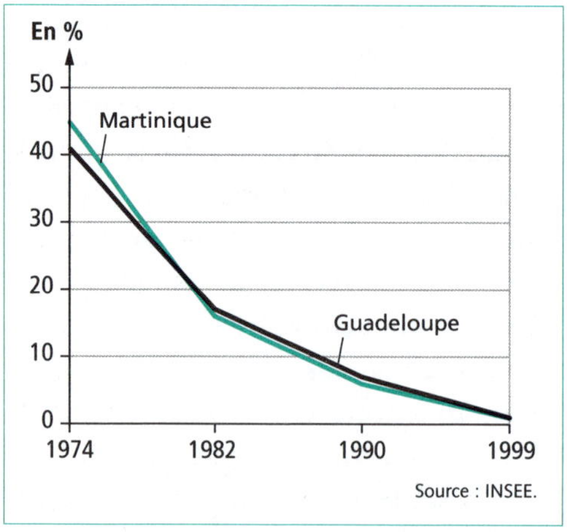

Document 38 : L'évolution de la part des résidences principales sans eau et sans électricité aux Antilles.

En matière éducative, il faut rattraper le retard en infrastructures dans un contexte d'explosion démographique, comme le montre la Guyane où les moins de 20 ans sont passés de 20 000 en 1967 à plus de 90 000 en 2007. On a dû construire des écoles, des collèges, des lycées, créer des milliers de postes d'enseignants et l'effort se poursuit, puisque les effectifs continuent de progresser. Les taux de scolarisation ont rattrapé ceux de métropole, et l'offre s'est sensiblement diversifiée avec le développement des formations professionnelles et universitaires. Ces dernières sont relativement récentes puisque, hormis des instituts juridiques, les Centres d'enseignement supérieur n'ont été créés qu'en 1964 à la Réunion et aux Antilles. On compte en 2006-2007, 35 000 étudiants dans les DOM, dont les deux tiers sont inscrits dans les deux seules universités domiennes, celle de la Réunion et celle des Antilles et de la Guyane.

Les infrastructures publiques ont aussi connu un essor remarquable, avec le développement du réseau routier, la construction d'équipements culturels et sportifs (théâtres, médiathèques, gymnases, piscines, stades...). L'urbanisation et l'élévation des revenus ont eu pour effet un développement des pratiques de loisirs. L'automobile est devenue un objet indispensable et proliférant (cf. infra). À la Réunion, on comptait 5 véhicules pour 1 000 habitants en 1946, 140 en 1982 et 400 en 2006. Les taux de motorisation se rapprochent des niveaux européens.

Les Domiens ont adopté les choix vestimentaires occidentaux et la mode d'été métropolitaine est bien suivie. Les vêtements de surf se répandent chez les adolescents et les mœurs ont connu le même mouvement de libération qu'en Europe, l'influence de l'église catholique s'affaiblissant. Les moyens contraceptifs modernes, spécialement la pilule, sont rapidement adoptés par les femmes à la suite de la loi Neuwirth et les interruptions volontaires de grossesse (IVG) sont pratiquées dès 1975. Mais, plus encore qu'en métropole, l'avortement est utilisé comme une contraception de secours : 7 % des IVG pratiquées en France le sont dans les DOM. Certes, la structure par âge des ces départements n'est pas étrangère à cette surreprésentation. Toutefois, lorsqu'on met en regard les nombres d'avortements déclarés et d'accouchements, on se rend compte clairement que les Domiennes ont plus recours à l'IVG. En 1998, on recensait 270 IVG pour 1 000 accouchements en métropole, 320 à la Réunion, 440 en Martinique et 730 en Guadeloupe, traduisant un problème d'information et de sensibilisation qu'on retrouve dans la forte prévalence du SIDA dans les DFA, avec une transmission essentiellement hétérosexuelle. Celle-ci est à mettre en relation avec un fort multipartenariat hétérosexuel[43], lié en particulier à un recours des hommes à la prostitution beaucoup plus important qu'en métropole, spécialement en Guyane, et par l'existence d'un multipartenariat stable aux Antilles. Ce dernier semble être une forme d'imitation par la petite et moyenne bourgeoisie de couleur après l'Abolition de la coutume de la maîtresse entretenue des « Grands Blancs », et peut-être aussi d'une tradition africaine adaptée à l'esclavage[44]. Avec 1,2 % de femmes enceintes séropositives, la Guyane est classée en zone d'épidémie généralisée, selon l'Organisation mondiale de la santé (OMS).

C'est également dans les DFA que le problème des drogues dures est le plus aigu, en raison du rôle de plaque tournante de la Caraïbe pour le trafic entre les zones sud-américaines de production et les zones nord-américaine ou européenne de consommation. Le fait nouveau est que les Antilles françaises deviennent un lieu de consommation important par le fort pouvoir d'achat de la population. Ce marché est largement fourni en crack, dont la consommation provoque une explosion des vols avec violence et à main armée.

b. De l'État-providence à l'État-assistance

Au sens strict, l'État-providence est l'intervention de l'État dans le domaine social par l'intermédiaire du système de la sécurité sociale. L'État-providence est intimement lié à la départementalisation puisque l'extension des régimes de la sécurité sociale aux DOM date de 1947. Ceux-ci assurent le remboursement des soins de santé et une retraite aux travailleurs âgés. Les assurances maladie, maternité, invalidité et décès sont alignées en 1955. Par contre, pour ne pas amplifier l'explosion démographique, ce n'est qu'en 1972, au moment où le péril du nombre s'éloigne par l'émigration et l'entrée dans la seconde phase de la transition démographique, qu'est tangible le rapprochement des politiques familiales métropolitaines et domiennes, quoique le critère d'activité sur les allocations familiales dans les DOM ne fût levé qu'en 1988. En définitive, ce n'est qu'en 1996 que les différentes assurances sociales arrivent au niveau de celles de métropole. C'est également très progressivement que le SMIC domien rattrape celui métropolitain, en dépit des accords de Grenelle en 1968 qui élargissent pour deux décennies le fossé entre les deux, finalement comblé en 1996 (cf. supra). Entrée en vigueur le 1er janvier 2000 en métropole et dans les DOM, la couverture maladie universelle (CMU) permet de mesurer l'ampleur de la précarité aux Antilles, en Guyane et à la Réunion : en 2006, la CMU complémentaire couvre 6,8 % des métropolitains, contre 34,8 % des Domiens.

Reste le RMI qui est, aux yeux de nombreux observateurs, l'un des symboles de l'assistanat pervers. Instauré comme en métropole, à la suite d'une loi promulguée en décembre 1988, son montant dans les DOM est inférieur de 20 % à celui de métropole jusqu'en 2000, situation admissible jusqu'en 1996 en raison de l'écart des SMIC. Cette différence non versée aux attributaires formait la « créance de proratisation » qui alimentait partiellement la LBU (cf. supra). De la sorte, ce que l'État économisait sur le RMI était injecté dans l'amélioration et la construction de logements, mais, après une phase transitoire en 2001, son alignement s'achève en 2002 et a provoqué une augmentation sensible des dépenses de l'État, dans la mesure où les crédits en faveur du logement *grosso modo* ont été maintenus. Le nombre de bénéficiaires du RMI ne cesse d'augmenter. Ils sont 88 000 en 1990, 105 000 en 1995 et 154 000 en 2006, soit 12,3 % du total national pour 2,9 % de la population française. C'est la Réunion qui en bénéficie le plus avec un nombre de personnes concernées (érémistes, conjoints et personnes à charge) dépassant le cinquième de la population de l'île. Fin 2005, ce DOM était en tête des départements français pour le nombre d'érémistes, devant les Bouches-du-Rhône (75 000 contre 69 600), pourtant deux fois et demi plus peuplées et très touchées par le chômage.

Ce dispositif d'« insertion » coûte, en 2000, dans les DOM, 461 millions d'euros à l'État, et si l'on ne peut nier son intérêt dans des contrées durement frappées par le chômage (cf. supra), le RMI connaît des dérives graves et notoires que le rapport Fragonard (cf. supra) relève : « *La quasi-absence de signalements des situations anormales (travail non-déclaré, concubinage…) par les services sociaux ou par les maires (qui en ont pourtant l'obligation légale, article 12 de la loi RMI) traduit une forme de démission collective, désastreuse en termes politiques en ce qu'elle nourrit la critique sur la « perversité » du RMI. Les commissions locales d'insertion (CLI) fonctionnent à géométrie variable et ne proposent quasiment jamais de suspension au préfet pour refus d'insertion. De ce fait, il n'y a pas de suspensions et le RMI est devenu un dispositif d'assistance pour une bonne partie des bénéficiaires.* » Dans un système où les organismes de contrôle ont démissionné, il n'y a pas lieu de s'étonner qu'une partie notable des érémistes exerce des activités non déclarées à leur plus grand profit et à celui de leurs employeurs. Avant d'aligner le RMI domien sur celui de métropole, il aurait été judicieux de remettre de l'ordre dans ce dispositif, ne serait-ce que pour venir un peu plus en aide aux personnes en grande difficulté et qui en ont le plus besoin.

Supérieures aux prestations de santé, les prestations sociales s'appuient largement sur la solidarité nationale, alors que les cotisations perçues localement sont loin de couvrir les dépenses. Le contribuable métropolitain finance un système qui, au-delà des agissements délictueux de certains, découle du manque de courage des gouvernements successifs, qui ont renoncé à affirmer leur autorité pour ne pas faire de vagues et pour s'assurer l'appui des hommes politiques locaux. Si légitime que soit l'alignement de ces nombreuses prestations au nom de l'« égalité sociale », il est nécessaire de le mettre en balance avec les surrémunérations ou les abattements de l'impôt sur le revenu (doc. 26). À l'examen, la notion y perd de sa rigueur mathématique, les avantages acquis survivant aux désavantages abolis.

5 Les forces centrifuges

Deux familles de mouvements centrifuges animent les DOM : la première revendique une prise de distance vis-à-vis de la métropole, allant d'une grande autonomie à l'indépendance ; la seconde est interne et se traduit aujourd'hui par des réflexions qui divergent suivant les DOM sur l'avenir institutionnel de chacun.

a. Un État défié

L'histoire récente des DOM est ponctuée d'émeutes et de bouffées de violences sporadiques. Cependant, la violence n'est pas une spécificité domienne puisque la Nouvelle-Calédonie et la Polynésie française ont également leurs lots : pillages, tel celui d'octobre 1987 à Papeete, conflits sociaux très durs, blocages de routes pouvant paralyser totalement la circulation de l'ensemble du territoire. Ces événements spectaculaires et parfois dramatiques sont les signes d'un malaise social, qui, ordinairement, se traduit par le non respect des lois ou la fraude fiscale, à l'exemple du Mezzogiorno aux nombreuses similitudes avec les DOM (retard économique, assistanat, esprit de fronde...). Circuler sur les routes antillaises permet de constater rapidement la latitude que prennent nombre de conducteurs avec le code de la route. Une partie conséquente des ménages domiens ne font aucune déclaration fiscale. Des milliers d'habitations chaque année sont bâties sans permis de construire et échappent du même coup à l'impôt local. L'État et les communes ont toutes les peines du monde en matière d'adressage et de recensement des foyers imposables.

La société créole née de la traite s'est bâtie sur la débrouillardise et la suspicion à l'égard des autorités et du pouvoir en général, écho de l'attitude héroïque de l'esclave marron. On retrouve cette culture frondeuse dans le travail non déclaré. Au milieu des années 1990, à la Réunion, on estimait qu'il y avait au moins un travailleur non déclaré pour six salariés enregistrés ! Le « coup de main », le « job » sont des pratiques généralisées, expliquant que les entreprises de travail temporaire sont encore peu présentes dans les DOM et que la réduction d'impôt sur le revenu pour emploi familial a été un échec. C'est dans ce contexte qu'est mis en place le RMI. Son existence, au lieu de dissuader les bénéficiaires de travailler, a un effet inflationniste sur les salaires dans l'économie souterraine, parce que les « jobeurs » se retrouvent en position de force face à leurs employeurs clandestins. L'analyse des récoltes de la canne à sucre à la Réunion en 1990 et 1991 est très instructive : en 1990, un an après la mise en place du RMI, une pénurie de main-d'œuvre oblige le préfet à autoriser exceptionnellement le cumul des gains de la coupe avec le RMI. L'année suivante, sans que cette mesure soit reconduite et avec un nombre d'érémistes à peu près équivalent, il n'y a pas eu de problème de main-d'œuvre, car la rémunération de la journée de travail non déclaré a, semble-t-il, presque doublé ! Le travail dissimulé prend des proportions impressionnantes dans le BTP. Par exemple, si l'on recensait en 2001, en Guyane, 2 600 personnes dans ce secteur, une enquête l'année précédente estimait à 4 000 le nombre d'emplois réels. Pour lutter contre le travail informel, la fédération réunionnaise du bâtiment a mis en place un système de badges sur les chantiers qui a entraîné une augmentation de plus de 20 % des effectifs officiels en 2000-2001.

On peut imputer, tout d'abord, ces faits au laxisme de l'État qui ferme les yeux, car nous croyons que les gouvernements de la Cinquième République ont craint les DOM. Les fraudeurs agissent très généralement en toute impunité. Lorsque la loi est appliquée, la stupéfaction est grande dans la population et la colère gronde. Thierry Michalon[45] avance plusieurs explications à ces comportements. Elles sont basées sur l'idée que ces contrées seraient à la fois à l'écart des logiques de l'économie de marché et de l'État moderne. La société de plantation aurait engendré une fascination pour la résistance au pouvoir, qu'incarnait le Marron (cf. supra). Par ailleurs, « *l'idéologie ascétique de la bourgeoisie capitaliste européenne est demeurée localement inconnue.* [...] *Les populations de l'outre-mer sont largement demeurées à l'écart de cette histoire et de cette culture, faite de prises de risques, de goût pour la compétition individuelle, d'inclination à l'épargne* »[46]. L'assistance massive actuelle serait pareillement dissuasive. Quant aux institutions publiques, elles « *sont moins perçues comme des lieux où se prennent des décisions d'intérêt général et où se gèrent des services publics que comme des gisements de richesses sans maître à se répartir à travers les réseaux relationnels* »[47].

La défiance à l'égard de l'État n'est pas la même dans les quatre DOM. Elle apparaît beaucoup plus nette dans les DFA, spécialement aux Antilles, et s'il faut se garder de l'assimiler à une généralisation du sentiment indépendantiste, cantonné à une minorité de Domiens, force est de constater que les DFA ont vu se multiplier comités, syndicats et partis indépendantistes, tels le Mouvement de décolonisation et d'émancipation sociale (MDES) en Guyane, le Mouvement indépendantiste martiniquais (MIM) ou l'Union générale des travailleurs de Guadeloupe (UGTG). C'est le signe que la logique d'assimilation est en train de s'épuiser. Le nationalisme et l'anti-assimilationnisme, c'est-à-dire le rejet de la départementalisation, se développent à partir de la fin des années 1950 dans un contexte de décolonisation en Afrique et en Asie et de révolution communiste à Cuba. Aimé Césaire démissionne en 1956 du Parti communiste français pour créer le Parti progressiste martiniquais (PPM). Ses écrits (*Le Discours sur le colonialisme*), ceux de Frantz Fanon (*Peau noire masques blancs* ou *Les Damnés de la terre*) ou d'Edouard Glissant (*Soleil de la conscience* ou *La Lézarde*) exercent une influence non négligeable. En 1959, Fort-de-France est secouée par des émeutes meurtrières liées à l'effondrement de l'industrie sucrière.

Le manifeste placardé en 1962 sur les murs de Fort-de-France par l'Organisation de la jeunesse anticolonialiste de la Martinique (OJAM) et intitulé « *La Martinique aux Martiniquais* » constitue un tournant, proclamant le droit des Martiniquais à diriger leurs affaires et appelant à une lutte de libération. Des groupuscules nationalistes, tel le Groupe d'organisation nationale de la Guadeloupe (GONG), et des syndicats indépendantistes se forment. En 1971, les partis et organisations autonomistes des quatre DOM signent la « Convention du Morne-Rouge » réclamant un statut d'autonomie. L'État se montre très répressif au cours de cette période. Edouard Glissant est expulsé en 1959 et assigné à résidence en métropole ; les leaders de l'OJAM sont arrêtés ; plusieurs manifestants sont tués en mai 1967 à Pointe-à-Pitre.

Les années 1980 sont marquées par une radicalisation de certains indépendantistes, déçus par les réformes de la gauche. Les attentats se multiplient aux Antilles contre les symboles du pouvoir politique (préfecture, palais de justice, station de télévision de RFO...) et économique (banques, aéroport...). Ils sont revendiqués par le Groupe de libération armé (GLA) ou l'Alliance révolutionnaire caraïbe (ARC), dirigée par Luc Reinette. Ces attentats font plusieurs dizaines de blessés et 7 morts, dont deux touristes américains. L'arrestation de plusieurs extrémistes, dont M. Reinette, leur condamnation puis leur amnistie en 1989 closent cet épisode de violence.

Les années 1990 sont caractérisées par un certain nombre de succès électoraux des indépendantistes, principalement en Martinique. Le MIM choisit de participer aux élections nationales et Alfred Marie-Jeanne, le fondateur du mouvement en 1978, est élu député en 1997, avant de devenir l'année suivante président du Conseil régional. En 1989, Garcin Malsa, indépendantiste-écologiste, est élu maire de Sainte-Anne. Le 18 octobre 1998, neuf partis indépendantistes signaient la « déclaration de

Cayenne » qui coordonne la lutte pour l'indépendance. Toutefois, les élections législatives de 2002 et 2007 n'ont pas confirmé cette poussée indépendantiste, avec seulement un élu pour dix sièges : Alfred Marie-Jeanne.

Les thèmes xénophobes et la dénonciation d'une « invasion métropolitaine » font aujourd'hui partie de la rhétorique des mouvements les plus extrêmes, tel le KLNG (*Konwa pou libéwasyion nasyonal Gwadloup*), parti créé en 1997 dont le chef de file est L. Reinette. En 1999, ce parti placarde des affiches en Guadeloupe sur lesquelles il est écrit : « *Français et Européens envahissent la Guadeloupe. Halte à l'invasion, Résistons !* ». Les bombages anti-français se sont aussi multipliés. **Voir photo M, page VI, dans le hors-texte couleur.**

b. Vers une différenciation des statuts

La Guyane apparaît comme le précurseur de l'évolution institutionnelle des DOM avec l'adoption en février 1999 par les assemblées régionale et départementale du « pacte de développement pour la Guyane », recommandant la mise en place d'une collectivité territoriale unique et d'un pouvoir législatif et réglementaire local autonome. Ce document est largement à l'origine de la « déclaration de Basse-Terre » du 1er décembre 1999, par laquelle les présidents des Conseils régionaux de Martinique (Alfred Marie-Jeanne du MIM), de Guadeloupe (Lucette Michaux-Chevry du RPR) et de Guyane (Antoine Karam du Parti socialiste guyanais) demandent la mise en place d'un régime d'autonomie interne dans les DFA et un nouveau statut de région d'outre-mer. Cette déclaration est le point de départ vers des statuts au choix.

La LOOM crée dans chaque département d'outre-mer un Congrès, réunion des membres des Conseils général et régional ainsi que des parlementaires, chargé de formuler des propositions d'évolution statutaire ou d'aménagement de compétences, dont les délibérations doivent ensuite être adoptées par les deux assemblées. Le Conseil constitutionnel a validé cette création, contrairement à 1982 (cf. supra), considérant qu'il ne s'agissait pas d'une troisième assemblée. Les Congrès ont été réunis pour la première fois dans les DFA en 2001 et se sont prononcés pour une large autonomie, la Guyane restant en pointe en s'inspirant des institutions de la Nouvelle-Calédonie (cf. supra). À l'opposé, les élus réunionnais, souhaitant que leur île conserve son statut de DOM, ont fait adopter un amendement afin de limiter l'institution du Congrès aux seuls DFA. Les débats ces dernières années sur cette île se sont surtout concentrés sur son partage ou pas en deux départements. Ce projet de bidépartementalisation[48], finalement abandonné, exprime l'hiatus institutionnel qui se creuse entre la Réunion et les DFA et qui n'est que le prolongement du lien moins conflictuel de celle-là avec la métropole, perceptible depuis des décennies.

La loi constitutionnelle de 2003 (cf. supra) a accru les possibilités d'adaptation du droit commun dans les DOM-ROM, mais la Réunion s'est d'emblée exclue du dispositif comme elle a refusé la possibilité d'abandonner son statut, une position figée et inscrite dans la Constitution.

II. L'Océanie française et Mayotte, figures de l'éloignement

Au cœur de l'océan Pacifique, la Nouvelle-Calédonie, la Polynésie française, Wallis-et-Futuna et, dans l'océan Indien, Mayotte, apparaissent comme plus hétérogènes que les DOM pour un regard métropolitain. Pourtant, ils présentent une série de traits communs qui font leur singularité dans l'outre-mer français.

1 La force des populations autochtones

Contrairement aux DOM, ces îles sont toujours peuplées par leurs populations originelles, dont la vitalité culturelle actuelle surprend après que certaines eurent failli disparaître au début du XXe siècle (doc. 6). L'État reconnaît cette altérité au travers de la Constitution de 1958, qui garantit, pour les citoyens de l'outre-mer, la conservation et le respect de leur statut personnel.

a. Des civilisations originales

L'origine de ces populations insulaires a été abordée en début d'ouvrage. Les Polynésiens peuplent Wallis-et-Futuna et la Polynésie française, les Mélanésiens la Nouvelle-Calédonie, les Mahorais sont le fruit d'un métissage entre des Bantous, des Malgaches et des Shiraziens principalement (cf. supra). Une première conséquence de leur enracinement plus ancien que les populations domiennes issues de l'esclavage est un rapport à la terre différent. Par exemple, les peuples océaniens ont développé une agriculture vivrière complexe, qui a été bouleversée par la colonisation. Une véritable « civilisation de l'igname » s'épanouit en Mélanésie, par la valorisation de diverses espèces de cette dioscoréacée. Sur la Grande Terre néo-calédonienne, les grands terroirs étaient en plaine et on cultivait le taro dans des casiers irrigués sur les versants. La patate douce, acquise plus tardivement, était aussi largement répandue. L'implantation européenne eut des effets conséquents sur cette agriculture autochtone, spécialement sur les zones sèches, aménagées pour la culture de l'igname, et confisquées par l'administration coloniale. Le bétail et les mineurs détruisirent fréquemment les conduites d'eau alimentant les tarodières. Sur des terroirs se recroquevillant et où le travail agricole se désintensifiait, les taros en culture sous pluie remplacèrent les taros de culture irriguée et le manioc, qui nécessite peu de travail, se répandit. Ces cultures de substitution produisaient moins que les cultures antérieures et il fallut donc augmenter les surfaces, au détriment des périodes de jachère. Les sols s'appauvrirent et l'érosion progressa. Le vivrier cohabite à partir des années 1940 avec le café ou le cocotier (cf. supra). Cependant, l'horticulture vivrière reste dualiste : il y a l'igname, la culture noble, et le reste.

On a souvent coutume d'opposer les Mélanésiens, peuple de la terre, aux Polynésiens, peuple de la mer. Pourtant, ces derniers ont aussi mis en valeur d'une

La vie quotidienne à Wallis aujourd'hui

« A l'exception de quelques familles de fonctionnaires wallisiens, la vie reste rythmée par les cycles agricoles et les fêtes patronales. La journée débute par le son de la cloche qui appelle les villageois à la prière. La femme procède au rangement des nattes sur les bambous. Puis la famille déjeune avec du café et du pain fabriqué localement. Chacun dans la famille a des occupations bien appropriées : si le père de famille ne travaille pas dans l'administration, il prépare le four. Il fait cuire du mei, du taro, du kapé avant de se rendre à la tarodière. Un des fils de plus de seize ans se rend sur les plantations. Le grand-père sarcle. Les femmes ont des activités complémentaires. La mère de famille emmène les petits à la maternelle. Au retour, si elle ne travaille pas dans les services, elle met à sécher le pandanus. La fille nourrit les cochons avant de partir à son travail. À 11 heures, toute la famille se retrouve pour un phénomène nouveau, le repas de midi. Après l'école, les garçons ramassent le bois et les feuilles de pandanus. Le père de famille revient vers 15 heures de la tarodière. Son fils rentre des plantations. Ils ramènent les produits des plantations (taros, ignames) plus quelques produits de la chasse. Après le repas du soir, toujours plus copieux, on se réunit autour de la télévision. Les femmes tressent les nattes, réalisent des colliers de coquillages ou des tapas. Ces réalisations seront vendues dans le falé artisanal.

Plusieurs générations cohabitent dans des familles relativement importantes. Elles comprennent les anciens, grand-père et grand-mère ; le père, la mère ; les enfants (7 à 8 par famille). L'habitat est composé d'un falé semi-traditionnel construit en tronc de cocotier, s'appuyant sur quatre poteaux (arbre de fruit à pain) et recouvert de feuilles de pandanus. Il est entouré d'un mur en ciment et les parpaings ou les tôles remplacent de plus en plus les matériaux traditionnels. Derrière le falé se situe un abri cuisine. Le moyen de transport est le scooter. Les revenus de la famille conservant un mode de vie traditionnel sont modestes. Ils proviennent généralement : d'une pension que perçoit le grand-père ; du petit salaire que perçoit une des filles ; de devises envoyées par un des fils qui travaillent à Nouméa ; de la vente des poissons. »

Angleviel F., « L'île de Wallis, un bout du monde géographique », *Géo-Pacifique des espaces français*, CTRDP Nouméa, 1996, p. 198 *sq.*

manière soignée et intensive leurs terres, et ils furent tout autant horticulteurs que pêcheurs. La construction et l'entretien des terrasses et des canaux d'irrigation, ainsi que les soins culturaux, mobilisaient une partie notable de la population. Ce jardinage assurait l'essentiel de l'alimentation, à base de patate douce, igname, taro, *'uru* (arbre à pain), *fe'i* (banane à cuire), banane, etc. Les tarodières font partie du paysage agricole traditionnel, soit en banquettes irriguées, soit en parcelles semi-inondées aux débouchés des cours d'eau en zone côtière, soit dans des fosses sur les atolls des Tuamotu. Les évolutions récentes se sont soldées par le recul de ces cultures ancestrales et des arbres nourriciers. **Voir photo L, page VII, dans le hors-texte couleur.**

Bien que cette économie de subsistance soit en recul, notamment dans les Îles du Vent (Tahiti et Moorea) ou sur une partie de la Grande Terre néo-calédonienne, elle reste très présente ailleurs. Les travaux agricoles rythment les journées et fournissent des produits presque exclusivement destinés à l'autoconsommation. À Wallis-et-Futuna, taro, bananier, igname, arbre à pain et cocotier sont les principales cultures de l'île, en association avec l'élevage porcin. Les méthodes culturales restent traditionnelles avec des outils rudimentaires comme le pieu à fouir. La mer n'est qu'un appoint, avec une pêche dans le lagon à Wallis et le ramassage de coquillages ou de crustacés sur le platier à Futuna. À Mayotte comme à Wallis, cette agriculture vivrière est itinérante et sur brûlis, occasionnant une érosion sensible, compte tenu du raccourcissement des jachères en raison de la pression démographique (cf. infra).

Si shorts, tee-shirts et tongs ont pris beaucoup d'importance dans la garde robe des Océaniens ou des Mahorais, il est courant de croiser des adultes ou des enfants pieds nus, des Mahoraises drapées dans des voiles légers et fleuris, le *salouva*, avec un masque de beauté blanc ou jaune sur le visage, composé de bois de santal frotté sur du corail et mélangé à de l'eau, pour les protéger du soleil. Dans le Pacifique, les Mélanésiennes portent la « robe mission » et le paréo est très répandu. La valorisation actuelle des cultures ancestrales provoque à titre d'exemple le retour en force des traditions *ma'ohi* (de *ma* signifiant « propre, vrai » et *'ohi* « de souche ») en Polynésie française, comme les courses de pirogue ou les tatouages aux motifs classiques, le mot est d'ailleurs emprunté au polynésien *via* l'anglais.

Pour un métropolitain qui découvre ces îles, le dépaysement est plus grand que lorsqu'il arrive dans un DOM. À l'extérieur des agglomérations, l'habitat traditionnel, mâtiné de matériaux modernes et d'extensions en dur, comme une cuisine, est encore fonctionnel avec le *fale* wallisien ou le *fare* de Polynésie française. Pareillement, en Nouvelle-Calédonie, l'usage des pailles de graminées ou de matériaux du cocotier n'a pas totalement disparu dans la construction des cases, à côté de la tôle et du ciment. Ainsi, de nombreux Loyaltiens possèdent, à proximité d'une maison en dur ou en tôle, une case en paille plus chaude l'hiver et plus fraîche l'été dans laquelle ils continuent de dormir pour ses qualités thermiques. À Mayotte, 20 % des logements ont encore un sol en terre battue, mais le béton et la tôle, là aussi, gagnent du terrain. Le paysage reste toutefois encore marqué par le *nyumba-shanza*, c'est-à-dire la case aux murs en torchis sur une structure de bambous, qu'on rencontre aussi en ville, avec son enclos de 150 à 200 m^2, dont la clôture est en feuilles de cocotiers et lattes de bambou, et le *banga*, cette case que le garçon va construire au moment de la puberté aux abords du village et dans laquelle il passera son adolescence. La relative célébrité de celle-ci tient dans le soin particulier apporté à la décoration de la façade, à l'aide de peintures et inscriptions invitant au voyage ou vantant des héros virils du cinéma. **Voir photo N, page VIII, dans le hors-texte couleur.**

En dehors des villes, l'occidentalisation des modes de vie dans ces îles apparaît donc très en deçà de ce qu'elle est dans les DOM. Les « éléments de confort » des résidences principales, notion très occidentale, mais utilisée par les services statistiques, ou les taux d'équipement des ménages le dénotent. Quoique l'électrification ait beaucoup progressé à Mayotte, puisqu'elle ne concernait que de 3 % des résidences principales en 1978 et 76 % en 2002, on est loin des valeurs domiennes. Sur cette île, 15 % à peine des ménages possèdent une automobile, 18 % ont le téléphone et 51 % la télévision. En Nouvelle-Calédonie, respectivement 20 % et 16 % des habitations des îles

Loyauté et de la Province Nord étaient encore éclairées à la lampe à pétrole en 1996. Ce sous-équipement affecte essentiellement les Mélanésiens. Dans ces deux provinces, près du quart de leurs résidences principales n'était pas raccordé au réseau électrique contre 2,5 % de celles des populations d'origine européenne.

b. Des communautés dérogeant au droit commun français

L'Océanie française et Mayotte, à l'exception de la Polynésie française, disposent d'un particularisme du droit civil fondamental que l'on nomme « statut personnel ». La situation des Amérindiens de Guyane pourraît être assimilée à celle des autochtones mahorais, wallisiens, futuniens ou néo-calédoniens si elle n'était pas dépourvue de toute base légale. Dans les faits, quelques milliers d'Amérindiens vivent sous l'emprise de leur droit coutumier pour les biens, la famille et les délits. Cette situation n'est que tolérée par les autorités administratives, car elle semble contraire à la légalité domienne. Ainsi, en raison du statut de la Guyane, les Amérindiens sont privés de l'application de l'article 75 de la Constitution. À la différence du droit local alsacien et mosellan qui n'affecte pas le statut civil des individus et donc ne les suit pas lorsqu'ils quittent cette région, le Mahorais ou le Wallisien conserve son statut personnel en métropole, ce qui en fait des citoyens à part. La très grande majorité des autochtones l'ont gardé, comme l'article 75 de la Constitution de 1958 le leur permet : « *Les citoyens de la République qui n'ont pas le statut de droit civil commun* [...] *conservent leur statut personnel tant qu'ils n'y ont pas renoncé.* » Cette disposition a ses racines dans le système de l'indigénat en vigueur jusqu'en 1945 dans le Pacifique (cf. supra), tandis que les Comores étaient aussi intéressées par la coexistence de deux statuts civils. Le statut personnel concerne essentiellement les droits de la personne et de la famille ainsi que les droits patrimoniaux (naissance, mariage, décès, adoption, divorce, succession, etc.) et reconnaît les formes traditionnelles d'organisation familiale et de transmission des biens. Peu d'autochtones ont opté pour le statut civil de droit commun, choix qui est irréversible. Ce système est de la sorte à l'origine de deux états civils. Bien évidemment, le statut personnel n'empêche pas de bénéficier de la nationalité française tout en étant soumis à ses obligations.

À Mayotte, le statut personnel se caractérise spécialement par l'autorisation de la polygamie, l'absence de régime matrimonial entre époux et de reconnaissance des enfants naturels, la possibilité de répudier son épouse et l'inégalité des sexes en matière d'héritage. La très mauvaise tenue de l'état civil de droit local et l'absence de nom patronymique transmissible en droit musulman ont imposé la mise en place d'une commission de réforme de l'état civil. De surcroît, le régime foncier se singularise par l'absence de cadastre.

À Wallis-et-Futuna, 99 % de la population est de statut personnel, eu égard à la faiblesse de l'immigration et de la communauté métropolitaine, très minoritaire, et tout le sol est coutumier, ce qui exclut la propriété privée sur ces îles. Les terres sont notamment incessibles à des personnes, françaises ou étrangères, non originaires du Territoire. En Nouvelle-Calédonie, plus de 100 000 personnes ont ce statut personnel. À la base de ce système coutumier complexe – la coutume étant l'ensemble des règles et comportements spécifiques de la société mélanésienne – il y a les « tribus », au nombre de 341 en 1996, subdivisées en clans et rassemblées dans 57 districts coutumiers et, à l'échelon le plus élevé, dans 8 aires coutumières. Les réserves autochtones regroupent une ou plusieurs tribus. Depuis 1978 existe un programme de réforme foncière. En 1986, est créée l'Agence de développement rural et d'aménagement foncier (ADRAF), au départ établissement public territorial puis d'État, dont la mission est d'acquérir et redistribuer des terres pour développer le foncier mélanésien. Au total, en 2005, les terres coutumières, c'est-à-dire principalement les réserves autochtones et les terres attribuées aux Groupements de droit particulier local (GDPL) – permettant au clan, à la tribu ou au district de bénéficier du statut de personne morale pour exercer des activités économiques – couvrent 17 % de la superficie de la Grande Terre (contre 10 % en 1978), mais la quasi totalité des îles Loyauté ou la très grande majorité des îles Belep ou de l'île des Pins (doc. 39). Elles forment donc un maillage incomplet, mais surimposé aux découpages communal et provincial. Elles sont inaliénables, incessibles, incommutables et insaisissables (doc. 40).

Les accords de Nouméa de 1998 et la loi organique de mars 1999 (cf. supra) ont engendré un sénat coutumier, institution de la Nouvelle-Calédonie à l'instar du Congrès ou du gouvernement, aux pouvoirs substantiels par sa représentation aux conseils d'administration de l'ADRAF ou de l'Agence de développement de la

Conflits de lois à Wallis

A plusieurs reprises ces dernières années, la justice occidentale a été remise en cause à Wallis-et-Futuna. En 2001, une Wallisienne condamnée pour détournements de fonds se réfugie au palais royal de Wallis. La gendarmerie n'osant intervenir, elle sera finalement graciée par le roi. L'année suivante, un petit-fils du roi s'était lui aussi réfugié au palais royal après une condamnation pour viol. La justice occidentale abandonne les poursuites, mais en 2005 un nouvel événement conduit à une grave crise politique. Son point de départ est la condamnation d'un autre petit-fils du roi de Wallis à 18 mois de prison pour homicide involontaire lors d'un accident de la route en état d'ébriété. La mère du condamné, arguant de la possibilité en droit coutumier d'un arrangement à l'amiable, refuse la sanction et pousse son fils à se réfugier au palais de son grand-père. Certains coutumiers considèrent alors que le délinquant est au-dessus des lois françaises, tandis que d'autres estiment que la coutume wallisienne ne peut être contraire au code pénal de la République. Il s'ensuit un conflit entre les deux clans, celui des partisans du roi, qui demande le départ du préfet et du président du tribunal, et celui des « réformateurs », qui intronise un nouveau roi. L'Etat, pour ne pas envenimer la situation réhabilite le roi suite à des heurts, des barrages et l'occupation de l'aéroport, mais un « réformateur » fut toutefois assassiné quelques jours après la décison de l'Etat. Le décés du roi, en mai 2007, et dont le règne a commencé sous le protectorat, en 1959, peut calmer les esprits, mais cette crise a révélé l'ambiguïté et le caractère archaïque du statut actuel.

Sources : *Le Monde* du 29.9.05 et Angleviel F., 2006, « La coutume et l'Etat à Wallis et Futuna ou la perpétuation d'un mariage de raison », in Deckker P. de, dir., *Figures de l'Etat dans le Pacifique*, Paris, L'Harmattan, 366 p., p. 49-66.

ÉTUDE DE CAS. La question foncière en Nouvelle-Calédonie

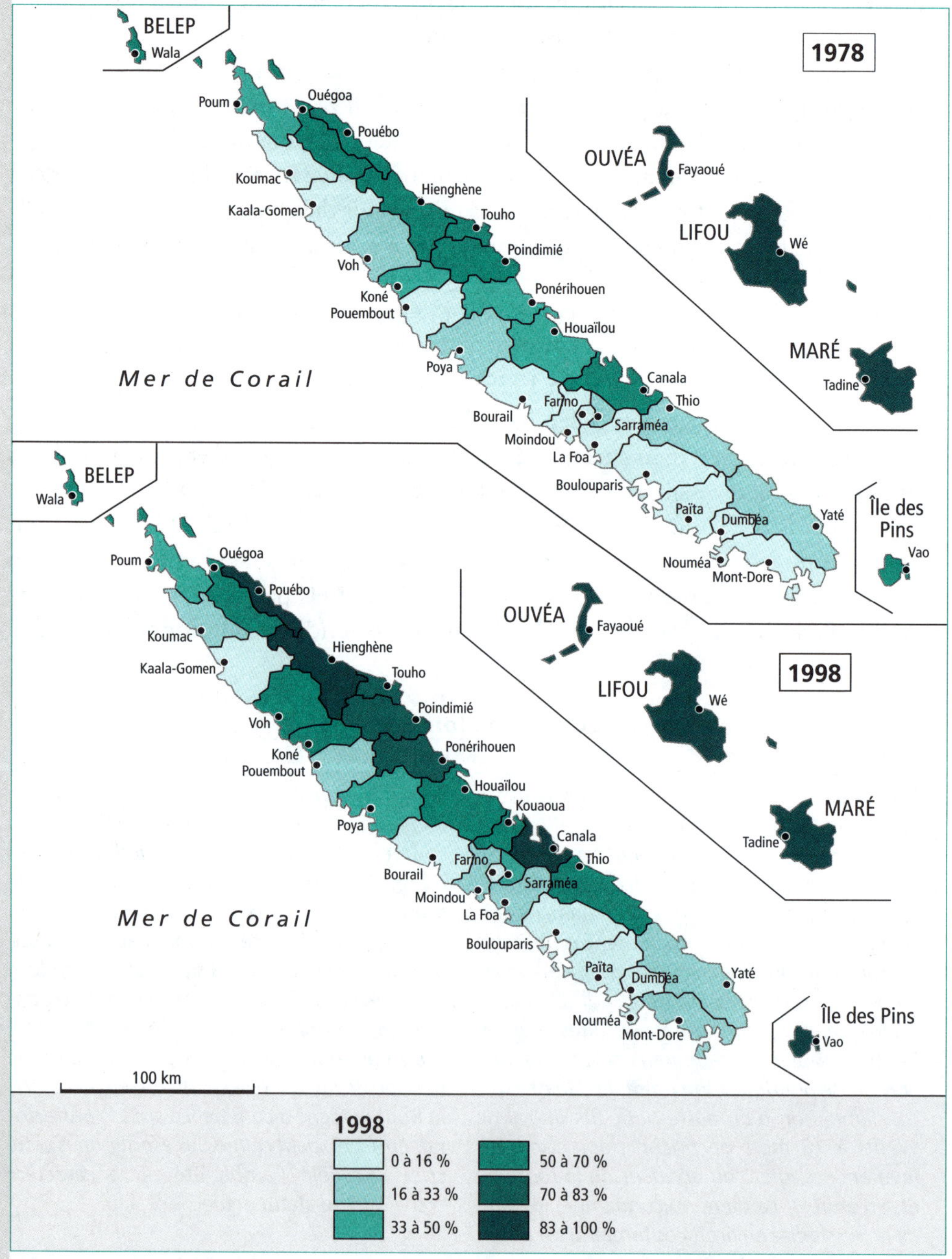

Document 39 : Part du foncier coutumier par rapport à l'ensemble des terres non domaniales.
Il apparaît nettement, en comparant les deux cartes, que le foncier mélanésien a sensiblement progressé en vingt ans. Mais, le rééquilibrage entre les terres coutumières et les terres privées de droit commun est très hétérogène. Sur la côte Est, de Thio à Ouégoa, les terres coutumières l'emportent très largement. Sur la côte Ouest et Sud, le foncier privé domine, à l'exception de Voh et Koné.

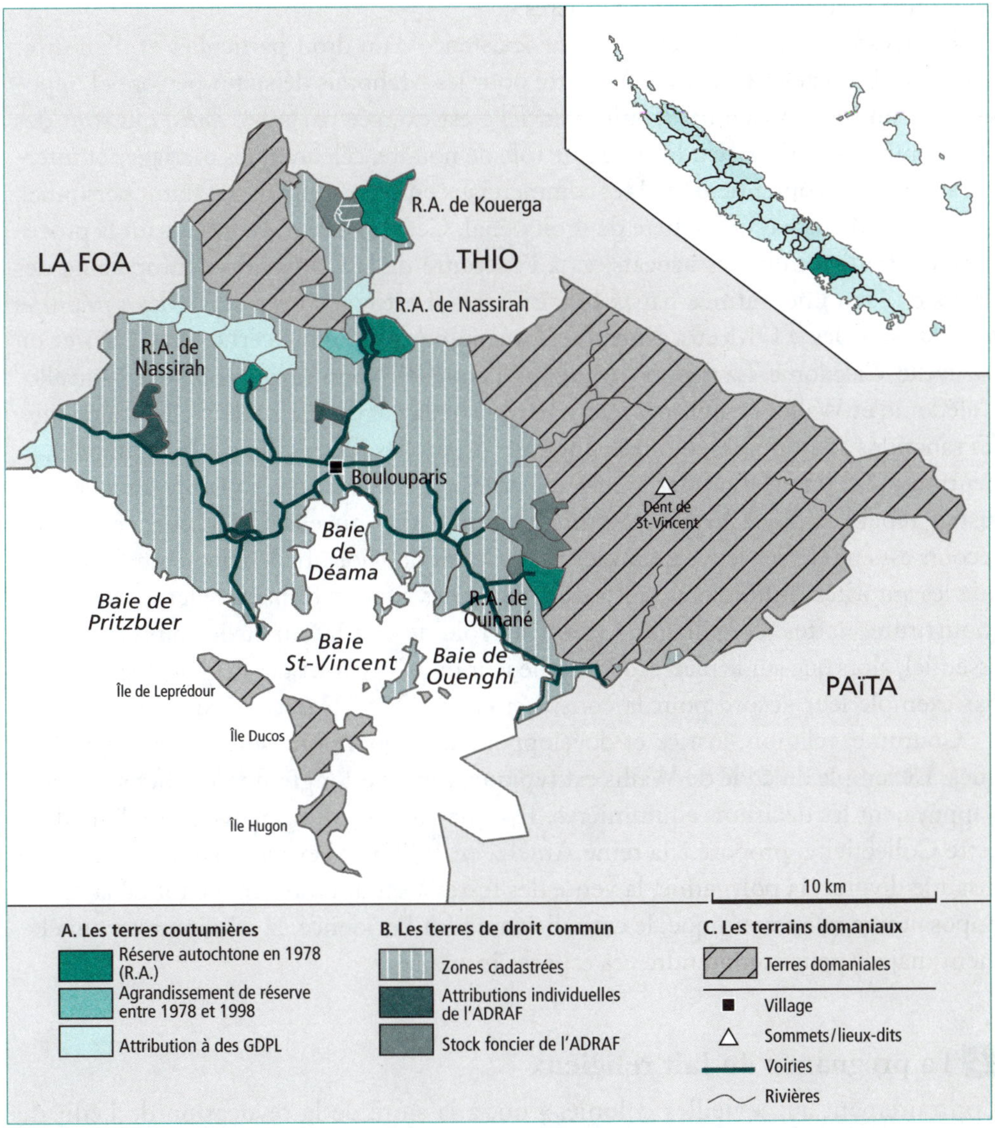

Document 40 : La réforme foncière sur la commune de Boulouparis.

La commune de Boulouparis a une superficie de 865 km² pour une population de 1 591 habitants en 1996 (1,8 hab./km²). Trois réserves autochtones s'y trouvent et 466 personnes y résident (29 % de la population communale). Les terres coutumières couvraient, en 1998, 5 216 ha, soit 6 % de la superficie communale, contre 42 % pour les terres de droit commun et 52 % pour les terres de collectivités, essentiellement les terrains domaniaux. En 20 ans, les terres coutumières sont passées de 1 846 ha à 5 216 ha, soit une augmentation de 182 %. Cette progression s'explique par un agrandissement des réserves (421 ha) et surtout par l'attribution de 2 949 ha de terres à des GDPL. Mais l'ADRAF agit aussi sur la propriété privée individuelle sous le régime du droit civil commun. 329 ha ont été attribués individuellement à de nouveaux agriculteurs non Mélanésiens, la plupart pluri-actifs.

Source : ADRAF, *La Réforme foncière en Nouvelle-Calédonie 1978-1998*, Nouméa, Grain de sable, 2000, 118 p.

culture kanake (ADCK) ainsi que par son intervention dans le processus législatif lorsqu'il s'agit de projet de loi concernant les signes identitaires, le statut civil coutumier ou le régime des terres coutumières.

La question la plus épineuse est la coexistence d'un droit particulier et d'un droit commun. Il existe une justice à Mayotte pour les Mahorais de statut personnel, reposant sur un droit musulman coutumier. Elle est exercée par seize *cadis*, qui sont des fonctionnaires territoriaux. Ils jouent le rôle de notaire, célébrant les mariages et intervenant dans les contentieux civils et commerciaux entre musulmans de statut personnel, mais en revanche pas en matière de droit pénal. Cette justice, méconnaissant la procédure contradictoire et les avocats, va à l'encontre de la Convention européenne des droits de l'homme, ratifiée par la France, mais il est vrai sous réserve des « *nécessités locales* » dans les TOM et à Mayotte donc aujourd'hui dans certaines COM et en Nouvelle-Calédonie. La mission de la cour d'appel de Nouméa, qui couvre la Nouvelle-Calédonie et Wallis-et-Futuna, relève parfois de la gageure. En Nouvelle-Calédonie, les sanctions coutumières, qui peuvent être corporelles (de la gifle à la bastonnade), se heurtent à la contestation des jeunes qui n'hésitent plus à porter plainte auprès de la justice républicaine. À Wallis-et-Futuna comme en Nouvelle-Calédonie, ce type de recours est en progression, notamment dans le cas des viols. Il n'en demeure pas moins que les autorités coutumières, au travers de peines consistant habituellement en dons (nourriture, nattes, coquillages…), ont un rôle de régulation et de stabilité sociale essentiel, alors que sur le plan économique leur influence n'est pas négligeable, il a fallu par exemple leur accord pour la construction de l'hôtel *Méridien* sur l'île des Pins.

Coutume, religion, justice et développement économique sont donc très imbriqués. L'exemple du code de Wallis est typique, car il fut longtemps le pilier sur lequel s'appuyaient les décisions coutumières. Il s'agit du seul code jamais promulgué dans cette Collectivité, proposé à la reine Amélia en 1870 par l'évêque Bataillon. Il interdisait le divorce, la polygamie, la vente des terres à « tout étranger venant de la mer », imposait une religion unique, le catholicisme… À l'évidence, la religion reste un élément majeur pour comprendre ces espaces insulaires.

2 La prégnance du fait religieux

Contrairement aux « vieilles colonies » où, à la suite de la révocation de l'édit de Nantes en 1685, l'église catholique a eu le champ libre, la situation confessionnelle est plus complexe dans le reste de l'outre-mer, et le phénomène religieux y est toujours très solide.

a. La diversité chrétienne de l'Océanie

L'évangélisation des Océaniens débute en 1797. Elle est d'abord le fait des missionnaires protestants de la London Missionary Society (LMS) qui se répandent dans le Pacifique Sud à partir des îles de la Société vers l'ouest, pour atteindre la Nouvelle-

Calédonie en 1840. D'autres missions protestantes britanniques œuvrent aussi en Océanie et, devant cette activité foisonnante, parfois désordonnée, l'Église catholique romaine réagit. En 1825, la Congrégation des Sacrés-Cœurs de Jésus et de Marie, plus commodément appelée picpucienne, car elle se trouvait rue de Picpus à Paris, a pour tâche d'évangéliser Hawaii. Le pape leur confie ensuite le vicariat apostolique d'Océanie orientale, d'abord marqué par l'installation aux Gambier (Polynésie française) en 1834 et aux Marquises en 1838. Une autre congrégation, la Société de Marie, est placée à la tête du vicariat apostolique d'Océanie occidentale en 1836 et s'implante d'abord en Nouvelle-Calédonie (1843) et aux Nouvelles-Hébrides. Les pères picpuciens et maristes rentrent alors en concurrence avec les missionnaires protestants et ceux des églises américaines mormone, adventiste et sanito (église réorganisée des saints des derniers jours, une branche dissidente des Mormons) à partir de 1843.

Ces missions vont avoir une grande influence sur les populations insulaires. Tout d'abord, leur action provoque une transformation du peuplement, avec sur certaines îles le regroupement de l'habitat – traditionnellement dispersé le long du littoral – autour de la station missionnaire. C'est le cas dans l'archipel des Australes, à Huahine (Îles Sous-le-Vent) avec le développement du chef-lieu Fare ou à Moorea avec Afareaitu. Une autre modification paysagère est due à la multiplication des lieux de culte, tâche qui mobilise une partie non négligeable des ressources et de la force de travail des fidèles. Certaines missions, lancées dans une fuite en avant, bâtissent des constructions toujours plus grandes et plus somptueuses, telle la cathédrale de Mata-Utu à Wallis ou celle de Rikitea aux îles Gambier, où l'on recense actuellement plus de 100 édifices catholiques construits entre 1840 et 1870 (églises, chapelles, couvent, presbytère, évêché, calvaire, etc.). L'aménagement intérieur des demeures va aussi être l'objet d'une grande attention des missionnaires, avec un souci de le cloisonner pour des raisons de morale en réduisant les promiscuités au sein de la famille[49]. En Nouvelle-Calédonie, la popularité du cricket chez les femmes kanakes, jeunes ou âgées, est le résultat de l'action des évangélisateurs de la LMS. Ce sport britannique, qu'ils ont introduit, a été adapté et se pratique en « robes mission » très colorées.

D'un point de vue culturel, les missionnaires protestants de la LMS traduisent la Bible en tahitien, au début du XIXe siècle, et sont à l'origine de la survie de cette langue. Le travail pédagogique de la LMS est considérable, et quoique exagérés, les propos de l'amiral Duperrey en 1823 affirmant à propos de Tahiti que « *tous les naturels savent lire et écrire* » traduisent une vaste action d'apprentissage de la lecture. Dès 1818, une méthode de calcul et des livres de lecture sont élaborés en tahitien, car les missions protestantes ont pour principe de faire lire la parole de Dieu par tous les chrétiens. Elle doit donc leur être présentée dans leur propre langue. À partir de 1857, avec le protectorat français, la langue tahitienne est interdite à l'école. En Nouvelle-Calédonie, les catéchistes de la LMS originaires des Samoa ou des îles Cook, les *teachers*, enseignent aussi la parole de ce Dieu blanc dans les langues locales tout en cherchant à alphabétiser les Kanaks.

Les bûchers de Faaite

« Dieu que c'est loin ! Au bout du monde, bien sûr, et encore un peu plus. Pas à Tahiti, ce qui n'est déjà pas rien, mais à Faïté, à peine une île, juste un point virgule largué dans le Pacifique Sud. Cela se résume vite : deux cents habitants à tout casser, dont soixante-cinq gosses de cinq à treize ans, une église, une mairie, quelques fare *– les habitations locales – une école. Et c'est tout. Enfin presque tout, car il y a, tout autour, innocent, méchant, envahissant, obsédant, l'océan.* [...]

Cela fait huit ans que les habitants adhèrent au Renouveau charismatique [catholique] *dans le plus grand calme. Avec Silvia, c'est fini. Finis les louanges fortes, les prières en groupe, la dévotion à l'Esprit saint* [...].

Silvia, déjà sérieusement sermonnée un an plus tôt par l'Église pour ses dérives, achève de tourneboulcr Faïté. Bientôt les fidèles vont tout mélanger : prophéties païennes et admonestations chrétiennes, le démon et les esprits mauvais. [...]

Les jeunes et les adolescents adulent cette matrone, prêtresse et pythonisse. Pourvue d'une cour, elle touche les écrouelles ou jette des sorts, sauve les consentants et damne les réticents. Le 26 août [1987]*, c'en est assez. D'autres tâches l'attendent. Elle plie bagage* [...]*. Là, grande dame soucieuse de la bonne santé spirituelle des habitants de Faïté, elle transmet ses pouvoirs et dons aux jeunes élus.* [...]

Aussitôt à Faïté, les fidèles de Silvia veulent leur lot de miracles. [...] *Le 31 août, il est entendu que des démons ont envahi l'îlot.* [...] *Le lendemain, un homme de trente-cinq ans, Ioane Harris, adjoint au maire, est soupçonné d'être possédé. Le village décide de le frapper* « pour le libérer des mauvais esprits »*. Les jeunes s'en emparent et le bastonnent, aidés par d'autres, inquiets, convaincus qu'un exorcisme est plus que nécessaire.*

Ioane ne survit pas à ce traitement. Le 1er septembre au soir, il meurt. Son corps est immédiatement jeté sur un bûcher de fortune. [...] *Mais pourquoi l'exorcisme a-t-il raté ? Par la faute de Tautu Tokorangi, grand prêtre selon Silvia, estiment un bon nombre d'habitants. Du reste, Tautu, quarante-sept ans, se met à courir dans le village, pourchassant chiens et chats, criant à qui veut l'entendre :* « Je suis le Christ ! C'est moi ! »*.*

Le 2 septembre, Tautu est rattrapé, ligoté, arrosé d'essence et jeté au feu. [...] *En manque de sommeil, de nourriture, imbibés d'alcool* [...] *voire de* paka lolo *(cannabis), une communauté glisse follement et sûrement dans le cauchemar. Le 2 septembre toujours, deux sœurs du maire – lequel se trouve à Papeete – sont immolées.* [...] *Le 3 septembre, les cérémonies cruelles de la veille se répètent. Une cinquième victime est capturée, ligotée et attachée à un arbre.* [...] *Ce sera bientôt le tour d'une sixième victime.* [...] *Mais Faïté lance tout de même un tardif SOS avant que tout le village ne s'entre-tue.* [...] *Le 4 septembre, l'Église et la gendarmerie affrètent un avion puis un bateau et prennent la vraie dimension de ce fait divers hors normes lorsqu'ils abordent cette île à la dérive.* [...]

Dix orphelins en témoignent aujourd'hui. Et seize habitants de cet îlot, transférés à Tahiti et détenus à la prison de Nuutania. »

Greilsamer L., *Le Monde*, 8 janvier 1988.

Les Églises catholique et protestante jouent un rôle fondamental dans l'évolution politique, culturelle, sociale et économique des populations polynésiennes et mélanésiennes. Elles défendent souvent la dignité des sociétés colonisées, s'opposant parfois aux colonisateurs, assez fréquemment anticléricaux, voire devenant de véritables contre-pouvoirs. C'est d'autant plus vrai lorsque les missions précèdent la colonisation politique, le cas le plus significatif étant Wallis-et-Futuna, où les Maristes devancent d'un demi-siècle les administrateurs coloniaux et les militaires. Ces îles sont pendant longtemps une véritable théocratie (cf. supra) avec un Père supérieur détenant les pouvoirs spirituels, par une évangélisation poussée, politique, en commandant l'aristocratie locale, foncière, grâce à de vastes propriétés mises en valeur gratuitement par la population et dont la production est revendue aux commerçants. Ce système féodal subsiste longtemps à Wallis-et-Futuna, avec des autochtones astreints à des corvées pour le roi, les chefs ou les Maristes et habitués à des dons pour les missionnaires. Ce n'est que dans les années 1930 qu'une école publique ouvre à Wallis. Jusque-là, l'enseignement est totalement entre les mains des religieux et, à l'opposé des DOM où l'école républicaine inculque le français et tente d'éradiquer le créole (cf. supra), le français est totalement inconnu de la population puisque l'enseignement se fait en langue locale. La présence américaine pendant la Seconde Guerre mondiale (cf. supra), la ruine de l'économie traditionnelle, l'émigration vers la Nouvelle-Calédonie (cf. infra) font évoluer la situation, mais aujourd'hui encore l'Église catholique est omniprésente, encadrant les consciences, dominant l'enseignement primaire, influant sur les cérémonies coutumières...

Bien qu'en Polynésie française l'influence de la religion soit moins forte qu'à Wallis-et-Futuna, elle existe tout autant. Pour s'en convaincre, il n'y a qu'à noter qu'il est fait référence à Dieu dans l'hymne de la Collectivité (cf. supra). Le champ politique et le champ religieux sont associés de longue date[50], et si l'Église catholique adopte une attitude prudente et en retrait, il n'en va pas de même de la plupart des autres, spécialement de l'Église évangélique de Polynésie française (EEPF), protestante, qui condamne officiellement le Centre d'expérimentation du Pacifique (CEP) à partir de 1982 et soutient l'Église évangélique de Nouvelle-Calédonie dans son choix pour l'indépendance. Le regain de spiritualité en Polynésie française ces dernières décennies est en relation avec le renouveau de la culture *ma'ohi*, laissant apparaître de nouvelles formes de syncrétisme et des dérives, comme la terrible affaire de Faaite.

En dépit de la disparition des questions sur l'appartenance religieuse dans les derniers recensements, on peut néanmoins l'estimer, notamment à partir de sondages. À l'exception de Wallis-et-Futuna, où la domination des catholiques est écrasante, les paysages religieux de Nouvelle-Calédonie et de Polynésie française sont variés. Dans celle-là, les catholiques constitueraient deux tiers de la population, les protestants un quart. La Polynésie française, en revanche, se singularise par un relatif équilibre entre protestants et catholiques, les premiers étant un peu plus nombreux que les seconds. Ensemble ils regroupent les 4/5 de la population du Territoire. Par ailleurs, on y constate une dispersion importante, puisque 1/5 de la population se répartit essentiellement entre les Églises mormones, l'Église adventiste du septième jour et les témoins de Jéhovah.

La localisation actuelle des confessions est intimement liée à la course à l'évangélisation que se livrent missionnaires protestants et catholiques au XIXe siècle. Le foyer protestant des îles Loyauté, où les catholiques sont très minoritaires, est le résultat du repli de la LMS sur cet archipel après l'abandon des missions dans le sud de la Grande Terre. Le second foyer protestant, en valeurs absolues et relatives, se trouve sur la côte est, de Poindimié à Canala, et résulte de l'action d'évangélistes et pasteurs loyaltiens sous le gouverneur Feuillet (1894-1902) qui, en les incitant à œuvrer sur la Grande Terre, cherche à combattre l'influence catholique, censée hostile à sa politique. En Polynésie française, le retard de l'évangélisation catholique est dû à l'occupation précoce par les protestants des îles principales, c'est-à-dire l'archipel de la Société, et ensuite les Australes et les Tuamotu occidentales. Ainsi, les catholiques doivent à leur arrivée s'intéresser aux marges que sont les Gambier et les Marquises, avant de se déployer plus ou moins difficilement dans le reste du territoire. Il en résulte aujourd'hui des situations très contrastées suivant les archipels. Les Marquisiens sont massivement catholiques, tandis que la population des Australes et des Îles Sous-le-Vent est massivement protestante. Les Paumotus (cf. supra) sont essentiellement catholiques, mais la présence sanito est conséquente dans les atolls du Nord-Est. Dans les Îles du Vent, au centre de la colonie au XIXe siècle et aujourd'hui de la Collectivité, la plus forte présence française favorise le développement de la mission catholique qui rattrape une partie de son retard sur les protestants.

b. Un islam très présent à Mayotte

Nous avons pu constater l'influence de l'islam au travers du statut personnel des Mahorais musulmans. Dans la vie quotidienne, la religion, de rite sunnite, est très palpable avec ses cinq prières quotidiennes dont les appels ponctuent les journées. Les enfants suivent un lourd enseignement coranique en plus de la fréquentation de l'école laïque, au mépris parfois de leur fatigue et de leur santé. Les minarets des mosquées sont bien visibles dans le paysage, particulièrement ceux des « grandes mosquées », là où se déroule la prière du vendredi. Le jeûne diurne au cours du ramadan est strictement observé. Des pique-niques sont organisés le mois qui le précède en saison sèche. La fin du ramadan marque un tournant dans l'année, il s'agit de renouveler sa garde-robe, repeindre sa maison… Les mariages donnent lieu à des cérémonies importantes et à de grandes dépenses. Aux rites et croyances islamiques s'ajoutent des influences malgaches ou d'Afrique de l'Est. D'ailleurs, la langue principale mahoraise, le shimaore, fait partie de la famille des langues bantoues avec des emprunts importants à l'arabe, tandis que la majorité de la population ne connaît pas ou très mal le français, en raison du retard, en voie d'être comblé, en matière d'enseignement public. La place des femmes dans une telle société reste problématique, beaucoup de jeunes filles arrêtant trop tôt l'école. Des actions sont menées pour les inciter à y rester et à obtenir un diplôme afin de les soulager, par l'emploi, de la tutelle masculine.

3 Une explosion démographique trahissant de profondes disparités

L'Océanie française et Mayotte se distinguent aussi des DOM, malgré l'exception guyanaise, par leur dynamique démographique. Au sein de cet ensemble, des écarts sensibles apparaissent.

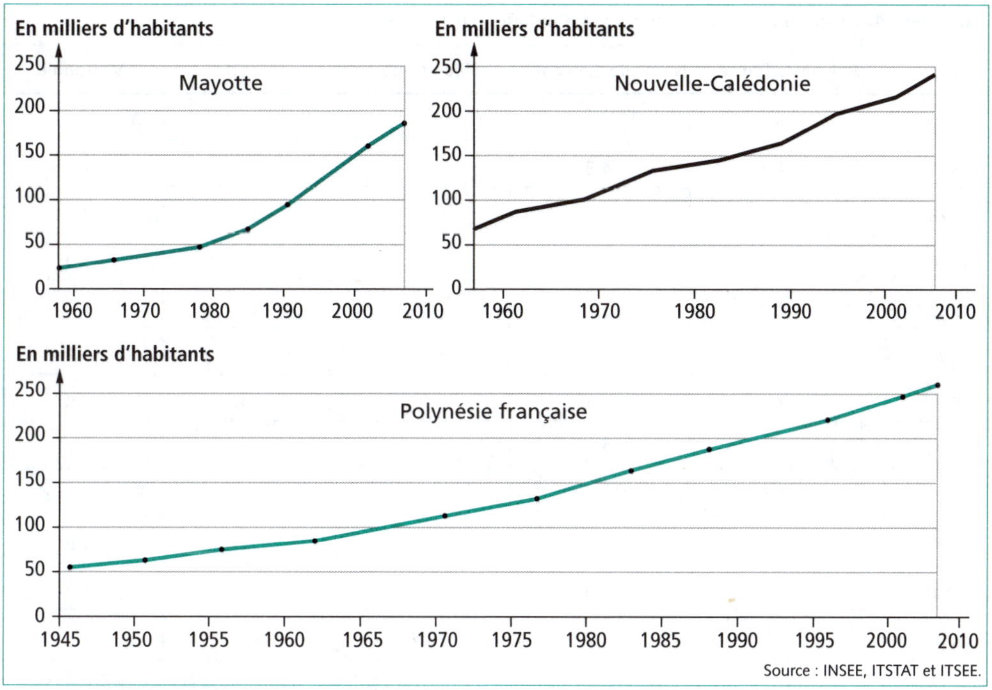

Document 41 : Évolution de la population de Mayotte, de la Polynésie française et de la Nouvelle-Calédonie.

a. Une croissance toujours soutenue de la population

Le document 36 permettait de se rendre compte des différences de croissance démographique entre l'ensemble domien et le reste de la France d'outre-mer. Contrairement aux DOM insulaires, où l'émigration se combine à une diminution du solde naturel, il n'en est pas de même à Mayotte, en Nouvelle-Calédonie et en Polynésie française, Wallis-et-Futuna constituant une exception par l'ampleur de l'émigration vers la Nouvelle-Calédonie (cf. infra). En un siècle, les effectifs de l'Océanie française et Mayotte ont sextuplé, regroupant désormais plus du quart des Ultramarins. En trente ans, le nombre de Néo-Calédoniens et d'habitants de Polynésie française a doublé, la population mahoraise a quadruplé (doc. 41). Le solde migratoire contribue assez peu à cette croissance, y compris à Mayotte avec l'arrivée de Comoriens (cf. supra), puisqu'il n'explique que le tiers environ de l'évolution totale au cours de la période intercensitaire 1991-1997, c'est-à-dire comme en Nouvelle-Calédonie au moment du « boom du nickel » (cf. supra). Les premiers chiffres des recensements de 2007 à Mayotte et en Polynésie française montrent que la progression démographique continue d'être très soutenue bien qu'en baisse. À Mayotte, le taux de variation annuelle de la population totale est de 3,1 % par an entre 2002 et 2007, 4,1 % entre 1997 et 2002 et 5,8 % entre 1991 et 1997. La population de Polynésie française a progressé de 6 % en cinq ans, totalement imputable au solde naturel puisque le solde migratoire est négatif.

Document 42 : Évolution du nombre moyen d'enfants par femme.

	Polynésie française	Nouvelle-Calédonie	Wallis-et-Futuna	Mayotte	Métropole
1970	6				2,7
1975	4,8	4,3			2,1
1978				8,1	2
1980	4,2	3,5	6,5		1,9
1985	3,8	3	5,5	6,7	1,9
1990	3,5	3,1	4,5		1,8
1991	3,2	3,1		5,8	1,8
1996	2,8	2,6			1,7
1997	2,6	2,6		5	1,7
1999	2,6	2,5			1,8
2000	2,5	2,5			1,9
2006	2,2	2,2	2,7	4,5	2

Sources : INSEE, ISEE et ISPF.

C'est donc le mouvement naturel qui est presque totalement responsable de la dynamique actuelle de cette France d'outre-mer, avec des valeurs annuelles d'accroissement allant de 1,2 % en Nouvelle-Calédonie et en Polynésie française à plus de 3 % à Mayotte. De tels chiffres expliquent la jeunesse de la population, les moins de 20 ans représentant 53% de la population mahoraise, 44 % de celle de Wallis-et-Futuna, 40 % en Polynésie française et 37 % en Nouvelle-Calédonie, valeurs très supérieures à celles des DOM, hormis la Guyane (cf. supra), lorsqu'un quart seulement des métropolitains a moins de 20 ans. La fécondité est en forte baisse ces trente dernières années (doc. 42). Seule Mayotte est à la traîne : le contrôle des naissances n'en est encore qu'à ses débuts et butte sur des réticences très fortes dans des sociétés où la religion exerce une influence prépondérante (cf. supra). Un programme de planification familiale tente de réduire le nombre des naissances, mais la pilule est encore relativement peu utilisée et les IVG, légalisées en 1990, demeurent limitées avec 139 avortements pour 1 000 naissances vivantes en 2000, très loin des valeurs métropolitaine ou domiennes (cf. supra), mais en forte croissance ces dernières années. **Voir photo O, page VIII, dans le hors-texte couleur.**

Malgré une fécondité et une natalité assez voisine de Mayotte, la population de Wallis-et-Futuna évolue très différemment en raison de l'émigration vers la Nouvelle-Calédonie. De 1950 à 1976, elle est passée de 8 800 à 9 200 seulement puis à 12 400 en 1983 et à 14 900 en 2003. Il y a actuellement plus de Wallisiens et Futuniens en Nouvelle-Calédonie qu'à Wallis-et-Futuna, ce qui permet de réduire fortement la pression démographique sur cette Collectivité exiguë. Ce flux migratoire peut être remis en cause par les évolutions politiques futures de la Nouvelle-Calédonie (cf. supra). C'est dès la fin des années 1940, lorsque l'agitation pro-américaine s'apaise à Wallis (cf. supra), qu'est mise en place une politique de migration vers la Nouvelle-Calédonie, à la demande des agriculteurs caldoches et des sociétés minières et en accord avec le roi, le Supérieur de la mission mariste, le représentant de l'État sur cette île et le gouverneur de Nouvelle-Calédonie. Ce flux répond au désir de départ de certains Wallisiens, fort de leur expérience de travailleurs employés sur les bases américaines de Nouvelle-Calédonie pendant la Seconde Guerre mondiale (cf. supra). À partir du début des années 1950, cette émigration de travailleurs se fait en famille et se dirige aussi vers le condominium des Nouvelles-Hébrides.

Le changement de statut de Wallis-et-Futuna en 1961 (cf. supra) rend l'émigration spontanée, alors que le « boom du nickel » (1969-1972) augmente le flux – tout en générant une arrivée de Tahitiens – l'après boom et la récession économique provoquant un reflux vers Wallis-et-Futuna. Depuis la fin des événements en Nouvelle-Calédonie, l'émigration a repris. La part de la communauté de Wallisiens et Futuniens ne cesse de croître et représentait, en 1996, 9 % de la population de Nouvelle-Calédonie et 13,9 % dans le Grand Nouméa, dont plus du cinquième dans les communes de Dumbéa, Païta et Mont-Dore. L'influence politique de cette communauté est forte, mais ces immigrés, appelés péjorativement « Waligo », sont encore stigmatisés par les Caldoches et les Mélanésiens, avec lesquels les rapports sont parfois tendus, comme en témoignent les violents incidents en 2001-2002 entre les Kanaks de la tribu de Saint-Louis et les Wallisiens du quartier de l'Ave Maria (commune du Mont-Dore). Les inégalités économiques entre ces groupes sont à l'origine de comportements démographiques très différents.

b. Des indicateurs différents suivant les communautés

C'est en Nouvelle-Calédonie que des questions sur la communauté d'appartenance ont subsisté dans le recensement, puisque celui de 2004 est le premier qui n'en comporte pas malgré les protestations de nombreux Kanaks et Caldoches qui voulaient se compter. À défaut de données chiffrées, il est certain qu'à Mayotte et à Wallis-et-Futuna, le fossé entre le métropolitain et l'autochtone est considérable sur le plan démographique. En Polynésie française, les choses sont plus compliquées en raison du métissage que nous allons aborder dans le chapitre suivant. De la sorte, c'est seulement en Nouvelle-Calédonie que l'on disposait d'informations plus précises jusqu'à la fin des années 1990, démontrant que la fécondité néo-calédonienne, apparaissant sur le document 42, est la résultante de fécondités disparates suivant les communautés. En 1989, le nombre moyen d'enfants par femme allait de 2,1 pour la population d'origine européenne à 3,9 pour les Mélanésiens. En 1997, alors que la moyenne du Territoire était de 2,6, le taux de fécondité de ces derniers était supérieur à 3 et probablement inférieur à 2 pour les premiers. L'examen des pyramides des âges prouvait la jeunesse des Mélanésiens, bien que la baisse de la fécondité se traduise par un rétrécissement de sa base. En ce qui concerne les disparités régionales d'espérance de vie à la naissance, qui sont relativement bien corrélées aux communautés dans la mesure où les provinces Nord et Loyauté sont surtout peuplées de Mélanésiens, elles ont tendance à se resserrer, mais, en 1996-1997, l'espérance d'une femme à la naissance restait néanmoins supérieure de près de trois ans dans la province Sud par rapport au reste du Territoire (76,2 contre 73,4 ans).

4 Des sociétés entre fragmentation et métissage

En comparaison de la simplicité de Mayotte et de Wallis-et-Futuna, où, grossièrement, on oppose les autochtones aux personnes d'origine européenne, malgré l'existence de métis euro-mahorais souvent à la tête des affaires et du commerce de cette île de l'océan Indien, la situation est plus compliquée en Nouvelle-Calédonie et en Polynésie française par l'importance inégale du métissage et les processus complexes d'identification.

a. Le Kanak et les autres

Dans le riche inventaire des races du XIXe siècle, le Kanak et le Polynésien sont deux figures opposées du « sauvage ». Le premier, aux traits négroïdes et aux mœurs anthropophages est, aux yeux des Occidentaux, un être primitif faisant le bonheur des zoos humains, qui ont perduré jusqu'aux années 1930[51]. Les « Canaques cannibales » sont livrés au regard des visiteurs, admiratifs et effrayés, au Jardin d'acclimatation à Paris, en 1931, ou dans d'autres grandes villes européennes et nord-américaines. Le second est tout autrement saisi dès les premiers contacts. La naissance du mythe des Mers du Sud, et donc de Tahiti et des Tahitiens, correspond à la publication en 1771 du livre de Bougainville *Voyage autour du monde par la frégate du roi la* Boudeuse *et la flûte l'*Étoile. Ce récit de voyage eut un grand succès et fut réédité à plusieurs reprises au cours du XVIIIe siècle. Bougainville reste peu de temps à Tahiti, mais fait un compte rendu émerveillé de cette île, dont les habitants lui semblent nager dans le bonheur et l'amour. Il n'en faut pas plus pour qu'en Europe des philosophes, attachés à révéler ce que pourrait être l'homme s'il retournait à l'état de nature, se saisissent de cet exemple pour attester leurs réflexions, tel Diderot écrivant le *Supplément au voyage de Bougainville.* Désormais le Tahitien jouit d'une position raciale avantageuse, malgré les guerres contre la France (cf. supra) et les tableaux ultérieurs plus sombres, contrairement aux Mélanésiens, ravalés au rang de race inférieure.

Ces *a priori* n'ont pas totalement disparu et expliquent partiellement l'inégal métissage entre autochtones et Européens en Nouvelle-Calédonie et en Polynésie française. Le face à face colons-Mélanésiens est une constante de l'histoire coloniale néo-calédonienne, souligné par les multiples révoltes tribales (cf. supra). Ces derniers, soumis au statut de l'indigénat (cf. supra), furent spoliés d'une partie de leurs terres, regroupés et limités dans leur liberté de circulation, contraints à des corvées ou à des réquisitions, taxés au travers de l'« impôt de capitation », sous le coup de sanctions administratives sans intervention de la justice, privés du droit de vote et des principales libertés publiques, etc. Un développement séparé a prévalu jusque dans les années 1950, avec d'un côté les Caldoches, de l'autre les Kanaks et, encore aujourd'hui, le visiteur peut être surpris par la faible présence des Kanaks dans les quartiers sud de Nouméa. Il en résulte un métissage limité entre Européens et Mélanésiens, près des deux tiers d'entre eux continuant de vivre en réserve, pendant que les populations immigrées (Tahitiens, Indonésiens, Vietnamiens, Wallisiens et Futuniens, Européens…), concentrées majoritairement dans le Grand Nouméa, se mélangent. L'escamatoge du métissage en Nouvelle-Calédonie, compréhensible dans un contexte d'affrontement, vient toutefois compliquer ce tableau. Il est du reste symptomatique de noter que lors du recensement de la population de 1996, il n'y avait pas de réponse « Métis » à la question « *À laquelle des communautés suivantes estimez-vous appartenir ?* ». Les individus devaient se définir comme « Européen », « Indonésien », « Mélanésien », « Ni-Vanuatu », « Tahitien », « Vietnamien », « Wallisien, Futunien », « Autre Asiatique » ou « Autre ».

b. La fluidité tahitienne

À l'inverse de la Nouvelle-Calédonie, le métissage en Polynésie française est complètement assumé et l'élite locale est essentiellement constituée de Maohi-Européens ou de Maohi-Chinois. Cette communauté « Demi », aux contours flous et fluctuants, a très tôt émergé, avant l'appropriation française, avec l'arrivée d'Anglo-Saxons tels que Hart, Bambridge, Salmon, dont les descendants se retrouvent à des postes clés aujourd'hui. L'absence de préjugés raciaux a, par ailleurs, encouragé les unions entre colons français et Tahitiennes. Les Demis se sont imposés en détenant une double légitimité, auprès des Polynésiens non métissés et auprès des Européens non métissés, combinant ainsi la possession du lieu avec le pouvoir économique et politique. Ils n'hésitent pas aujourd'hui, dans un mouvement d'ensemble de revalorisation de la culture *mao'hi* (cf. supra) et de construction identitaire, à se tourner du côté polynésien pour s'opposer aux *Popa'a*, les métropolitains.

III. La singularité de Saint-Pierre-et-Miquelon

Par sa situation, son histoire, son économie, son peuplement ou son évolution statutaire, cet archipel d'Amérique du Nord (doc. 43) se distingue nettement du reste de la France d'outre-mer.

1 Une micro-société blanche et rebelle

Ni esclavage, ni « habitations » et plantations ici ; il n'y a donc pas eu à Saint-Pierre-et-Miquelon formation d'une société créole. De même, point de populations autochtones, Saint-Pierrais et Miquelonnais sont pratiquement tous d'origine

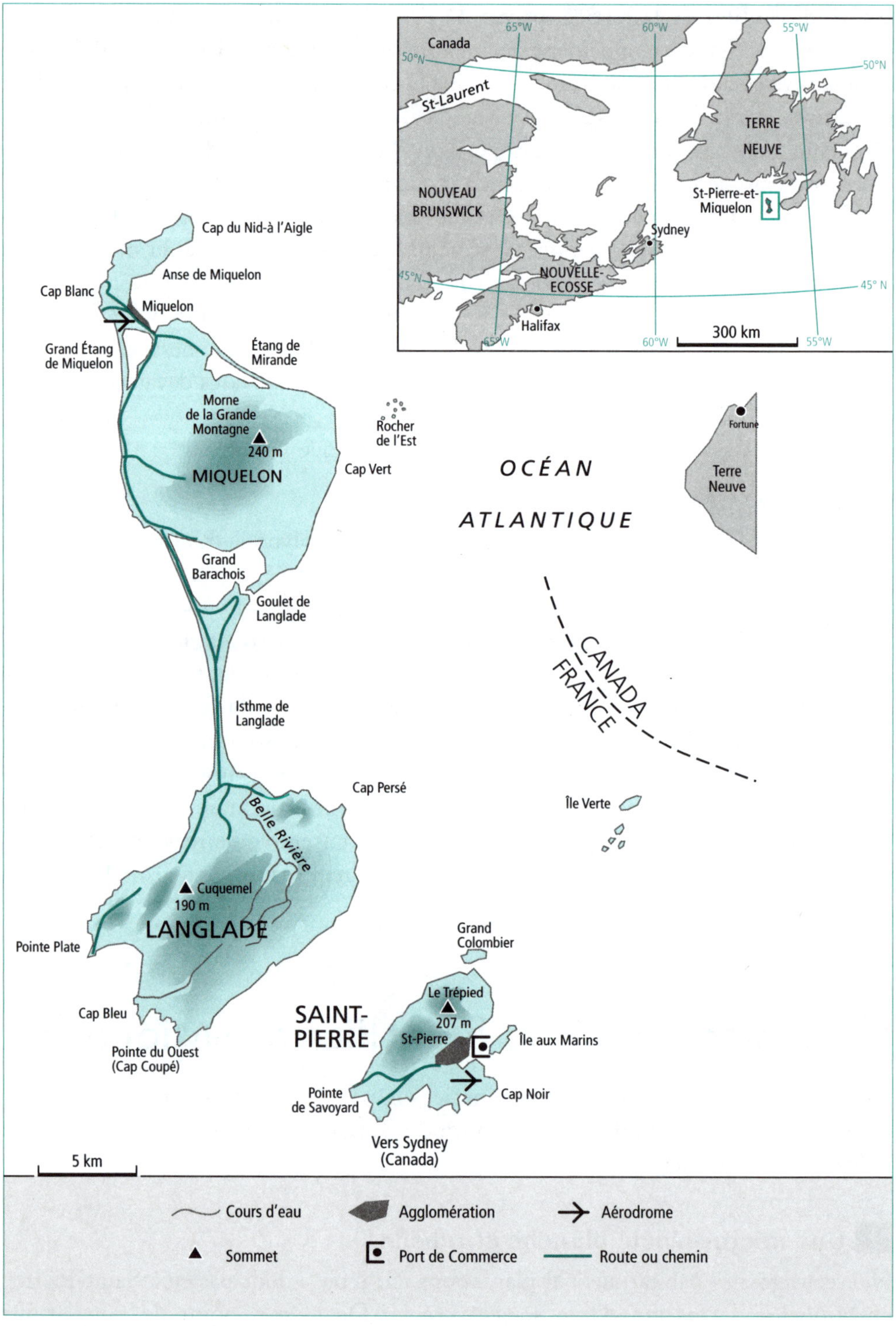

Document 43 : Localisation générale et carte de la collectivité territoriale de Saint-Pierre-et-Miquelon.

européenne, plus précisément de souches basque, normande et bretonne, avec quelques apports acadiens et anglophones terreneuviens. Malgré sa situation – les côtes de Terre-Neuve sont à une vingtaine de kilomètres et Montréal à 1 200 km – l'influence du Canada francophone est restée jusqu'à nos jours faible, comme l'atteste la vitalité des cultures régionales métropolitaines (pelote et danses basques, etc.) et surtout l'écart linguistique avec le Québec, le français parlé à Saint-Pierre-et-Miquelon étant très différent de celui de Montréal ou de Québec, ce qui se perçoit tout de suite au travers de l'accent. Ainsi, cet isolat de 6 100 habitants en 2006, qui a pratiquement retrouvé son maximum démographique de 1902 (6 500 habitants), a longtemps tourné le dos au Canada pour ne regarder que la mère-patrie. La prohibition et les questions concernant la pêche sont à l'origine de contentieux tenaces avec ses voisins (cf. supra), et la coopération régionale est très récente puisque la création d'une commission mixte de coopération régionale ne remonte qu'à 1996, suite à la signature d'un accord franco-canadien sur la question en 1994. Mais l'attachement de la population à la France n'est pas exempte de conflits. Les exigences de cette petite collectivité et les erreurs de Paris ont souvent provoqué de puissants mouvements de contestation et des rassemblements violents contre l'administration, avec menaces d'expulsion voire séquestration de gouverneurs ou de préfets. Outre les troubles dus à la pêche, la fronde à l'égard de l'administration métropolitaine, avec des réflexes « anti-mailloux » (anti-métropolitains), s'est focalisée sur les questions fiscale et de conscription.

2 L'instabilité statutaire

C'est en 1946, que Saint-Pierre-et-Miquelon devint un TOM. Au lendemain de la Seconde Guerre mondiale, celui-ci avait tous les attributs d'une « vieille colonie », mais son exiguïté, sa situation et un souci d'autonomie le détournèrent de la départementalisation. Pendant trente ans, ce TOM va donc être administré selon le principe de la spécialité législative (cf. supra). L'érection du Territoire en DOM en 1976 (cf. supra), pour favoriser le développement économique, ce qui se traduit par un délicat passage de la spécialité législative à l'assimilation, apparaît vite inappropriée, en considération de l'intégration par là même de Saint-Pierre-et-Miquelon à la Communauté européenne. Certes, au crédit de cette nouvelle situation, il y a la possiblité de bénéficier des fonds structurels européens, mais à son débit les incidences de la politique européenne de la pêche. Finalement, Saint-Pierre-et-Miquelon abandonne son statut de DOM pour celui de collectivité territoriale d'outre-mer en 1985. Ainsi, elle échappe aux contraintes de la politique commune des pêches maritimes qui l'aurait obligé à ouvrir ses eaux aux bâtiments de la CEE et compliquait les négociations avec le Canada sur sa ZEE (cf. supra). Les institutions actuelles se rapprochent de celle d'un département, avec notamment le maintien d'un régime législatif fondé sur l'assimilitation, tandis que les compétences de la COM relèvent à la fois de celle d'un département et d'une région.

IV. Les ensembles inhabités

Il s'agit d'îles sans population permanente, habitées seulement par quelques dizaines de scientifiques ou une poignée de militaires s'y relayant en célibataires. Elles forment quatre des cinq districts des TAAF, c'est-à-dire les îles Saint-Paul et Nouvelle-Amsterdam, l'archipel des Crozet et les Kerguelen, les îles Eparses qui font, depuis 2007, partie des TAAF, le cinquième district étant la Terre-Adélie, hors du champ de cet ouvrage (cf. supra). Il faut rajouter à ces îles de l'océan Indien, Clipperton, dans le Pacifique. Pour les sciences de la vie, ces îles sont de véritables laboratoires par leur isolement. On peut y travailler sur l'endémisme (cf. supra), et plus généralement ce sont des lieux d'observation privilégiés de la faune et la flore. De fait, depuis 2006, une réserve naturelle des Terres australes françaises existe et couvre 700 000 hectares.

1 Des statuts étonnants

Tromelin et les îles Éparses dans l'océan Indien, jusqu'en 2007, n'étaient ni des collectivités territoriales autonomes et n'étaient pas davantage rattachées à une collectivité territoriale existante. Le décret d'avril 1960, qui fixait le statut de ces dernières, portait atteinte, à l'instar du cas mahorais (cf. supra), à la règle de l'intégrité territoriale d'un pays colonial, dans la mesure où jusqu'à cette date elles étaient administrées par la collectivité territoriale de Madagascar. Ainsi, à partir de 1973, le gouvernement malgache revendique officiellement les îles Éparses du canal de Mozambique (Glorieuses, Juan de Nova, Europa et Bassas da India). En 1978, l'Organisation de l'unité africaine (OUA) invite officiellement la France à les rétrocéder à Madagascar, tout comme l'Assemblée générale des Nations unies l'année suivante. Cependant, la normalisation des relations franco-malgaches a atténué le différend sur ces îles. Pour ce qui est de Tromelin et Clipperton, elles intéressent respectivement Maurice et le Mexique.

Quant au reste des TAAF, il s'agit d'un TOM créé en 1955 sans élu, ni habitant, avec une souveraineté limitée sur sa partie continentale, la Terre-Adélie. Son administration est confiée à un Administrateur supérieur assisté d'un conseil consultatif. Le siège des TAAF a été relocalisé à la Réunion en 1996, car ces îles ne sont desservies que par bateau à partir de cette dernière. L'impact économique des TAAF sur la Réunion n'est pas négligeable, puisqu'on estime que ce territoire génère 200 emplois dans le DOM. Outre la trentaine de postes administratifs à Saint-Pierre, il s'agit des métiers de bouche et du bâtiment, assurés par des Réunionnais dans les districts austraux insulaires, ou des emplois dans la grande pêche (cf. infra).

Associé à l'Union européenne et à l'écart de toute décentralisation, ce territoire cherche à développer des ressources financières propres, qui ne couvrent toutefois qu'une partie des dépenses, consacrées principalement aux rotations du *Marion-Dufresne II* entre la Réunion et les îles et de l'*Astrolabe* entre Hobart (Australie) et la

Terre-Adélie. Les ressources proviennent en particulier de la taxe d'immatriculation des navires (le fameux « pavillon Kerguelen »), des émissions philatéliques, des redevances de pêche ou des impôts sur le revenu des 130 personnes environ – dont une trentaine en Terre-Adélie – séjournant chaque année plus de six mois sur le Territoire.

2 Les atouts de la situation

La rareté des terres émergées dans ces zones océaniques, spécialement dans le sud de l'océan Indien, explique que les îles des TAAF soient des points essentiels pour l'observation météorologique de la planète. À la fin des années 1940, l'Organisation de l'aviation civile internationale (OACI) et l'Organisation météorologique mondiale (OMM) demandent à la France d'y installer des stations, ce qu'elle fait sur la Nouvelle-Amsterdam et aux Kerguelen. L'année géophysique internationale (1957-1958) entraîne une diversification de l'activité de ces bases. **Voir photo Q, page X, dans le hors-texte couleur.** France-Télécom, Météo-France, Alcatel Espace, l'Institut polaire français Paul-Émile Victor (IPEV) et le Centre national d'études spatiales (CNES), qui exploite aux Kerguelen une station de poursuite des satellites, tels ceux de renseignements militaires *Hélios 1* et *2*, sont aujourd'hui les principaux partenaires et « clients » des TAAF. Récemment, dans le cadre de la mise en place d'un réseau de surveillance pour vérifier l'application du Traité d'interdiction complète des essais nucléaires (TICE), signé par la France en 1995, le Commissariat à l'énergie atomique (CEA) a installé des sondes hydroacoustiques autour de l'île de Crozet.

Tromelin, les îles Éparses ou Clipperton sont d'un intérêt moindre, mais, là encore à la demande de l'OMM, la France a installé des stations météorologiques permanentes à partir de 1950 sur Europa, Tromelin, Glorieuses **(voir photo P, page IX, dans le hors-texte couleur)** et Juan de Nova, déterminantes dans la prévision et l'étude des phénomènes cycloniques du sud-ouest de l'océan Indien. Le Club Méditerranée avait envisagé au début des années 1970 de construire un village sur cette dernière. Le projet n'aboutit pas. En conséquence, ces îles ne sont occupées en permanence que par quelques météorologistes et militaires. Ce n'est pas le cas de Clipperton, habitée d'une manière discontinue au cours de son histoire, et actuellement vide. Une petite garnison mexicaine de quarante personnes y fut oubliée à partir de 1914, en raison des troubles au Mexique et de la Première Guerre mondiale. La plupart moururent. Des troupes américaines y restèrent en 1944-1945, construisant une piste d'aviation et ouvrant une passe dans le récif. De 1966 à 1969, au moment des premiers essais nucléaires en Polynésie française, l'armée française occupa l'atoll et y installa une station météorologique. Depuis plus de trente ans, il n'y a plus de présence française. Ce lieu semble toutefois utilisé pour des trafics divers (drogue ? armes ?), au vu des traces de mouvements d'avions relevées par le géographe Christian Jost lors de ses passages sur l'île en 1997 et 2001, dans le cadre de la mission « Passion 2001 » de la Marine nationale. Il semblerait que la France se réintéresse à cette île de 2 km^2 environ, mais avec une ZEE presque aussi vaste que la France métropolitaine (cf. infra). En 2007, l'atoll qui fait partie du domaine public de l'État, a été placé sous l'autorité directe du Gouvernement.

Conclusion

La dispersion statutaire de l'outre-mer s'est renforcée avec, en février 2003, la loi constitutionnelle adoptant l'« organisation décentralisée » de la République et créant des Collectivités d'outre-mer. S'attardant longuement sur l'outre-mer, cette loi propose un statut particulier à chaque COM, tenant compte de leurs intérêts propres. Néanmoins, le legs du passé, qui érige une discontinuité entre les DOM actuels et le reste de l'outre-mer, ne disparaîtra pas rapidement. Pourtant, ce premier niveau de différenciation, s'il permet clairement d'apprécier les faits culturels ou démographiques, est beaucoup moins performant pour comprendre d'autres éléments qui font la singularité des lieux ultramarins, spécialement la dynamique urbaine et les questions d'organisation et de différenciation spatiale. Ce sont ces aspects plus visibles des espaces géographiques que nous allons aborder dans la dernière partie de cet ouvrage.

Chapitre 3

Des villes et des marges

Comme dans beaucoup d'autres régions du monde, la ville a pris une importance croissante dans la France d'outre-mer. Mais, à la différence de la métropole, et plus généralement de l'Europe, la croissance urbaine a été plus tardive et plus brutale, la rapprochant des dynamiques à l'œuvre dans les pays du Sud tout en étant mieux encadrée par les pouvoirs publics. L'exiguïté de la plupart des territoires ultramarins affecte la diffusion de la ville tout en donnant naissance à un paysage largement dominé par l'urbanisation. Néanmoins, le relief accidenté de certaines îles ou la fragmentation insulaire occasionnent de puissants contrastes entre l'espace urbanisé et ses marges.

I. L'explosion urbaine

Il existe une profonde unité des villes ultramarines, par la récurrence de leurs formes, de leurs dynamiques, de leurs dominations et de leurs problèmes.

1 Des paysages urbains assez semblables

Au-delà du cadre tropical de la presque totalité des villes d'outre-mer et de leurs populations bigarrées, il existe un grand nombre de signes paysagers familiers au visiteur rompu à l'outre-mer lorsqu'il découvrira une nouvelle ville ultramarine.

a. Des villes littorales

Les sociétés précoloniales n'avaient pas de traditions urbaines et c'est la colonisation qui est à l'origine des villes ultramarines. Il s'agit de ports permettant les relations avec la métropole, dont la fonction commerciale se combine à la fonction militaire. L'extraversion économique de la France d'outre-mer tout au long de son histoire (cf. supra) ne pouvait que favoriser la création et la croissance de villes littorales. Ce sont elles qui aujourd'hui dominent largement la hiérarchie urbaine. La plus grande agglomération intérieure, celle du Tampon à la Réunion, est, avec plus de 55 000 habitants (69 000 pour la commune en 2005), assez loin des principaux foyers urbains d'outremer et constitue un cas exceptionnel.

La ville coloniale est un lieu de commerce, de contrôle et de protection. Le contexte de fortes rivalités avec les Britanniques et les Néerlandais, au XVIIe et XVIIIe siècle surtout (cf. supra), impose d'entretenir une garnison et une flotte pour protéger ses possessions. Comme l'indique son nom, Fort-de-France est largement liée à ces considérations militaires. La ville s'est développée au milieu du XVIIe siècle, dans une zone marécageuse, au pied d'un fort, installé sur un petit cap rocheux abrupt. Napoléon, puis la Deuxième République, imposent le nom de Fort-de-France à la place de Fort-Royal. En 1650, quelques années après la construction de ce fort, le fort Saint-Charles est édifié à Basse-Terre et donne une allure de ville fortifiée au chef-lieu de la Guadeloupe, tout comme Cayenne, en Guyane, défendue de la sorte dès 1690. Au milieu du XVIIIe siècle, cette ville forme un hexagone irrégulier ceinturé de murailles.

Bien que la présence permanente de l'armée fût un élément non négligeable de développement urbain, c'est l'activité commerciale de ces comptoirs qui entraîna leur développement. L'existence de bons mouillages était essentielle dans le choix du site. Le seul véritable contre-exemple est Saint-Denis-de-la-Réunion. Cette ville, fondée dans la deuxième moitié du XVIIe siècle, devient définitivement capitale insulaire en 1738, malgré la médiocrité de sa baie, car le gouverneur Mahé de La Bourdonnais la préfère alors à Saint-Paul, sous le vent de l'île, pour assurer plus rapidement les liaisons avec l'Île de France (Maurice), où on a installé le port principal de la *Compagnie des Indes orientales* dans les Mascareignes. La naissance tardive de Pointe-à-Pitre, grâce à l'occupation britannique de la Guadeloupe de 1759 à 1763 (cf. supra), est liée à la qualité de la rade du Petit Cul-de-Sac Marin et aux contraintes du site de Basse-Terre, intéressant pour une première installation, mais devenu un handicap quand la ville et ses activités portuaires se développent.

En raison du caractère aléatoire de la desserte maritime, ces villes portuaires disposaient de vastes et solides magasins afin d'entreposer les denrées prêtes à embarquer. La suprématie du bateau jusqu'au XXe siècle explique que le développement urbain littoral fut aussi la règle dans le Pacifique. Nouméa a été créée *ex nihilo* en raison des avantages portuaires que présentait une belle rade sûre et profonde, protégée par l'île Nou, aux yeux d'officiers de marine. En revanche, Papeete, considéré comme l'établissement urbain le plus ancien du Pacifique Sud, existait déjà quand les Français s'y établirent, suivant missionnaires et commerçants qui avaient choisi cette partie du lagon tahitien parce qu'elle était bien protégée de l'océan par un récif tout en communiquant avec celui-là par une passe large et profonde.

Ces points de contact entre l'espace colonisé et la métropole ont joué le rôle de foyer de diffusion des innovations et de projection lointaine de la vie métropolitaine.

b. Des centres-villes bas aux plans orthogonaux

Il existe un modèle commun du centre-ville ancien des cités de l'outre-mer français. Il est composé de constructions hétéroclites majoritairement basses et relativement récentes, occupées surtout par des commerces au niveau de la rue. Les constructions de plus d'un siècle sont rares, ce maigre héritage architectural s'expliquant par la fréquence des incendies, des cyclones et, aux Antilles, des tremblements de terre (cf. supra). Ces calamités sont donc presque totalement venues à bout du bâti originel. Ainsi, de gigantesques incendies ravagèrent Pointe-à-Pitre et Saint-Denis-de-la-Réunion, respectivement en 1871 et 1914, presque entièrement construites en bois. À Saint-Pierre-et-Miquelon, Saint-Pierre connut les mêmes malheurs en 1844, 1865, 1867 et 1902, année où Saint-Pierre de la Martinique était rayée de la carte par la montagne Pelée (cf. supra). On reconnaît dans ces villes des éléments copiés sur les villes de métropole, comme la réplique du théâtre de Bordeaux à Saint-Pierre de la Martinique, dont il ne reste que des ruines, ou le kiosque à musique de Nouméa, sur

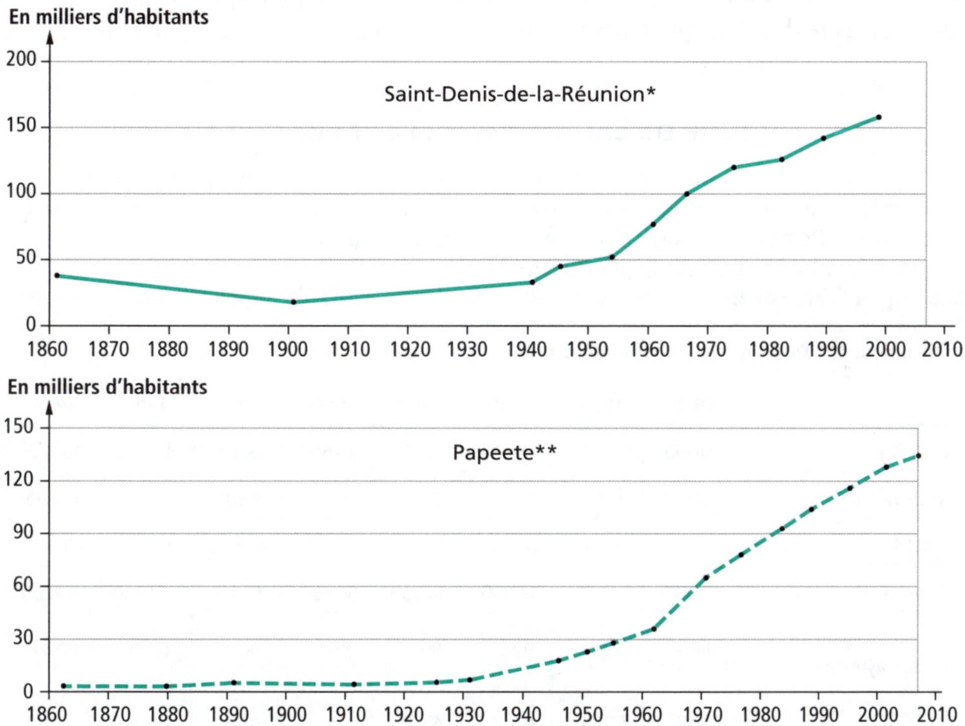

N. B. : Jusqu'en 1941 inclus, nous avons pris en compte la population des communes centres (Saint-Denis-de-la-Réunion et Papeete). À partir de 1946, il sagit des agglomérations définies ci-dessous :
* communes de Saint-Denis-de-la-Réunion et Sainte-Marie
** communes de Mahina, Arue, Pirae, Papeete, Faaa, Punauia et Paea.

Source : élaboration personnelle et G. Tetiarahi, « Papeete : un exemple de croissance urbaine accélérée », *Les Cahiers d'Outre-Mer*, n° 144, 1983, pp. 343-371.

Document 44 : Évolution de la population de Saint-Denis-de-la-Réunion et de l'agglomération de Papeete.

la place des Cocotiers. Des places ou parcs, telles celle des Palmistes à Cayenne ou la Savane à Fort-de-France, interrompent le quadrillage régulier de la voirie, généralement assez étroite. **Voir photo S, page X, dans le hors-texte couleur.**

Le damier colonial, ou plan hippodamique, reste donc un des éléments les plus frappants de la grande ville ultramarine[52], servant à son développement du XVIIe au XIXe siècle. Cette orthogonalité du centre-ville actuel est parfois soulignée par l'émergence de deux rues commerciales ou administratives perpendiculaires, à la manière de la rue Maréchal-Leclerc et de l'avenue de la Victoire à Saint-Denis-de-la-Réunion, des rues des Bons-Enfants et Archambaud à Saint-Pierre-de-la-Réunion ou des rues Général-de-Gaulle et François-Arago à Cayenne. **Voir photo R, page XI, dans le hors-texte couleur.**

c. Un étalement urbain récent

L'extension des villes est d'abord à mettre au crédit de leur forte croissance démographique (doc. 44 et 45). En un demi-siècle, la population de Saint-Denis-de-la-Réunion a plus que triplé, sextuplé pour Papeete, octuplé pour Nouméa et au moins dodécuplé pour Mamoudzou (Mayotte) (doc. 47). Sur un plan spatial, le quadrilatère colonial n'a été débordé que tardivement (doc. 46). Fort-de-France, parce qu'elle a dû

ÉTUDE DE CAS. De Cayenne à l'île de Cayenne

L'île de Cayenne couvre 228 km² et s'étend sur le territoire de trois communes : Cayenne (29 km²), Rémire-Montjoly (51 km²) et Matoury (148 km²). Il s'agit du principal foyer de peuplement de la Guyane puisque 54 % de la population guyanaise se concentre sur moins de 0,3 % de sa superficie.

Document 45 : Évolution de la population sur l'île de Cayenne.

	1948	1954	1961	1967	1974	1982	1990	1999
Cayenne	10000	13400	18600	24600	30500	38100	41000	50300
Reste de l'île	600	1000	1700	2600	4000	9300	21900	33600
Total île de Cayenne	10600	14400	20300	27200	34500	47400	62900	83900
Guyane	22000	27900	33500	44400	55100	73000	114700	157200
Rapport Cayenne/ île de Cayenne	94 %	93 %	92 %	90 %	88 %	80 %	65 %	60 %
Rapport île de Cayenne/ Guyane	48 %	52 %	61 %	61 %	63 %	65 %	55 %	53 %

Sources : *Atlas illustré de la Guyane*, IRD Éditions, 2001, p. 154.

Alors que la commune de Cayenne a vu sa population quintupler en un demi-siècle, celle des deux communes limitrophes a été multipliée par 56. Ainsi, dans la population de l'île de Cayenne, la part de la commune éponyme a fortement baissé, révélant une diffusion de l'urbanisation, que l'on peut apprécier à deux échelles différentes, celle du chef-lieu guyanais et celle de l'île de Cayenne. Dans celle-ci, on constate le développement de noyaux d'urbanisation sur les communes de Matoury et Rémire-Montjoly, qui n'étaient encore il y a une quarantaine d'années que de modestes bourgs. Quant au territoire communal cayennais, les zones urbanisées l'emportent désormais sur les espaces libres (mangrove, reliefs protégés, zones inondables, etc.).

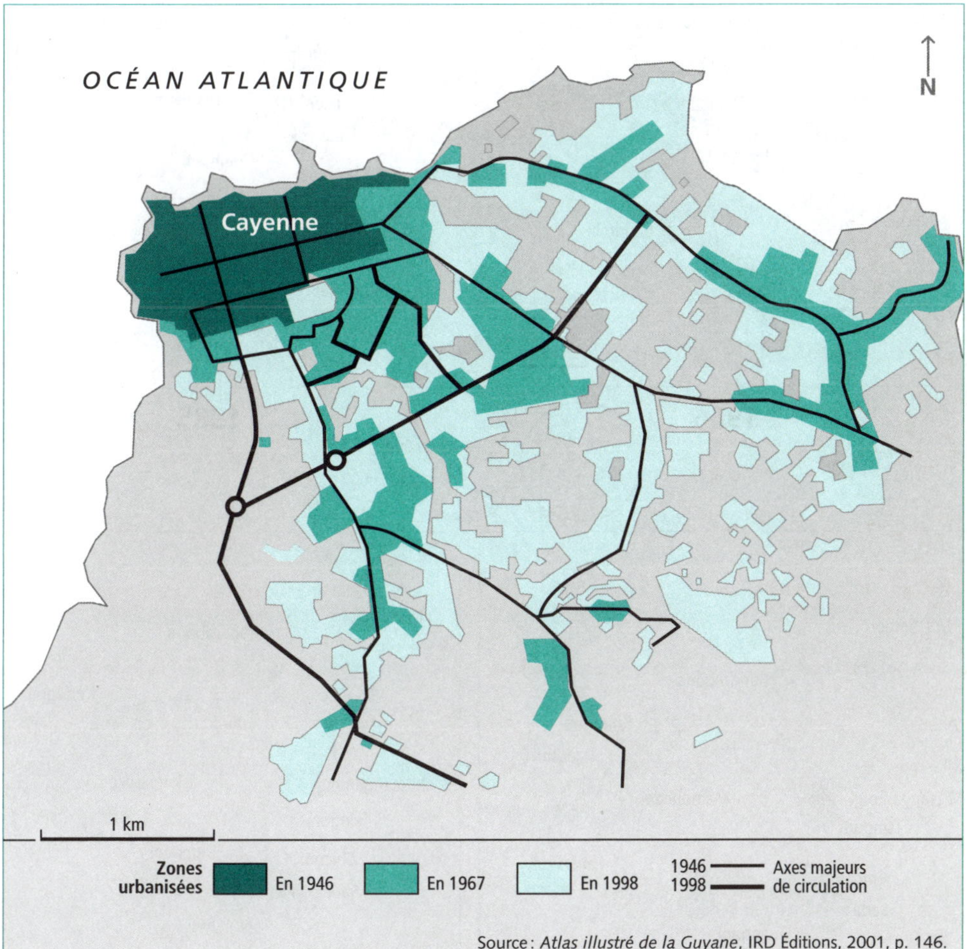

Source : *Atlas illustré de la Guyane*, IRD Éditions, 2001, p. 146.

Document 46 : Diffusion de la zone urbanisée cayennaise.

Cayenne ne s'était que très peu transformée dans la première moitié du siècle dernier et, au lendemain de la Seconde Guerre mondiale, ses limites étaient à peu près celles des années 1860, sauf au nord-est. Le damier colonial contient alors la ville. À la fin des années 1940, l'urbanisation commence à progresser axialement, en direction du sud, en suivant la RN1, et en direction de l'est, le long des routes de Baduel et de Montabo, vers Montjoly. À partir des années 1970, de nouveaux axes routiers, non plus radiaux mais concentriques, orientent l'urbanisation, alors que, simultanément, les vides interstitiels sont peu à peu comblés.

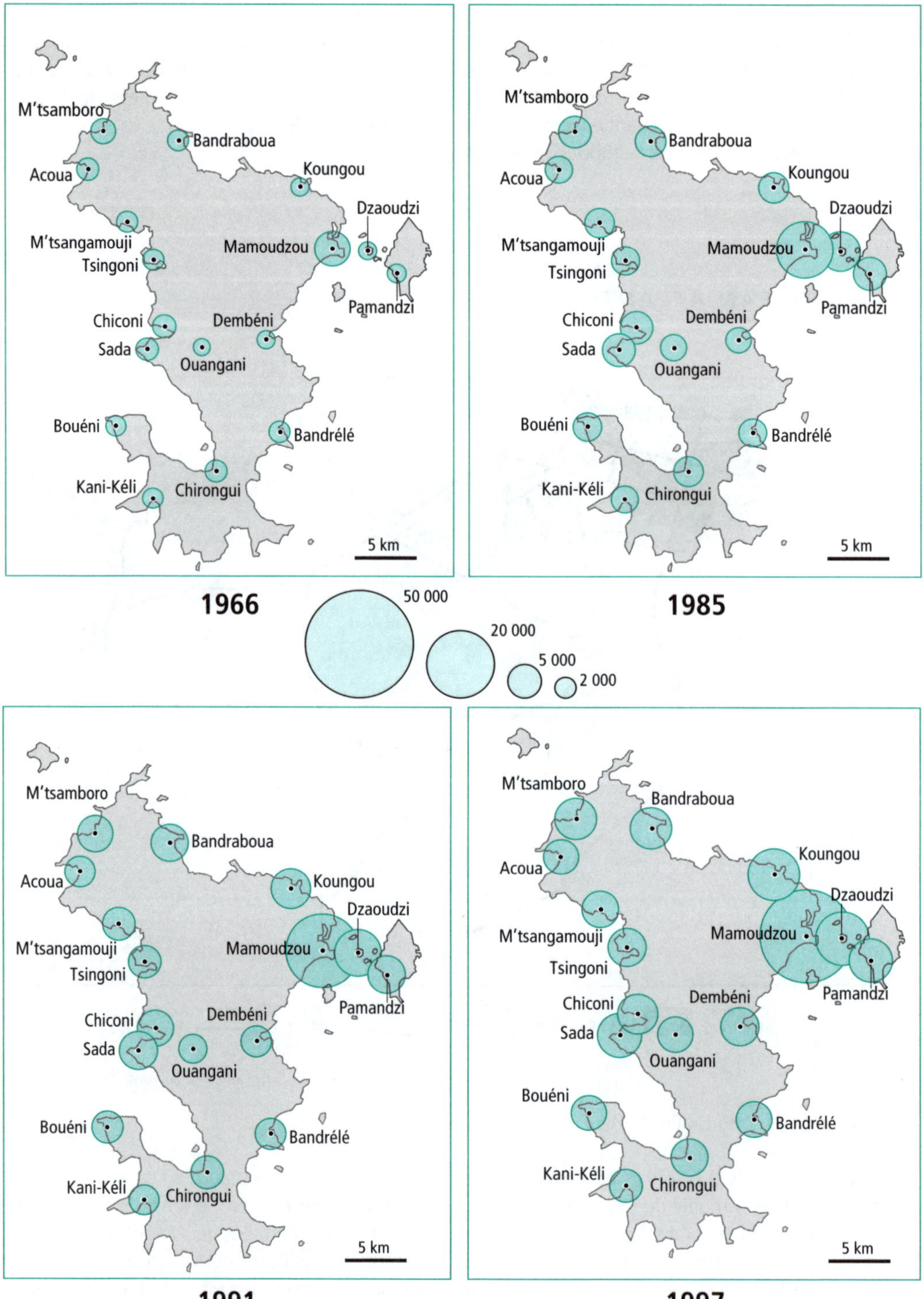

Document 47 : L'évolution de la population des communes de Mayotte de 1966 à 2007.

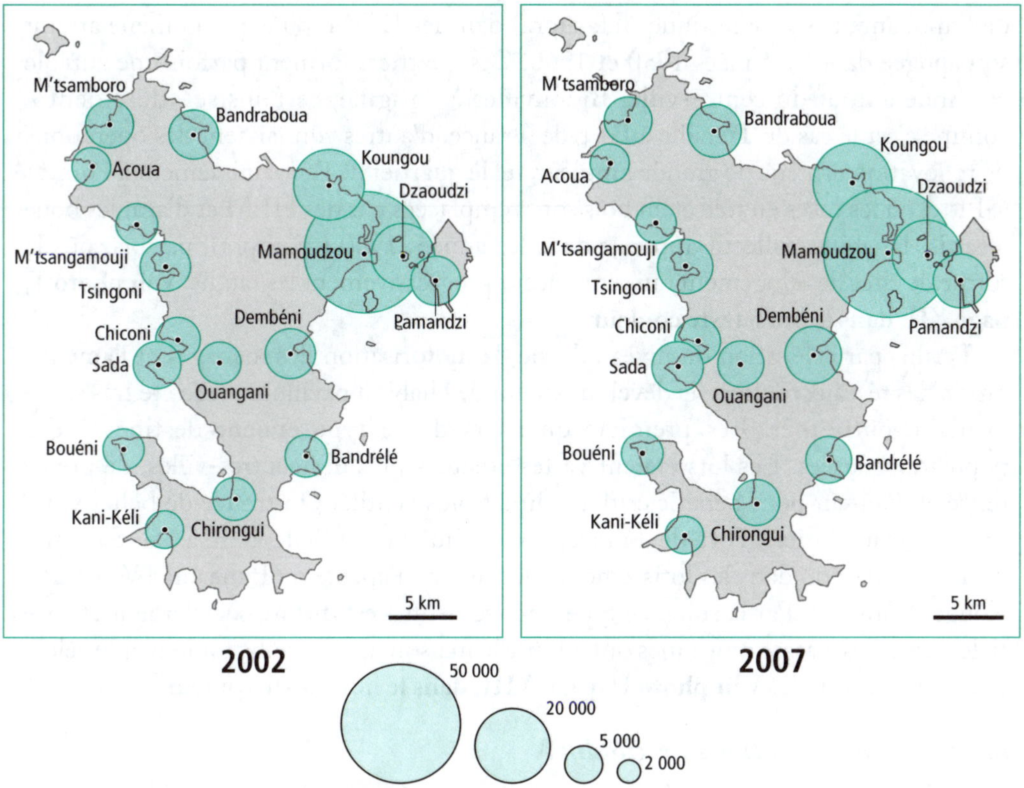

accueillir les activités et les sinistrés des catastrophes volcaniques de 1902 (cf. supra), est « en avance » sur les autres villes ultramarines par l'émergence précoce d'une vaste extension du centre colonial, le quartier des Terres-Sainville. Ce « quartier des misérables », situé dans une zone marécageuse, va compter jusqu'à 6 000 personnes. La municipalité le fait assainir dans les années 1920 pour le lotir suivant un plan orthogonal, après avoir chassé les pauvres qui s'y trouvent. Ceux-ci s'installent sur le morne Pichevin, à l'est du centre-ville, tandis que le développement du port favorise la croissance du quartier de Sainte-Thérèse. Avec le quartier de Morne-Abeillard, on trouve donc à Fort-de-France, avant la Seconde Guerre mondiale, une ceinture de faubourgs populaires, ce qui la différencie nettement des autres villes ultramarines, où l'étalement urbain ne s'est réellement produit qu'à partir de la fin des années 1940.

La combinaison d'une explosion démographique et d'un fort exode rural est à l'origine de cette croissance urbaine. Celle-ci est plus précoce dans les DOM en raison de la départementalisation en 1946 (cf. supra), qui va aussi provoquer des mutations socio-économiques importantes, dont résultent le développement des équipements scolaires et sanitaires, l'amélioration des infrastructures de transport et le renforcement de l'encadrement administratif. Ce gonflement de la population urbaine se traduit par l'apparition de quartiers d'habitat spontané et insalubre. Ils occupent, souvent illégalement, des terrains pentus, marécageux et la zone littorale des cinquante pas géométriques (cf. supra) dans les DOM, où le phénomène atteint son apogée dans les années 1950 et 1960. Ces quartiers forment parfois une auréole continue autour du centre-ville. Bidonvilles à l'origine, certains se « durcifient », comme c'est le cas de Trénelle à Fort-de-France, d'autres connaissent des opérations de rénovation urbaine de grande ampleur, tel le quartier de l'Assainissement à Pointe-à-Pitre, où les cases en tôle et en bois sont remplacées par des HLM et d'amples boulevards. L'habitat collectif apparaît dans les années 1960 (cf. supra), parfois sous la forme de cités de relogement qui remplacent progressivement les taudis. **Voir photo T, page XII, dans le hors-texte couleur.**

Permis par l'élévation du niveau de vie, la motorisation des ménages et l'amélioration des réseaux routiers, le développement de l'habitat pavillonnaire a été très spectaculaire outre-mer. Les premiers quartiers de ce type étaient destinés à des populations aisées. Les lots étaient vastes et situés près des centres-villes, de préférence en hauteur pour bénéficier d'un climat plus ventilé. On trouve de belles villas sur le plateau Didier à Fort-de-France, sur les hauteurs de Bellepierre à Saint-Denis-de-la-Réunion ou dans les lotissements dominants Papeete ou Punaauia (Vetea, Pic Rouge, Lotus…). Par la suite, ce type de logements s'est diffusé socialement et spatialement. Les classes moyennes ont adopté la maison individuelle, toujours plus éloignée du centre-ville. **Voir photo U, page XIII, dans le hors-texte couleur.**

d. Vers une urbanisation sans citadin ?

Au-delà des banlieues et en l'absence de continuité avec celles-ci, le périurbanisme ultramarin se singularise par son caractère clairsemé. Les densités de population y sont faibles et c'est le modèle de la cité-jardin qui domine, avec un habitat individuel en ordre lâche. Toutes choses égales par ailleurs, les villes d'outre-mer sont plus étendues que celles de métropole, en dépit de l'exiguïté de certaines îles. Il est devenu ardu de savoir où s'arrête le rural et où commence l'urbain dans ces contrées où la ville est presque toujours proche. Dans un tel contexte, donner des taux d'urbanisation devient extrêmement difficile, d'autant que, pour comble, la nomenclature spatiale de l'INSEE, avec le zonage en aires urbaines, est inadaptée aux larges mailles communales ultramarines (cf. supra). À titre d'exemple, lorsqu'on l'applique à la Réunion, on s'aperçoit que le cirque de Mafate, à cheval sur les communes de La Possession et Saint-Paul, est un espace à dominante urbaine !

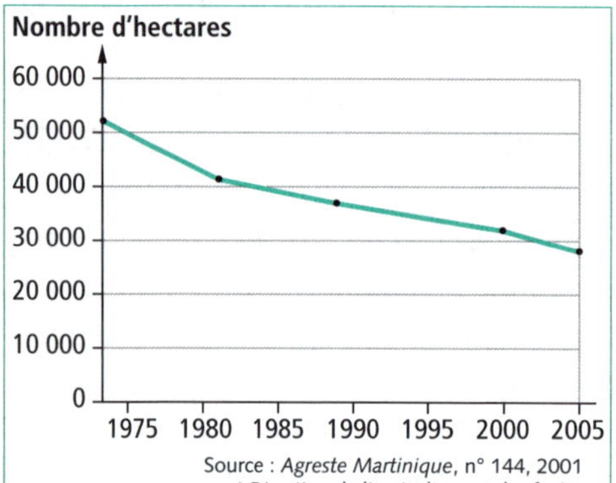

Document 48 : La diminution de la SAU à la Martinique.

Une analyse beaucoup plus fine sur la Réunion a été effectuée à partir de la BD-Topo de l'IGN et du recensement de 1999[53]. En cartographiant toutes les zones construites en continu rassemblant au moins 2000 habitants, on arrive à un taux d'urbanisation de 86 % et une densité moyenne de seulement 6,6 logements à l'hectare. Le cas réunionnais nous révèle que, de plus en plus périurbains, les Ultramarins sont, en valeurs relatives, de moins en moins des citadins. Ce mouvement se traduit par une diffusion de l'habitat dans les zones rurales faiblement occupées et se fait aux dépens des SAU, qui se sont fortement contractées ces dernières décennies (doc. 48). Dans le tissu agricole, des lotissements isolés apparaissent, formant des structures en archipel. Outre la consommation de terres agricoles, cette urbanisation diffuse engendre des coûts élevés de fonctionnement et d'investissement, ce qui explique que parmi les principes du SAR de la Réunion on note la volonté de densifier les agglomérations et de limiter leur extension. **Voir photo V, page XII, dans le hors-texte couleur.**

e. L'émergence de secteurs touristico-résidentiels

Au sein de ces agglomérations ultramarines, on trouve des secteurs où fonction touristique et fonction résidentielle sont très intriquées, tels la pointe du Bout et l'anse Mitan à la Martinique, le littoral du Gosier à la Guadeloupe, le secteur de Saint-Gilles-les-Bains à la Réunion ou le quartier de l'anse Vata à Nouméa. Ils attirent une population aisée qui les choisit comme lieu de vie, formant des quartiers résidentiels au profil sociologique très typé. La norme de zonage IRIS-2000, proposée par l'INSEE, qui prend en compte des zones d'habitation d'environ 2000 habitants pour le recensement de 1999, permet de bien mettre en évidence leur singularité. Ainsi, la population du nouveau quartier de Grand Fond et Boucan-Canot à la Réunion, au nord de Saint-Gilles-les-Bains, est très diplômée, avec près de la moitié des chefs de ménage qui ont un diplôme de l'enseignement supérieur. 24 % sont ingénieurs, cadre d'entreprise ou de la fonction publique et 11 % employeurs. Deux cinquièmes de cette population sont arrivés depuis 1990 sur l'île en provenance très majoritairement de métropole, révélant le caractère européen et bien peu créole de ce quartier. **Voir photo W, page XIV et photo Y, page XV, dans le hors-texte couleur.**

La présence d'un hébergement hôtelier conséquent ne doit pas faire oublier qu'il s'agit d'abord aujourd'hui de lieux de vie majeurs. Saint-Gilles-les-Bains/La Saline-les-Bains regroupe en 1999 plus de 12500 habitants, ce qui en fait la treizième agglomération de la Réunion. À une échelle moins fine, la croissance de la population de Gosier (Guadeloupe), qui est passée de 7900 habitants en 1954 à 25400 en 1999, a été beaucoup plus forte que celle de la population guadeloupéenne, puisque cette commune, totalement intégrée à l'agglomération pointoise, ne représentait que 3,5 % de la population de ce DOM en 1954 et 6 % en 1999. Comme pour Boucan-Canot et Grand Fond, la part des nouveaux arrivants est importante dans les quartiers résidentiels autour du bourg de Gosier.

Quoiqu'il existât des villages de pêcheurs à la pointe du Bout ou sur le littoral de Gosier, le tourisme, au travers de la construction au début des années 1970 de grands hôtels (cf. supra), a créé de nouveaux lieux, telle la localité de la Pointe-du-Bout. À titre d'exemple, à la fin des années 1940, il n'y avait qu'un petit établissement balnéaire de 20 chambres sur la commune de Trois-Ilets, de surcroît à l'anse Noire et pas à la pointe du Bout. Pour Saint-Gilles-les-Bains/La Saline-les-Bains, les choses sont différentes. Certes, au départ, il existait ici aussi des localités de pêcheurs, mais l'hôtellerie est arrivée tardivement, après les campings sauvages ou les pavillons individuels, occupés par une bourgeoisie de Saint-Denis en villégiature et profitant de l'ouverture d'une ligne de chemin de fer à la fin du XIXe siècle. En 1970, cette portion de littoral comptait une vingtaine de chambres d'hôtels, 700 résidences secondaires et quelques camps de vacances, pour une clientèle locale plus modeste. Le glissement de la fonction résidentielle du chef-lieu vers cette côte sous le vent débute grâce à l'ouverture de la route du Littoral (cf. supra). L'inauguration, au début des années 1970, de la *Villa du lagon*, un ensemble hôtelier exploité par le Club Méditerranée, constitue le point de départ d'un tourisme destiné à une clientèle extérieure fréquentant les hôtels.

Le quartier de l'anse Vata à Nouméa n'est pas né du tourisme, mais de la présence militaire américaine pendant la Seconde Guerre mondiale (cf. supra). Le QG et les services sont en effet localisés dans cette partie la plus méridionale de Nouméa. Les noms de certains quartiers actuels témoignent d'ailleurs de cette présence, comme Motor-Pool ou Receiving. L'installation de l'ORSTOM et la reprise, en 1949, du QG américain par le siège permanent de la Commission du Pacifique Sud (CPS) – rebaptisée en 1998 Communauté du Pacifique – créent des foyers d'emplois tertiaires très qualifiés dans ce secteur en bordure de plages. La fonction résidentielle prend de l'ampleur dans les années 1960. Plus tard seulement, les grands hôtels arrivent, avec spécialement l'hôtel *Château-Royal*, repris par le Club Méditerranée.

Ces secteurs touristico-résidentiels se sont développés sur des littoraux sous le vent, donc ensoleillés. Mais cette explication est un peu courte. D'autres éléments jouent, bien peu physiques. L'exemple guadeloupéen le prouve, puisque les hôtels de la première phase de développement touristique, installés dans des sites remarquables de Sainte-Anne, Deshaies et du Moule, en bordure de plages cotées, ont connu des difficultés liées à leur isolement et à leur exiguïté. En revanche, les hôtels de la deuxième phase, implantés à Bas-du-Fort ou à la pointe de la Verdure furent synonymes de réussite économique, alors qu'il a fallu créer de petites anses de sable blanc protégées par des épis rocheux. On voit ici les limites de l'idée de ressources dans les « qualités du site ». Pour la Martinique et la Guadeloupe, la localisation de ces secteurs, nés d'une fréquentation extérieure, tient dans la proximité de l'aéroport, porte d'entrée des touristes, et de l'agglomération qui va les absorber. Plus à l'est, à Saint-François, des opportunités foncières, avec la vente de terrains par l'usine sucrière de Sainte-Marthe, permirent la réalisation d'un golf, d'un aérodrome, d'un port de plaisance et d'hôtels, malgré un littoral marécageux et sans plage.

Les synergies entre la fonction résidentielle et le tourisme éclairent le dynamisme de ces secteurs touristico-résidentiels. La fréquentation des résidents permanents permet de rentabiliser dans certains cas des équipements qualifiés un peu trop rapidement de touristiques en raison de leur vocation première : ports de plaisance de Saint-Gilles, de la baie de l'Orphelinat à Nouméa, de la pointe du Bout, de Bas-du-Fort, ou les divers golfs. En même temps les restaurants et les animations nocturnes bénéficient de cette double clientèle, locale et touristique. On peut d'ailleurs noter que le taux de fonction touristique de ces secteurs – le nombre de places d'hébergement touristique rapporté à la population totale – a tendance à baisser, en considération de leur dynamique démographique. Les aménités de ces quartiers littoraux sont très recherchées par une population aisée, souvent constituée de cadres métropolitains jouissant d'un niveau de vie élevé, eu égard aux surrémunérations (cf. supra), et qui n'hésitent pas à payer cher un tel environnement. C'est cette population d'origine européenne qui a introduit les pratiques balnéaires et cet intérêt pour le rivage, spécialement dans les sociétés créoles enracinées dans la plantation et ignorant largement les littoraux autres que portuaires.

2 Une primauté écrasante

L'explosion urbaine s'est particulièrement concentrée sur la ville principale, au détriment à la fois des villes secondaires en valeur relative et souvent des zones rurales en valeur absolue.

a. La macrocéphalie du chef-lieu

L'importance de la relation à la métropole et des administrations a engendré, dans chaque collectivité ultramarine, une polarisation très forte et sans cesse croissante du chef-lieu sur le territoire sous son autorité, à l'exception de la Guadeloupe où Pointe-à-Pitre n'est pas la préfecture. La population est de plus en plus concentrée dans ces « capitales » d'outre-mer qui écrasent leurs réseaux urbains. Les agglomérations de Cayenne, Pointe-à-Pitre, Fort-de-France, Saint-Denis-de-la-Réunion, Nouméa et Papeete rassemblent plus d'un Ultramarin sur trois contre seulement un sur six dans les années 1930. À un niveau plus fin, cette suprématie est encore plus éclatante, avec le Grand Nouméa regroupant près des deux tiers des Néo-Calédoniens, les agglomérations de Cayenne et Papeete autour de la moitié des habitants de Guyane et de Polynésie française, Fort-de-France et Mamoudzou-Dzaoudzi 40 % (doc. 47) des Martiniquais ou des Mahorais, etc. La Réunion possède le réseau urbain le plus équilibré grâce à la conurbation en cours de formation Saint-Pierre/Saint-Louis/Le Tampon, dans le sud de l'île, qui fait à peu près jeu égal sur le plan démographique avec l'agglomération dyonisienne.

Cependant, il est nécessaire de rappeler les limites d'une analyse de l'urbanisation à partir de la maille communale, surtout lorsque celle-ci diffère d'un territoire à un autre. La forme légèrement différente des deux courbes sur le document 49 est due au problème de la délimitation officielle de ces deux agglomérations. En fait, la périurbanisation est équivalente dans les deux cas, mais l'étendue des quatre communes constituant l'agglomération de Nouméa (1 643 km^2) contient ce processus, alors que celui-ci

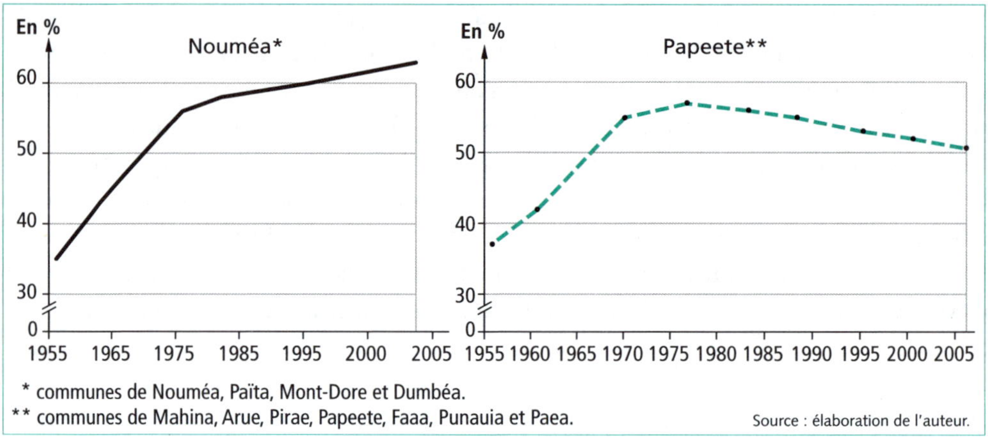

Document 49 : Évolution de la part des agglomérations de Nouméa et de Papeete dans la population de Nouvelle-Calédonie et de Polynésie française.

déborde les sept communes de Papeete (295 km2). En conséquence, hors agglomération, Papara a connu une croissance très forte, passant de 3 500 habitants en 1977 à 10 800 en 2007, de même que Teva I Uta (de 3 200 à 8 600) ou Taiarapu-Est (de 4 400 à 11 800). Progressivement, c'est l'ensemble de la frange côtière tahitienne qui se périurbanise (doc. 50). En outre, l'île de Moorea, à 20 km de Papeete, devient une banlieue du chef-lieu avec la mise en place de navettes maritimes rapides entre les deux îles (5 600 habitants en 1977, 16 600 en 2007). Dans ces conditions, calculer aujourd'hui la part dans la population totale de l'agglomération principale perd de sa pertinence, singulièrement dans les DOM insulaires où l'urbanisation devient ubiquiste dans les zones basses.

b. Un desserrement inégal

Le glissement de la croissance urbaine du centre vers la périphérie n'affecte pas toutes les agglomérations-capitales, et celles concernées le sont à des degrés différents. Ce processus est particulièrement visible là où les villes sont anciennes, pour autant que le maillage communal soit suffisamment fin. Par son exiguïté surprenante (moins de 3 km2) et son ancienneté relative, l'évolution de la commune de Pointe-à-Pitre le révèle clairement avec un optimum démographique atteint en 1967 (29 500 habitants) et un net déclin depuis avec seulement 20 900 habitants en 1999. Beaucoup plus vaste en n'étant pas circonscrite au seul centre-ville, la commune de Fort-de-France a connu le même phénomène au cours de la dernière décennie, avec une perte de 6 % de sa population entre 1990 et 1999. Le desserrement urbain à l'œuvre aux Antilles se perçoit à des niveaux différents. Par exemple, le bilan migratoire de l'ensemble Fort-de-France/Le Lamentin/Schœlcher/Saint-Joseph est très largement négatif au cours de cette période intercensitaire (5 500 départs de plus que d'arrivées). Le centre-ville de Fort-de-France est sinistré avec de nombreux logements vacants et des immeubles à l'abandon, expliquant une ambitieuse opération de revitalisation et de requalification du front de mer. En Guadeloupe, les communes de l'agglomération pointoise, à l'exception de Pointe-à-Pitre, voient leur centre-bourg se vider pour les quartiers périphériques, pendant qu'à l'échelle communale la périurbanisation s'exerce jusqu'à Sainte-Rose, Sainte-Anne et Morne-à-l'Eau (doc. 51). Ces deux cas antillais préfigurent les dynamiques naissantes ou à venir dans d'autres agglomérations-capitales d'outre-mer, à un stade moins avancé d'urbanisation.

Les périphéries de plus en plus lointaines croissent en fonction des axes de circulation : la voie rapide qui permet un accès relativement aisé au centre de l'agglomération foyalaise, nonobstant les embouteillages, explique partiellement l'essor du sud de la Martinique, s'intégrant progressivement à l'agglomération foyalaise, alors que la mise

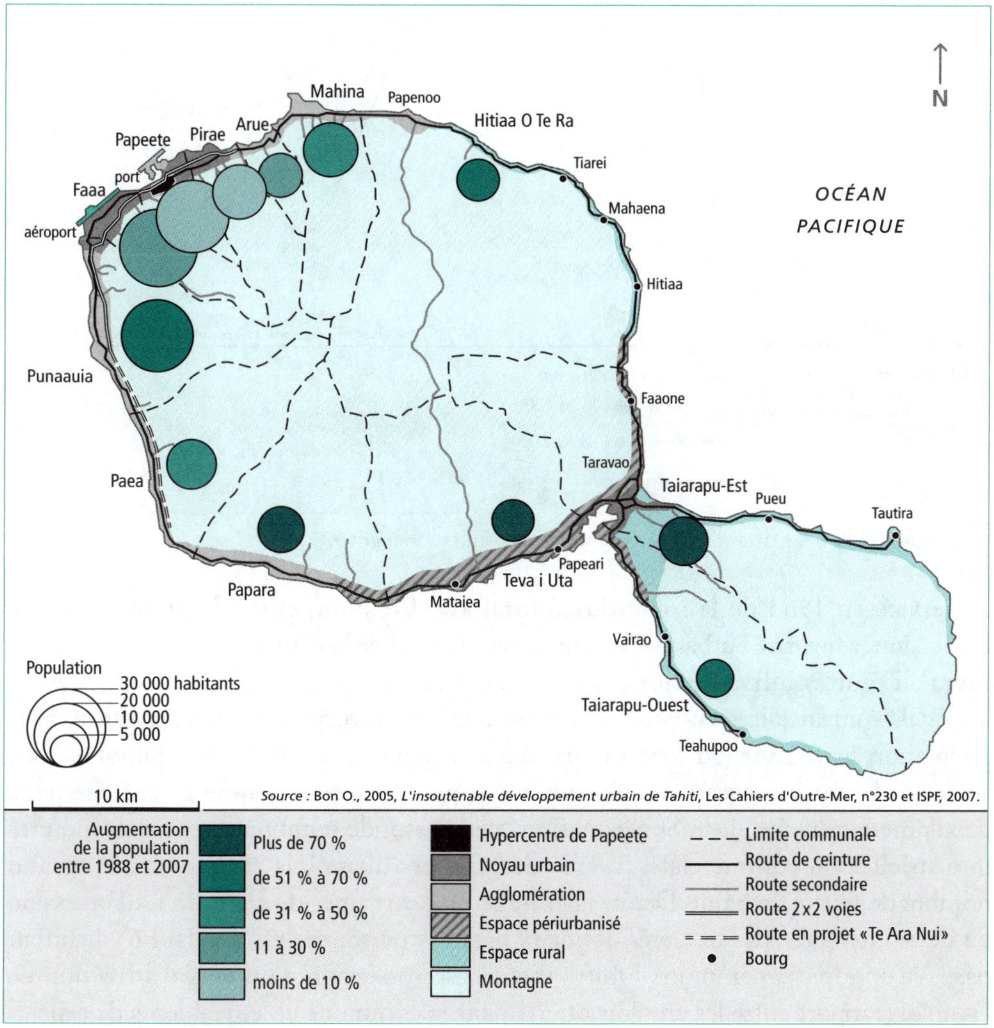

Document 50 : L'extension de la zone urbaine de Papeete.

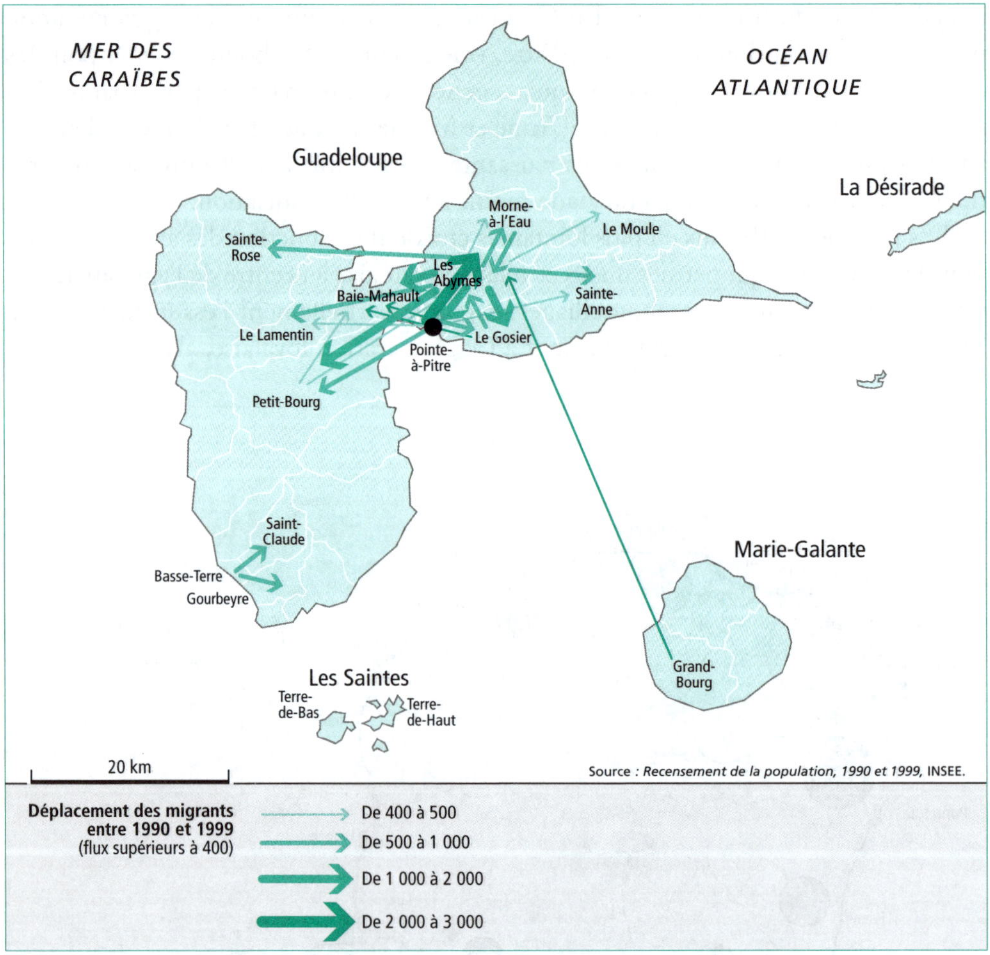

Document 51 : Les migrations intra-guadeloupéennes entre 1990 et 1999.

en service en 1963 de la route du Littoral à la Réunion, entre Saint-Denis et La Possession, a favorisé l'urbanisation du secteur littoral de la commune de Saint-Paul (cf. supra). D'autres infrastructures, spécialement les aéroports et plus encore les ports lorsqu'ils sont localisés en dehors du chef-lieu, ont favorisé une redistribution de la population au détriment des centres par le truchement des actifs. Le cas réunionnais est sûrement le plus intéressant de ce point de vue, puisque le port se trouve à une vingtaine de kilomètres du chef-lieu. Son extension, avec l'essor de nombreuses activités induites industrielles ou commerciales, a créé des milliers d'emplois et détourné un grand nombre de foyers de Saint-Denis, favorisant les communes du Port, de La Possession ou de Saint-Paul. Au Port, près des deux tiers des personnes y travaillant n'y habitent pas. À l'opposé, la commune limitrophe de La Possession a un taux d'attraction de l'emploi (rapport entre les emplois offerts dans la commune et les résidents de celle-ci ayant un emploi) de 49 % en 1999, car elle est coincée entre Le Port et Saint-Denis.

En Guadeloupe, la construction du port et de la zone industrialo-portuaire de Jarry, qui a débuté au cours du Ve Plan (1966-1970), a indéniablement favorisé les communes de Baie-Mahaut et du Lamentin situées comme le port de Jarry à l'ouest de la rivière Salée – sur Basse-Terre donc – dont le franchissement constitue un goulet d'étranglement avec seulement deux ponts routiers, ceux de la Gabarre et de l'Alliance, ce dernier n'ayant été inauguré qu'en 1997. Ce secteur concentre aujourd'hui une grande diversité d'activités avec des bureaux partiellement regroupés dans le Complexe World Trade Center (CWTC), une zone d'entrepôts francs CEE, un parc industriel, une centrale électrique, une minoterie, une cimenterie, etc., ainsi que de nombreuses grandes surfaces commerciales. À l'opposé, l'aéroport international de la Tontouta, à une cinquantaine de kilomètres de Nouméa, n'a pas eu d'effets notables sur le peuplement, eu égard à la modestie de son trafic (407 000 passagers en 2005).

c. La délicate organisation des déplacements

En dépit de ces cas de desserrement des emplois, ceux-ci n'ont généralement pas suivi le glissement de la population vers la périphérie et restent très concentrés dans les chefs-lieux. Papeete est sûrement un cas extrême avec 2,5 fois plus d'emplois offerts que de résidents ayant un emploi, regroupant en particulier toutes les activités industrialo-portuaires de Tahiti, situation qui devrait évoluer lorsque le projet de port à Faratea, sur la presqu'île, sera réalisé. En attendant cette infrastructure importante, près des trois quarts des personnes travaillant à Papeete n'y résident pas. À Mayotte, l'attraction de Mamoudzou s'est renforcée avec un quintuplement des migrations pendulaires vers cette commune entre 1985 à 1997, de même qu'entre 1990 et 1999 le taux d'attraction de l'emploi de Saint-Denis-de-la-Réunion est passé de 119 % à 125 %.

Cette dissociation spatiale croissante entre le domicile et l'emploi explique l'essor des migrations pendulaires, à l'instar de la métropole mais dans un contexte plus difficile, compte tenu de la faiblesse générale des transports collectifs. L'automobile est encore plus utilisée qu'en métropole (doc. 52). Les autorités locales n'ont pas eu une politique cohérente et prospective dans ce domaine et il n'y a pas de concurrence modale, le chemin de fer étant absent de l'outre-mer depuis les années 1970. Les faibles densités périurbaines ne favorisent pas la mise en place de transports collectifs. L'automobile est un objet culte et le principal signe extérieur de richesse : les concessions automobiles sont prospères (cf. supra) ; les voitures puissantes et les véhicules tout-terrain se vendent bien alors que les territoires sont exigus et la plupart des routes en bon état ; le *tuning* est très répandu. La dynamique démographique, avec la croissance du nombre de jeunes adultes en âge de conduire, l'élévation du niveau de vie et le développement du crédit font que le parc automobile gonfle rapidement. À la Réunion, on comptait 139 000 véhicules en état de circuler en 1990 et 338 000 en 2005 !

Dans un tel contexte, le trafic routier progresse vite et la construction des infrastructures est insuffisante. De gros investissements sont faits, mais l'amélioration des conditions de circulation n'est souvent que temporaire, ne faisant qu'accélérer la périurbanisation et renforcer l'usage de la voiture. Tracer de nouveaux axes dans des milieux étroits et urbanisés relève de la gageure, comme le montre le boulevard Sud de Saint-Denis-de-la-Réunion, qui doit doubler l'axe littoral, mais qui n'est toujours pas achevé quinze ans après le début du chantier. Les voies rapides aboutissant aux chefs-lieux sont de plus en plus obstruées le matin et le soir, la route de dégagement Ouest (RDO) de Papeete en étant l'un des exemples les plus éloquents. Les embouteillages constituent désormais le lot quotidien de nombreux Ultramarins, bien que des points noirs soient régulièrement effacés par la réalisation de contournements, d'élargissements ou de voies rapides, telle la voie de dégagement Est (VDE), à péage, inaugurée en 2000 et reliant Nouméa au Mont-Dore. **Voir photo X, page XV, dans le hors-texte couleur.**

Le plus grand chantier actuel est celui de la « route des Tamarins » à la Réunion, dont le coût est estimé à 700 millions d'euros. Il s'agit d'une voie rapide de 34 km entre Saint-Paul et l'Etang-Salé, qui doit remplacer la route nationale en bord de mer, totalement engorgée. D'autre part, toujours à la Réunion, la dangereuse « route du littoral », entre Saint-Denis et Le Port, empruntée par plus de 55 000 véhicules par jour et près des deux tiers du fret de l'île, devrait être remplacée par une route sur digue et en tunnel afin de sécuriser cet axe vital au pied d'une falaise instable.

La loi de 1996 sur l'air et l'utilisation rationnelle de l'énergie a rendu obligatoire l'élaboration d'un plan de déplacements urbains (PDU) pour les agglomérations de plus de 100 000 habitants. Il s'agit de favoriser les modes de transport moins polluants et donc spécialement de promouvoir les transports collectifs. Cette loi ne s'applique qu'aux DOM en vertu du principe d'assimilation législative (cf. supra), mais les quatre agglomérations concernées (Fort-de-France, Pointe-à-Pitre, Saint-Denis et Saint-Pierre-de-la-Réunion) sont très en retard. Ce n'est qu'en 2004 que Saint-Denis-de-la-Réunion et Fort-de-France ont disposé d'un PDU. La comparaison avec des agglomérations métropolitaines de taille comparable souligne ce décalage, Valence, Angoulême, La Rochelle, Montbéliard ou Troyes ayant approuvé leur PDU en 2000 ou 2001. Il n'y a donc pas lieu de s'étonner de l'état des transports collectifs intra-urbains dans l'outre-mer. Seule Saint-Denis-de-la-Réunion possède un transport collectif en site propre (TCSP) : un couloir pour les bus de 5 km reliant le centre-ville au quartier du Chaudron depuis 2000. L'agglomération foyalaise devrait dispo-

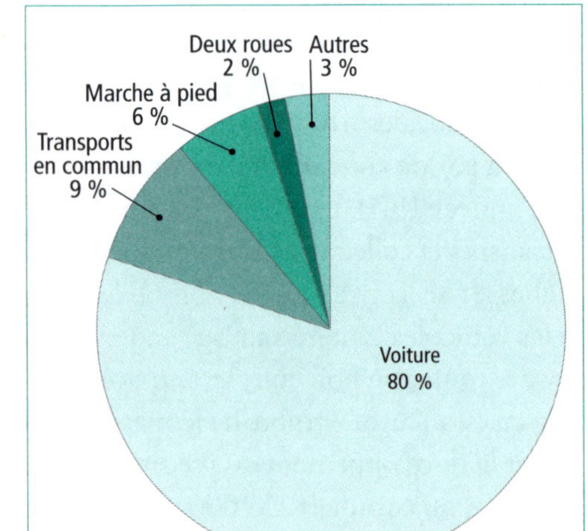

Document 52 : Le mode de transport utilisé entre le domicile et le travail dans l'agglomération foyalaise en 1999.

La généralisation des embouteillages

« Des modifications des comportements des usagers ont pu apparaître, telles une adaptation des horaires pour éviter les heures de pointe, mais le niveau de saturation est devenu tel qu'il est impossible actuellement, au moment de prendre sa voiture, de mesurer le risque d'être bloqué, le moindre dysfonctionnement (accrochage, panne, obstacle sur une voie) provoquant un ralentissement très sensible. Ce phénomène est nouveau puisqu'en 1994 ou 1995, les embouteillages ne se formaient, sauf exception, qu'aux heures de pointe du matin et de fin d'après-midi. Cet aspect est maintenant aléatoire et conduit l'automobiliste à avoir des comportements a priori *avantageux individuellement mais globalement dommageables : les situations d'encombrement apparaissant d'abord sur les grandes artères, l'automobiliste cherche à emprunter des voies secondaires, passant par des zones résidentielles, voire des chemins privés, des parkings d'immeuble ou de supermarché. Il contribue ainsi à étendre les zones d'embouteillage par ramifications successives. De plus, étant dans l'obligation de rejoindre ou de couper certains axes déjà saturés et donc peu fluides, il augmente le nombre et la fréquence des conflits de carrefour, détériorant encore le peu de fluidité de ces grands axes. »*

Martouzet D., *Fort-de-France. Ville fragile ?*, Paris, Anthropos, 2001, p. 191.

ser d'un tramway sur pneus en 2011-2012. Ailleurs, la situation est plus ou moins anarchique, avec un matériel souvent vétuste et polluant, de nombreux opérateurs, peu de lignes, l'absence d'horaires ou leur non respect à l'instar des itinéraires, des arrêts à la demande en complément ou pas de points d'arrêt fixes.

Le transport collectif de passagers fait parfois partie du folklore local, comme à Tahiti avec ses célèbres *trucks*, des camions plateaux surmontés d'une cabine en bois équipée de bancs installés dans le sens de la longueur, où les passagers sont alignés face à face, souvent dans une musique assourdissante. Le truck est un des hauts lieux de la sociabilité polynésienne. En dehors des gares routières de Papeete, le *truck* dans ses parcours intra ou interubains s'arrête à la demande, et il n'y a aucun arrêt matérialisé par un panneau ou un abribus. Une dizaine de petites entreprises sont titulaires d'une licence d'exploitation. Ce n'est que depuis quelques années que circulent des bus modernes et climatisés sur l'axe Papeete-Taravao par la côte ouest. Le *truck* est aujourd'hui en voie de disparition, le ramassage scolaire est désormais assuré par les célèbres bus jaunes nord-américains.

d. Des quartiers en grande difficulté

La capitale ultramarine est ségréguée, car elle est le reflet de ces sociétés extrêmement inégalitaires (cf. supra). Aux quartiers résidentiels aisés qu'on trouve notamment en proche périphérie – par exemple Schœlcher et les hauteurs de Fort-de-France, Bellepierre ou La Montagne à Saint-Denis-de-la-Réunion, la baie des Citrons, l'anse Vata ou val Plaisance à Nouméa – ou dans les secteurs touristico-résidentiels, s'opposent des quartiers très défavorisés concentrant une population souvent sans emploi. Aux Antilles et à la Réunion, l'habitat de fortune est un phénomène résiduel

L'autre Guadeloupe

« Voici d'abord, à deux pas de l'université, le bidonville de Carénage. Un fouillis de tôles et de planches, parcouru de venelles boueuses. Des Guadeloupéens y vivent, et aussi tout un petit peuple d'immigrés haïtiens et dominicains. Les prostituées sont jeunes ; elles se vendent devant des bistrots de bric et de broc. Autour d'elles, la vie suit son cours. Trois rastas esquissent des pas de danse au rythme du reggae. Une mère de famille étend son linge. Des gamins s'amusent près de l'ancienne rhumerie. Un homme nu se lave à grands seaux au milieu d'un terrain vague… […]
À cinq minutes en voiture, voici maintenant une cité de mauvaise réputation : Boissard. Pas de planches, cette fois, mais du béton, tant de béton que le paysage évoque davantage la Seine-Saint-Denis que les Antilles. Ici aussi, on « nique la police », *c'est écrit sur les murs. Les bâtiments sont sales, gagnés par la moisissure. Les gamins s'en moquent : ils jouent au foot. Plus loin, devant des cabanes hors d'âge, quatre dealers guettent les fumeurs de crack, les* « paros » *en langage de la rue.* « Paros » *pour* « paranos », *en référence à leurs yeux écarquillés, à leur façon de se croire suivis, épiés, persécutés. La population craint ces zombies décharnés, elle les sait capables de toutes les violences. »*

Broussard Ph., *Le Monde*, 8 janvier 2003

et l'on a surtout à faire aux grands ensembles ou aux taudis durcifiés. Dans le reste de l'outre-mer, notamment là où l'immigration est forte, l'habitat spontané n'est pas en perte de vitesse. Dans l'agglomération de Cayenne, l'installation de Brésiliens et surtout d'Haïtiens explique l'essor des quartiers de la Chaumière ou de Cogneau-Lamirande, surnommé « Little Haïti ». À Mamoudzou (Mayotte), le quartier sous-intégré de Kaouéni voit arriver les immigrants comoriens. À Papeete, ce sont les émigrés des îles qui peuplent fréquemment ces taudis, qu'on appelle d'ailleurs parfois du nom de leur île d'origine (quartier Tubuai, quartier Rurutu, etc.).

La misère, la délinquance, la drogue, l'alcoolisme, les sévices à l'égard des femmes et des enfants frappent particulièrement ces zones défavorisées. La gravité de la situation de certains quartiers urbains d'outre-mer a d'ailleurs été soulignée par le pacte de relance pour la ville (loi du 14 novembre 1996) qui, dans le cadre d'une politique de la ville plus soucieuse de cibler ses actions, a défini 751 zones urbaines sensibles (ZUS)[54], dont 34 dans les DOM et à Mayotte, le reste de la France d'outre-mer n'étant pas concerné par cette loi au nom du principe de spécialité législative (cf. supra). À l'examen de ces chiffres, la surreprésentation des DOM dans cette politique est flagrante, avec un vingtième des ZUS pour moins d'un trentième de la population française. En 1999, un habitant sur treize résidait dans une ZUS en métropole, mais un habitant sur huit dans les DOM (208 000). La Martinique ne compte pas moins de huit ZUS : Dillon, Godissard, Terres-Sainville, Citron et Volga-Plage à Fort-de-France ; Vieux-Pont, Bas-Mission et Four-à-Chaux au Lamentin.

Ce pacte a défini deux autres niveaux d'interventions caractérisés par des dispositifs fiscaux et sociaux d'importance croissante avec les zones de redynamisation urbaine (ZRU), au nombre de 416, dont 20 dans les DOM, et les zones franches urbaines (ZFU), dont 7 sur 100 sont domiennes : Dillon à Fort-de-France (6 700 hab. en 1999) ; Chaudron-Moufia-Cerf à Saint-Denis-de-la-Réunion (14 300 hab.) ; Charbonnière-Centre Bourg à Saint-Laurent-du-Maroni (7 100 hab.) ; Village Chinois-Quartier Sud à Cayenne (15 600 hab.) ; Rivière des Pères-Centre-Ville à Basse-Terre (2 100 hab.) ; Boissard-Mortenol-Les Lauriers-Sortie Sud-Est à Pointe-à-Pitre et aux Abymes (13 300 hab.) ; La Cressonnière-Quartier Rive Droite dans l'est de la Réunion. Là encore, les DOM étaient surreprésentés avec, en 1999, environ un Domien sur 40 résidant dans une ZFU contre un métropolitain sur 90.

Conclusion : Un modèle de la capitale ultramarine

Au terme de ce chapitre consacré aux villes, il nous apparaît nécessaire de proposer une modélisation des capitales ultramarines, tant il existe de nombreux points communs entre elles. Cette généralisation ne va pas sans problème, car elle ne rend pas compte de la somme des particularités. Toutefois, le bénéfice à mettre en évidence des caractères communs l'emporte sur les inconvénients de la posture idiographique. Pour construire ce modèle, nous sommes parti de trois structures élémentaires qui nous semblent le mieux synthétiser l'organisation des grandes villes d'outre-mer (doc. 53).

La première est des plus classiques, puisqu'il s'agit de la forme urbaine auréolaire, relevant de la conquête et de l'attraction. Autour du damier colonial, de moins en moins résidentiel et de plus en plus commercial, malgré la concurrence des grandes surfaces périphériques, on trouve une première auréole assez hétérogène formée par de l'habitat individuel et collectif, occupé par les classes populaires et moyennes, ainsi que de grands équipements publics (lycée, université, hôpital, etc.). Au-delà de ces faubourgs très vivants mais pas toujours complètement remplis, on trouve les quartiers d'habitat individuel aisé. La zone périurbaine apparaît ensuite, après une solution de continuité, et peut se cristalliser autour de bourgs. Elle se prolonge parfois sur des dizaines de kilomètres et vient souder des villes naguère encore éloignées de la capitale.

La deuxième structure cherche à rendre compte de l'hétérogénéité du site et de la rugosité de l'espace. En effet, les villes d'outre-mer ne sont majoritairement pas installées dans des zones planes où toutes les directions se valent. La topographie des îles et leur localisation littorale vont avoir des conséquences majeures. On a généralement un relief volcanique, constitué de planèzes très disséquées par les cours d'eau, qui débouche sur une étroite plaine littorale. Les auréoles sont largement déformées. La seconde se mue en secteurs sur les plateaux dominants la ville, colonisés par les nantis. La première devient bande, amputée de 180° par l'océan et s'étalant le long du littoral en se digitant dans les vallées encaissées, où l'on va trouver les populations les plus défavorisées. Une telle topographie est source de contrastes et de ruptures : des quartiers très différents peuvent être très proches en ligne droite, mais en fait éloignés compte tenu de la voirie. Les cours d'eau sont parfois de véritables obstacles ; formant

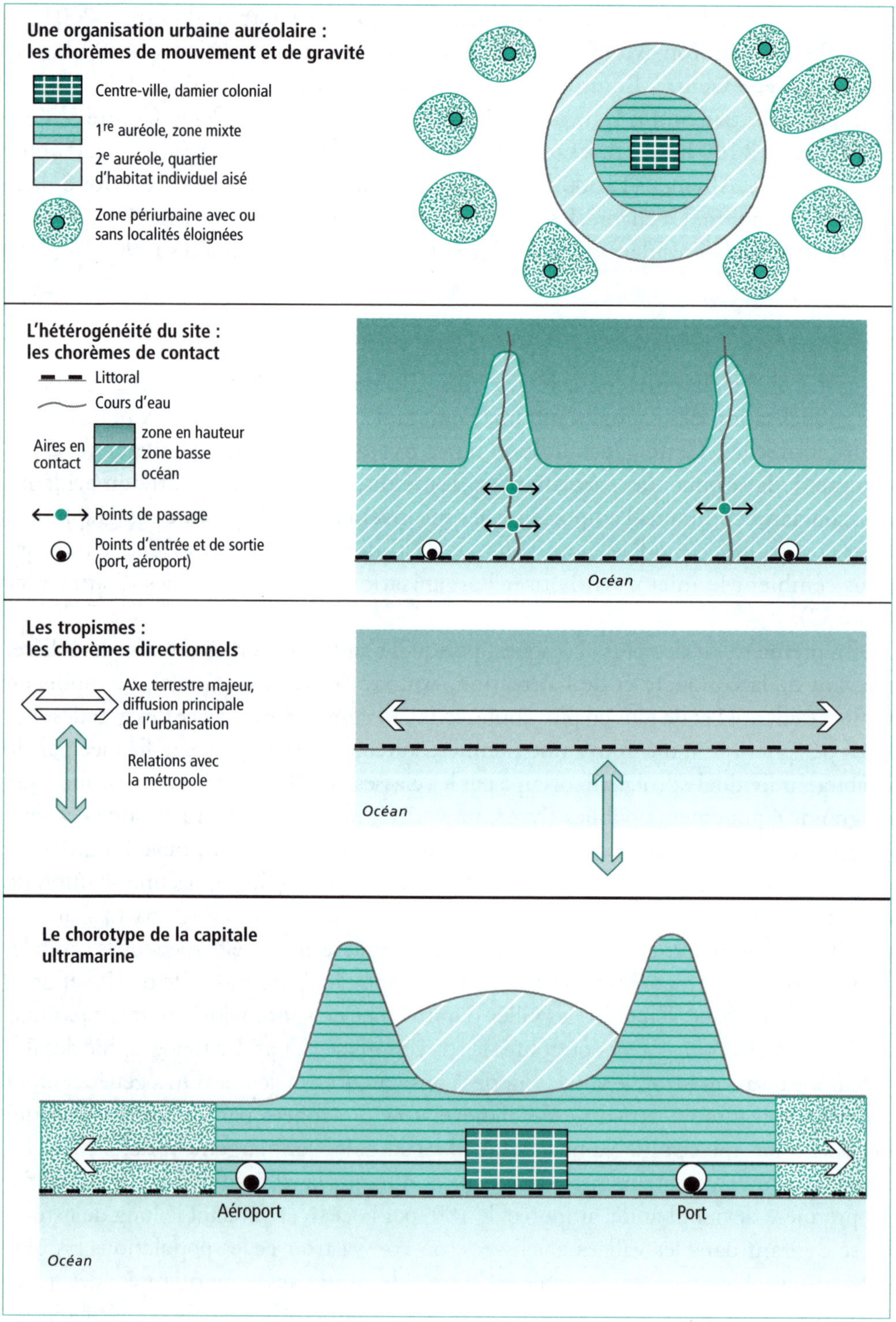

Document 53 : Des trois structures élémentaires de la capitale ultramarine au chorotype.

des goulets d'étranglement par la faiblesse des points de franchissement, tout en étant des zones dangereuses lors des cyclones, avec les risques de débordement et de dévastation.

La dernière structure a trait aux tropismes : longitudinal pour les circulations terrestres, coincées entre mer et montagne, dessinant de la sorte à une échelle moins fine un anneau ; transversal pour les relations transocéaniques avec l'extérieur, essentiellement la métropole, et passant par deux lieux de contact, le port et l'aéroport.

En complément de cette modélisation, le profil Nord-Sud de Saint-Denis-de-la-Réunion (doc. 54) permet d'un peu mieux percevoir l'organisation de ces localités. Le centre-ville dyonisien se développe dans la zone plane et basse, les immeubles de plus de quatre niveaux y sont rares. Au-delà et jusqu'au bas des versants, on trouve des immeubles collectifs de quelques étages, des tours d'habitation, des zones de maisons individuelles ainsi que des grands bâtiments publics (Centre hospitalier départemental, IUFM, Conseil général...). Cette première auréole a aujourd'hui tendance à conquérir les premières pentes avec la multiplication de petits immeubles collectifs cossus surplombant la ville. Au-dessus de cette frange en mutation, on trouve les villas cossues des catégories supérieures qui, elles aussi, progressent vers le haut, quoique la partie la plus huppée soit située entre 150 et 300 mètres. Progressivement en

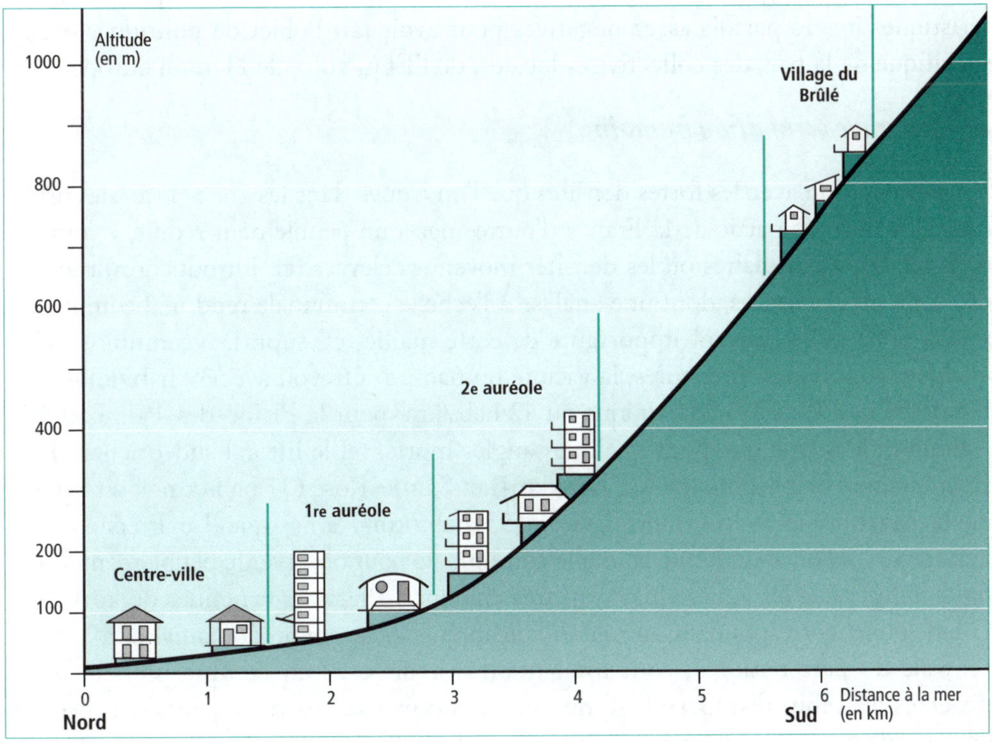

Document 54 : Profil Nord-Sud de Saint-Denis-de-la-Réunion.

continuant la route en lacets, la densité des habitations diminue de même que les revenus des occupants. Une zone quasiment inhabitée apparaît alors jusqu'aux premières maisons du Brûlé, localité des Hauts de l'île, lieu traditionnel de villégiature de la bourgeoisie dyonisienne en saison chaude et se périurbanisant aujourd'hui.

II. Les espaces en marge

Plus qu'en métropole, les contrastes sont très prononcés entre les espaces urbanisés et le reste des territoires. Dominées socio-économiquement, ces marges occupent des situations topologiques contraires en étant soit centrales, dans le cas de l'intérieur des îles, soit périphériques, surtout en ce qui concerne les îles et archipels éloignés. On constate aussi l'existence d'angles morts, avec quelquefois un secteur du littoral resté très rural et échappant à l'urbanisation. Cependant, des processus de rééquilibrage sont à l'œuvre dans certains endroits, alors que la périphéricité peut devenir un atout, synonyme d'exemption ou d'isolement propre à attirer les touristes.

1 Des traits désavantageux

La plupart des marges se distinguent du reste des territoires ultramarins par des caractéristiques jugées parfois assez négatives pour avoir fait l'objet de politiques d'aide spécifique de la part des collectivités locales, de l'État, voire de l'Union européenne.

a. Une faible occupation humaine

En comparaison avec les fortes densités que l'on trouve dans les zones littorales urbanisées, la majeure partie de la France d'outre-mer a un peuplement réduit, y compris dans les DOM insulaires où les densités moyennes élevées (cf. introduction) cachent des disparités majeures, dont une analyse à l'échelle communale rend mal compte, en raison de la taille souvent importante de cette maille (cf. supra). Néanmoins, pour quelques communes intérieures, la vacuité humaine s'entrevoit avec 39 hab./km^2 pour Fonds-Saint-Denis à la Martinique ou 42 hab./km^2 pour la Plaine-des-Palmistes à la Réunion, de même que pour quelques angles morts, tel le littoral sud-oriental de la Réunion avec Saint-Philippe (31 hab./km^2) et Sainte-Rose (37 hab./km^2), ou le nord de la Martinique avec Grand'Rivière (53 hab./km^2) ainsi que Le Prêcheur (62 hab./km^2). Si l'on abandonne la maille communale pour observer le peuplement, on se rend compte que les zones vides sont très étendues. Plusieurs centaines de km^2 de la Guadeloupe, correspondant au massif volcanique sous régime domanial et à la zone centrale du parc national, sont totalement inhabitées, tout comme près des neuf dixièmes de Tahiti. En Grande Terre néo-calédonienne, aux trois quarts occupée par des massifs montagneux, on ne trouve que quelques petites communautés autochtones et qu'une poignée de forestiers et de mineurs au-dessus de 150 mètres d'altitude. Les îles Loyauté ne comptent que 22 000 habitants pour 1 980 km^2, soit une dizaine d'habitants par km^2. Plus exemplaire encore, on compte moins de 0,1 hab./km^2 sur la plus grande partie du territoire guyanais. **Voir photo Z, page XVI, dans le hors-texte couleur.**

Cette dichotomie des territoires ultramarins résulte d'une mise en valeur reposant sur des économies de comptoir et des cultures d'exportation (cf. supra), favorisant les plaines littorales et les ports au détriment des zones intérieures, qui, de surcroît, étaient beaucoup plus difficiles à exploiter, compte tenu des contraintes liées aux pentes ou à l'altitude (cf. supra). Par ailleurs, le peuplement ou le repeuplement des DOM insulaires, eu égard à leur vacuité ou à la disparition des populations autochtones (cf. supra), s'est bien évidemment concentré sur les littoraux. Dans le Pacifique, la colonisation eut des effets fort dissemblables. En Polynésie française, la littoralisation s'est renforcée avec l'abandon des vallées et des planèzes, occupées pendant la période préeuropéenne. Ce processus a été contrarié en Nouvelle-Calédonie par l'occupation européenne qui a rejeté les Mélanésiens dans les hautes vallées, tandis que des bourgs européens (Koumac, Bourail, Poindimié, etc.) se développaient tous les 30 ou 40 km sur le pourtour de la Grande Terre en position littorale ou sur la partie navigable des principaux cours d'eau, répondant à un cabotage très développé jusqu'à la Seconde Guerre mondiale.

Un transfert de population s'est aussi produit des îles ou archipels éloignés vers l'île principale (doc. 55 et 56), correspondant partiellement au gonflement des villes capitales (cf. supra). Nombre d'atolls des Tuamotu ont été complètement désertés, tels Temantangi, Ravahere ou Vanavana. Il y a aujourd'hui une quarantaine d'atolls habités en permanence sur les 78 que compte l'archipel, avec une population s'échelonnant, en 2007, de 44 habitants (Tepoto Nord) à 2 438 habitants (Rangiroa), sept atolls ayant moins de 100 habitants et trois seulement dépassant les 1 000 habitants. L'évolution du peuplement de cet archipel s'apprécie à deux niveaux : celui des atolls, avec l'abandon de certains et une émigration vers Tahiti ; celui des *motu* (îlots situés sur la couronne récifale d'atoll ou sur une barrière récifale d'île haute) avec un regroupement des individus dans un seul *motu* et l'abandon des *motu* périphériques comme lieu de vie et de travail, ce qui aboutit à opposer dans nombre d'atolls le *motu* village aux autres, inoccupés.

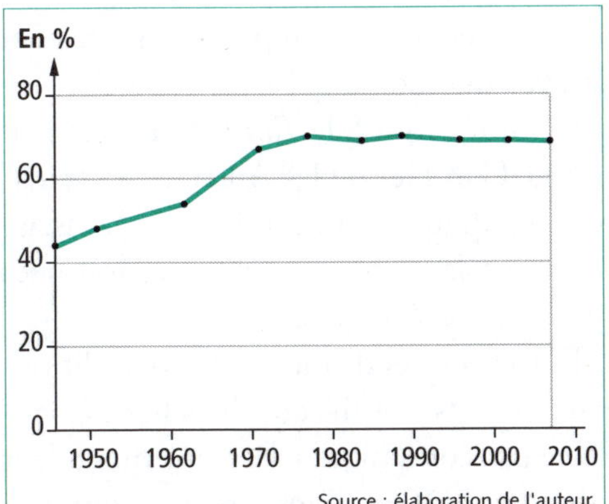

Document 55 : Évolution de la part de Tahiti dans la population de Polynésie française.

Généralement, le dynamisme démographique de ces marges est plus faible que dans le reste des territoires ultramarins, affecté par une croissance vigoureuse. Par

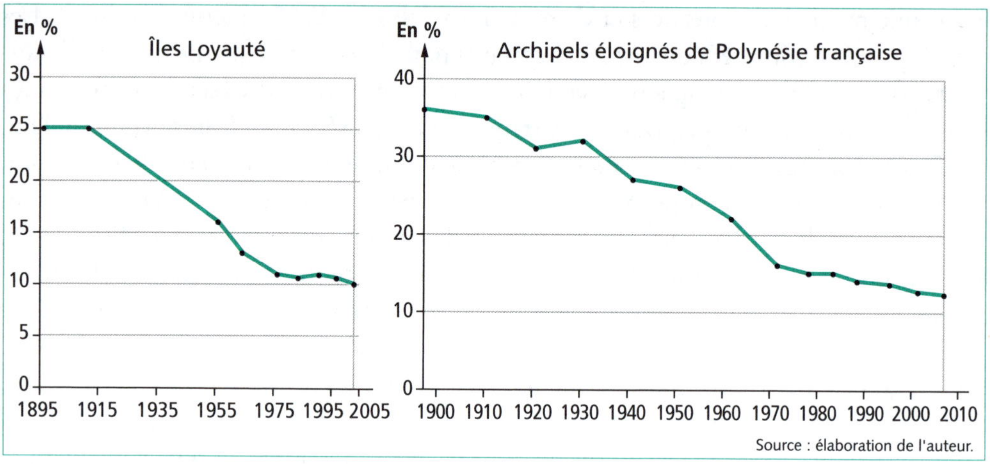

Document 56 : Évolution de la part des îles Loyauté dans la population de Nouvelle-Calédonie, et des archipels éloignés (Tuamotu-Gambier, Marquises et Australes) dans la population de Polynésie française.

exemple, alors que la population réunionnaise doublait de 1961 à 1999, les communes de Saint-Philippe, Sainte-Rose, Cilaos et Salazie progressaient respectivement de 65 %, 42 %, 18 % et 12 % seulement. Pareillement, les îles de la Désirade, de Marie-Galante et des Saintes perdaient respectivement 5 %, 22 % et 3 % de leur population en un quart de siècle (1974-1999), pendant que l'ensemble du département guadeloupéen progressait de 30 %.

b. Des territoires enclavés

Habituellement mal reliés aux villes et à l'extérieur, ces territoires pâtissent de leur mauvaise accessibilité. L'émiettement des terres en Polynésie française (cf. supra) constitue un cas extrême. Quelques atolls habités des Tuamotu sont encore aujourd'hui dépourvus de piste d'aviation et de port, tels Hereheretue, Tepoto ou Marokau qui comptent moins de 100 habitants. Le débarquement par baleinière peut être périlleux lorsque le wharf est sur le récif avec une houle qui peut faire chavirer l'embarcation. La Collectivité finance un navire administratif, le *Tahiti Nui*, touchant les Îles Sous-le-Vent, les Marquises, les Tuamotu-Gambier ou les Australes et transportant des médecins généralistes et spécialistes, un dentiste, un gendarme, une assistante sociale, un agent bancaire ou un inspecteur scolaire, mais souvent les tournées se font grâce au patrouilleur de la Marine nationale *La Tapageuse*.

Le Fonds de développement des archipels (FDA) permet d'améliorer les conditions de vie de ces lieux à l'écart, en finançant des équipements sportifs et culturels, des logements individuels ou en soutenant quelques secteurs économiques. Parallèlement, leur désenclavement se poursuit. Un programme de près de 20 millions d'euros, dont plus de la moitié provient du FREPF, doit rendre plus accessible par mer 31 atolls des Tuamotu-Gambier. La téléphonie mobile a fait des progrès considérables avec un taux de couverture de 96 % de la population en 2006, dont plus des deux tiers des Paumatu. Dans les Tuamotu, on peut noter la mise en service récente des aérodromes de Katiu et Kauehi, tandis qu'aux Australes, l'aérodrome de Raivavae est ouvert depuis 2002 et celui de Rimatara depuis 2006. Des études de faisabilité ont été menées à Rapa, depuis le référendum favorable de 2000 sur cette île très isolée.

L'enclavement de l'intérieur guyanais est aussi avéré. Le réseau routier est cantonné à une bande littorale d'une quarantaine de kilomètres de large et se limite pour l'essentiel à une route reliant Saint-Laurent-du-Maroni à l'ouest, sur la frontière surinamaise, à Saint-Georges à l'est, sur la frontière brésilienne (doc. 57). Le tronçon Régina/Saint-Georges, d'une longueur de 80 km, n'a été totalement achevé qu'en 2004 avec le pont sur l'Approuague. Outre la faiblesse des densités, cette situation, avec seulement 10 mètres de voiries départementale et nationale par km^2, est à mettre sur les comptes de la forêt équatoriale, d'un réseau hydrographique très dense constitué de cours imposants et de sols hydromorphes. En dépit d'un réseau peu développé, on compte de nombreux ponts en Guyane, dont six dépassent les 200 mètres de long. Les fleuves Maroni, Oyapock et Approuague sont des obstacles majeurs, mais si seul un bac permet de relier la Guyane au Surinam par voie terrestre, un pont devrait prochainement franchir l'Oyapock, permettant une liaison routière Cayenne-Macapa (Brésil). Dans l'intérieur de la Guyane, on peut opposer les localités situées sur les fleuves frontières, qui bien que sans liaison routière avec l'extérieur, utilisent la voie fluviale, telles Grand-Santi, Papaïtchon ou Maripasoula, et celles à l'écart de ces fleuves, comme Saül ou Saint-Elie. Aucune liaison routière fiable en permanence n'existe pour gagner cette dernière, alors que Saül (158 habitants), quasiment au centre géométrique de la Guyane, est reliée au reste du monde par un vol quotidien vers Cayenne. Mais c'est sûrement la commune de Camopi, totalement amérindienne, avec des Emerillons et des Wayampis, qui est la plus isolée, au sud-est du département. Ses 1 469 habitants en 2007 vivent en deux noyaux distants de plus de 100 km : Camopi-Bourg, le plus en aval, qui regroupe les deux tiers de la population communale ; Trois-Sauts et quelques hameaux, sur le haut Oyapock. Il n'y a pas de lignes aériennes régulières vers Cayenne et, bien évidemment pas de route, tandis que le parcours fluvial est ponctué de sauts infranchissables. La navigation est donc difficile, et parfois dangereuse. L'affrètement d'un hélicoptère ou d'un avion est très coûteux, de même que la pirogue. Les élèves de Trois-Sauts scolarisés à Saint-Georges, 220 km au nord, mettent de 14 à 72 heures suivant la saison pour gagner leur établissement ou rentrer dans leur village.

c. Le cas des Hauts de la Réunion

Si les exemples polynésiens et guyanais que nous venons d'aborder méritaient notre attention par leur exceptionnel isolement, bien qu'ils ne concernent qu'une dizaine de milliers d'individus, les Hauts de la Réunion nous intéressent tout particulièrement. À l'inverse des cas précédents, ils sont certes beaucoup moins isolés mais sont bien plus peuplés avec 140 000 habitants en 1999, soit 20 % de la population de l'île

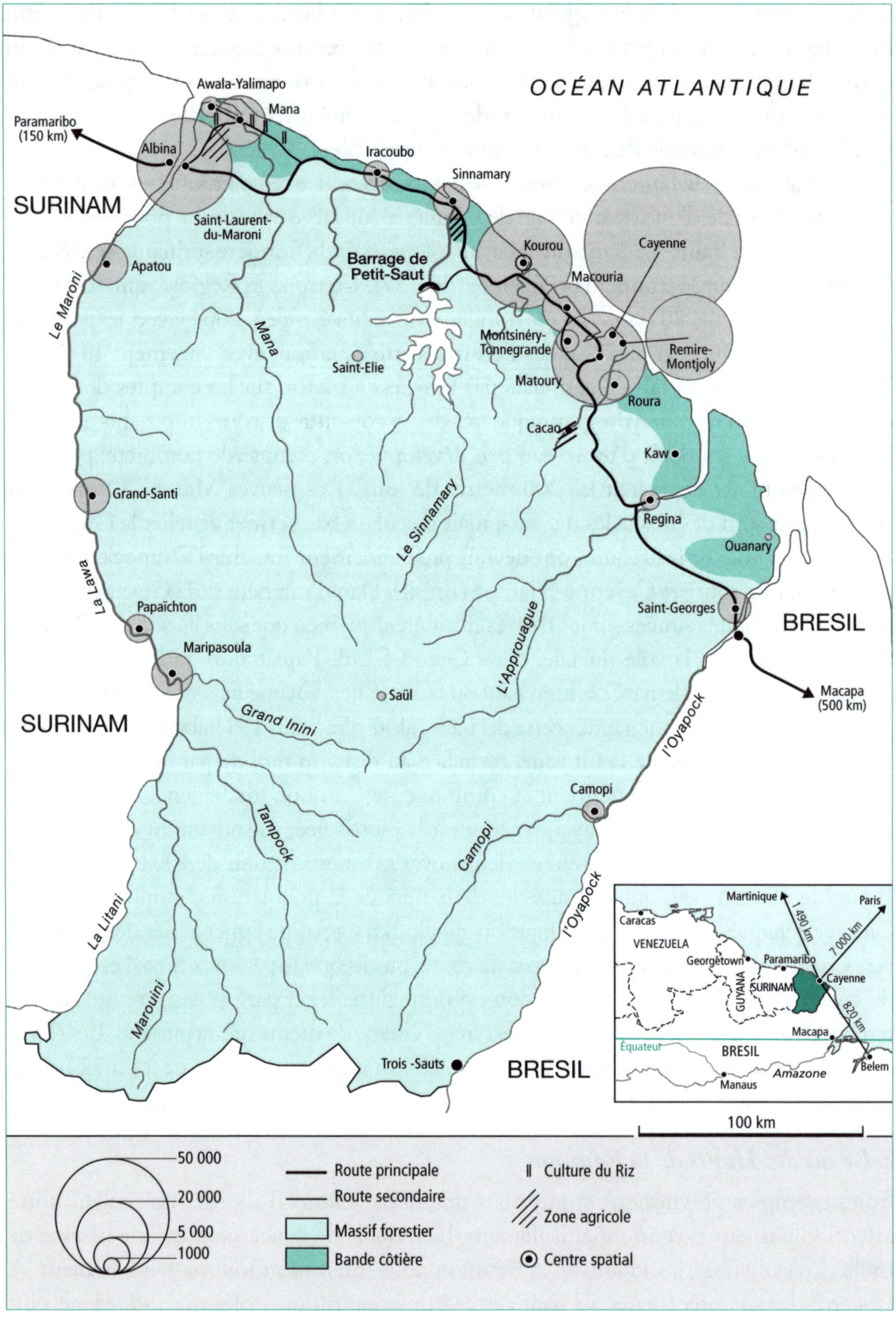

Document 57 : Population et mise en valeur de la Guyane.

(28 % en 1982). Ces Hauts forment un domaine humainement et économiquement insolite dans la France d'outre-mer. Il s'agit d'une montagne peuplée (environ 70 hab./km^2) et occupée tardivement, d'abord en raison du marronnage au XVIIIe siècle (cf. supra), ensuite par une montée des Petits Blancs et des Affranchis à partir des années 1830 qui pratiquent une agriculture vivrière et un peu d'élevage. On s'installe dans les cirques de Salazie en 1830 et de Cilaos en 1840. Au lendemain de l'Abolition, l'administration décide, face aux remous qu'elle provoque, d'organiser la colonisation des hautes plaines, et la Plaine-des-Palmistes se peuple suivant un plan méticuleux à partir de 1852. La fin du XIXe siècle et le début du XXe siècle sont marqués par la crise de la canne à sucre, ce qui incite à trouver de nouvelles spéculations agricoles. Parmi celles-ci, le géranium déclenche, entre 1900 et 1925, de véritables ruées de défricheurs et de planteurs dans les Hauts sous le vent. Cette plante à parfum est à l'origine d'une certaine prospérité, bien que son travail soit moins rémunérateur que celui de la canne à sucre.

C'est donc une microsociété qui émerge alors dans les Hauts, très largement blanche, pauvre, agricole et formant une série d'isolats. La départementalisation déstabilise ce territoire. Elle provoque un exode rural et une mise en friche de nombreuses terres agricoles, renforcés par le déclin de la culture du géranium (cf. infra) à partir des années 1960 (230 tonnes d'essence produites en 1963, 1,9 tonne en 2005). Dans les années 1970, les pouvoirs publics veulent rééquilibrer l'île. Un livre blanc sur les Hauts et le Programme d'action prioritaire d'intérêt régional (PAPIR) sont rédigés en 1976. Un Plan d'aménagement des Hauts (PAH) est alors mis en place. En 1994, ils deviennent un Territoire rural de développement prioritaire (TRDP), un des nouveaux zonages de la loi d'orientation pour l'aménagement et le développement du territoire (LOADT), dite loi Pasqua. Ils sont redélimités (doc. 58), couvrant les quatre cinquièmes de la Réunion, alors que les TRDP s'étendent sur 63 % du territoire métropolitain. En descendant jusqu'au littoral au sud-est et au nord-ouest de la Réunion, les Hauts perdent leur dimension topographique au profit de leurs singularités socioéconomiques, tel le poids du secteur primaire dans la population active, deux fois et demi plus important que pour l'ensemble réunionnais. Comme TRDP, ils bénéficient de diverses mesures fiscales à destination des entreprises, spécialement celles qui s'y installent (exonération d'impôts locaux, exonération d'impôts sur les bénéfices…).

Le chantier du développement des Hauts est vaste. Il y a d'abord à les désenclaver par l'amélioration de la voirie, mais aussi et surtout par le développement des transports collectifs, notoirement insuffisants alors que la population est sous-motorisée[54]. Il est nécessaire aussi d'y développer des emplois pour lutter contre un chômage et une pauvreté omniprésents. En 1999, quatre des six communes les plus touchées par le chômage se trouvaient dans les Hauts, telles Cilaos (54,8 % de chômeurs) ou Saint-Philippe (51 %). En même temps, la part des personnes couvertes par le RMI y est plus forte que dans les Bas. L'habitat doit être amélioré, car avec 19 % du parc de logement réunionnais, les Hauts concentraient, en 1999, 38 % des logements dits « de

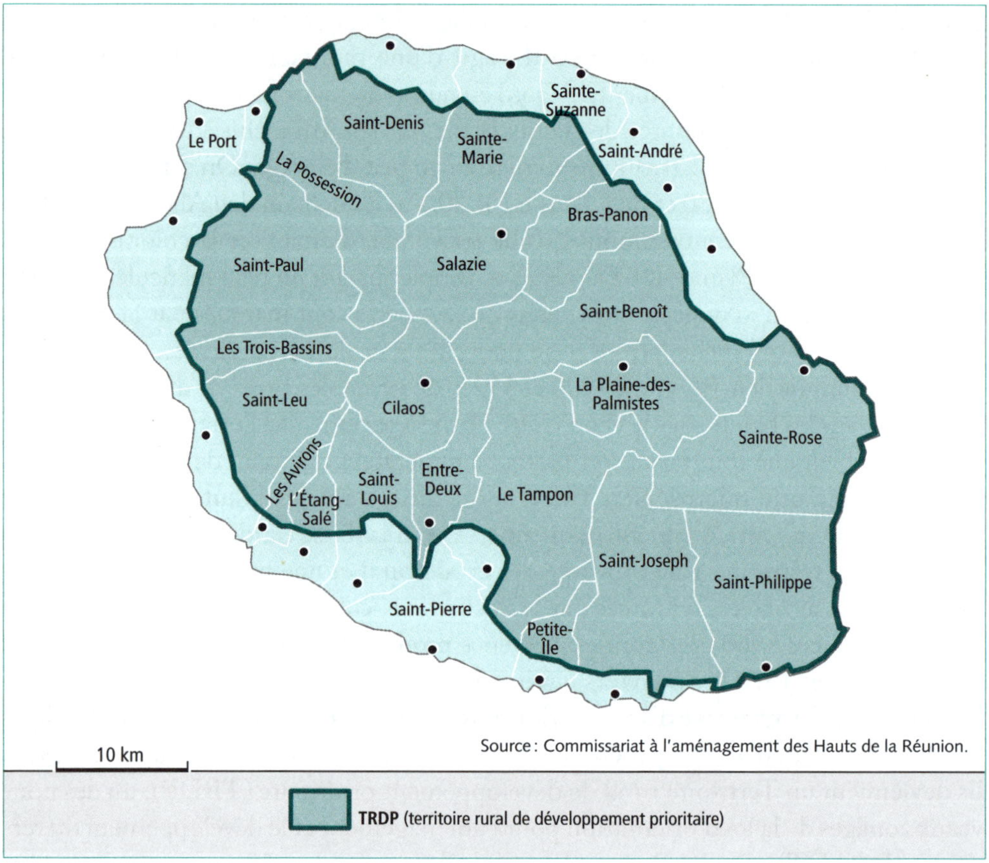

Document 58 : Extension du TRDP des Hauts de la Réunion.

fortune ». Plus généralement, il s'agit d'améliorer les conditions de vie, en particulier par la mise en place d'un réseau de bourgs proposant des équipements publics, des commerces ou des logements confortables. Le commerce de proximité doit y être renforcé pour offrir une alternative aux grandes surfaces littorales, difficiles d'accès pour nombre d'habitants, et les mairies annexes devraient proposer des services élargis, les points d'accueil étant à multiplier.

Comme dans beaucoup d'autres espaces ruraux, le tourisme, et plus généralement les activités de loisirs, sont un des grands espoirs des Hauts, révélant le nouvel intérêt qu'on porte à ces marges.

2 Vers des rééquilibrages

Les loisirs, le tourisme, la préservation des écosystèmes (cf. supra), la perliculture ou l'exploitation du nickel sont aujourd'hui autant de signes d'espoir d'une atténuation des déséquilibres ultramarins internes. Il y a cependant encore beaucoup de chemin à faire. Quelques exemples montrent qu'un véritable rééquilibrage, même partiel, est en cours.

a. La mise en place d'aires de loisirs

L'urbanisation et l'élévation des revenus ont eu pour effet un développement des pratiques de loisirs qui se sont diffusées grâce à la construction de routes et par la motorisation des ménages, transformant les plages et certains secteurs de montagne en aires récréatives prises d'assaut les fins de semaine. Vu l'exiguïté des îles ultramarines, Grande Terre néo-calédonienne exceptée, ces pratiques ont transformé une bonne partie des territoires insulaires non urbanisés en aires récréatives comme on en trouve dans tous les pays développés autour des grandes agglomérations. Parallèlement, les séjours dans les zones rurales ont fortement progressé en raison, d'une part, d'une réévaluation de celles-ci par les résidents eux-mêmes ainsi que par les touristes et, d'autre part, par une forte progression des offres d'activités (randonnée, canyoning, VTT, escalade…) et d'hébergement (gîtes, petites hôtelleries…). C'est sûrement à la Réunion que ce type de valorisation a été le plus spectaculaire. Il a débuté au milieu des années 1980. L'accent fut mis sur l'équipement des espaces montagnards avec la création de refuges et de gîtes, l'aménagement d'aires de pique-nique avec kiosques et barbecues, l'ouverture de nombreux sentiers et l'amélioration de leur balisage. Entre 1985 et 1992, plus de 250 km de sentiers de randonnée pédestre furent tracés, pour atteindre les 1 000 km. Dans le même temps, la construction de pistes forestières bétonnées rendait accessibles à tous les véhicules les sites les plus intéressants qui correspondent à des points de vue grandioses ou à des lieux de départ de randonnées intéressantes (doc. 59). Un tel effort s'est traduit par une augmentation qualitative et quantitative de la fréquentation de l'intérieur de l'île. Mais tout ceci n'a été possible que parce que le domaine forestier public de la Réunion est extrêmement vaste, puisqu'il couvre près de 1 000 km^2 (cf. supra), et qu'il est géré par un puissant établissement public, l'ONF, qui a pour mission de protéger le milieu naturel, d'exploiter la forêt et d'accueillir le public.

La vacuité et l'isolement sont devenus des attraits aujourd'hui, la fréquentation du cirque de Mafate le prouve. Inaccessible en voiture et demandant des heures de marche pour être atteint, la fréquentation de ce territoire au cœur de la Réunion **(Voir photo H, page IV, dans le hors-texte couleur)** a été estimée entre 60 000 et 80 000 randonneurs en 1998[56], dont un tiers vit en métropole et près des trois cinquièmes résident à la Réunion, soulignant l'importance de la fréquentation interne. En considération du temps pour y accéder et des dizaines de kilomètres de sentiers qui le parcourent, nombre de randonneurs y restent au moins une nuit, ce qui explique une capacité d'accueil dépassant les 500 lits en gîtes et refuges, soit presque autant que d'habitants. Le tourisme a pris un poids considérable, notamment à la Nouvelle, localité principale de Mafate où l'on ne comptait pas moins de onze gîtes et refuges. Les Hauts sont survolés en début de matinée par une noria d'hélicoptères, principalement

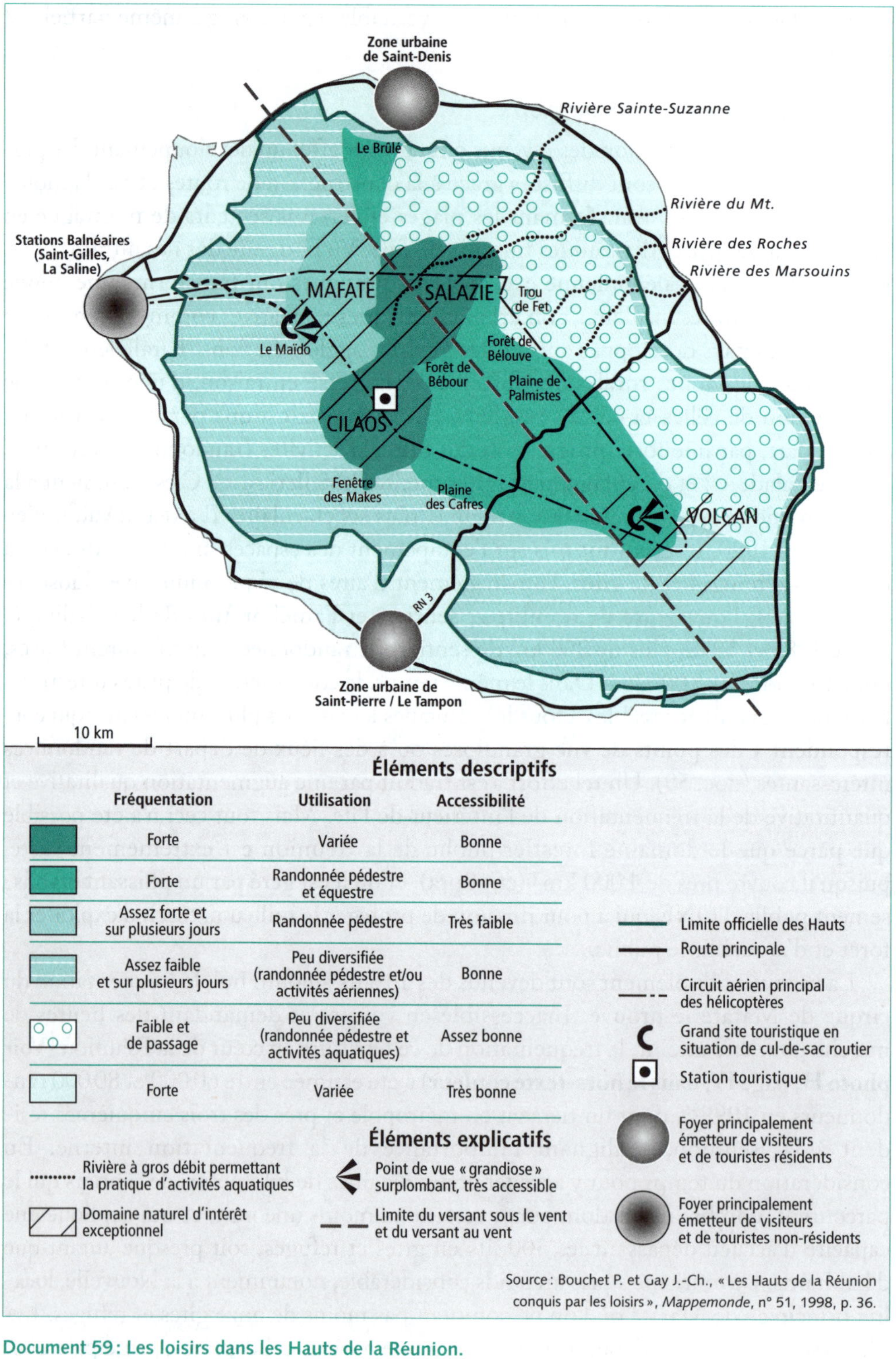

Source : Bouchet P. et Gay J.-Ch., « Les Hauts de la Réunion conquis par les loisirs », *Mappemonde*, n° 51, 1998, p. 36.

Document 59 : Les loisirs dans les Hauts de la Réunion.

les cirques et le piton de la Fournaise, dont les éruptions (cf. supra) attirent une foule de visiteurs et de touristes. À l'instar du volcan réunionnais, les deux volcans guadeloupéen et martiniquais sont devenus des sites touristiques de première importance. Des chemins fréquentés permettent d'accéder au sommet de la Soufrière et de la montagne Pelée, pendant que des « Maisons du volcan » renseignent de façon pédagogique sur le volcanisme. Néanmoins, pour le moment, ces activités n'ont eu que des effets très limités sur le peuplement.

b. Les effets du tourisme et de la perliculture en Polynésie française

Les résultats du recensement de 1996 dans cette Collectivité révélèrent de profondes modifications des flux migratoires internes. Entre 1988 et 1996, les Tuamotu et les Îles Sous-le-Vent enregistraient des soldes migratoires positifs avec les Îles du Vent, particulièrement Tahiti. Inversement, les Marquises et les Australes étaient des terres d'émigration, ce qu'ont confirmé les recensements de 2002 et 2007. Les raisons de cette remise en cause partielle du glissement démographique des archipels vers Tahiti (cf. supra) sont à mettre en priorité au crédit du tourisme et de la perliculture.

À l'instar de nombreux autres territoires multi-insulaires tropicaux[57], on assiste en Polynésie française à une redistribution du tourisme au profit des autres îles et au détriment de Tahiti, ce que révèle nettement l'évolution de la capacité d'accueil (doc. 60). Tahiti ne possède plus que 36 % de l'hébergement total en 2006 contre 80 % quarante ans avant, tandis que Bora Bora concentre 33 % de la capacité totale. Un exemple particulièrement parlant de ce redéploiement du tourisme est l'ouverture, en 2002, d'un hôtel quatre étoiles sur l'atoll de Fakarava aux Tuamotu, le *Maitai Dream Fakarava*.

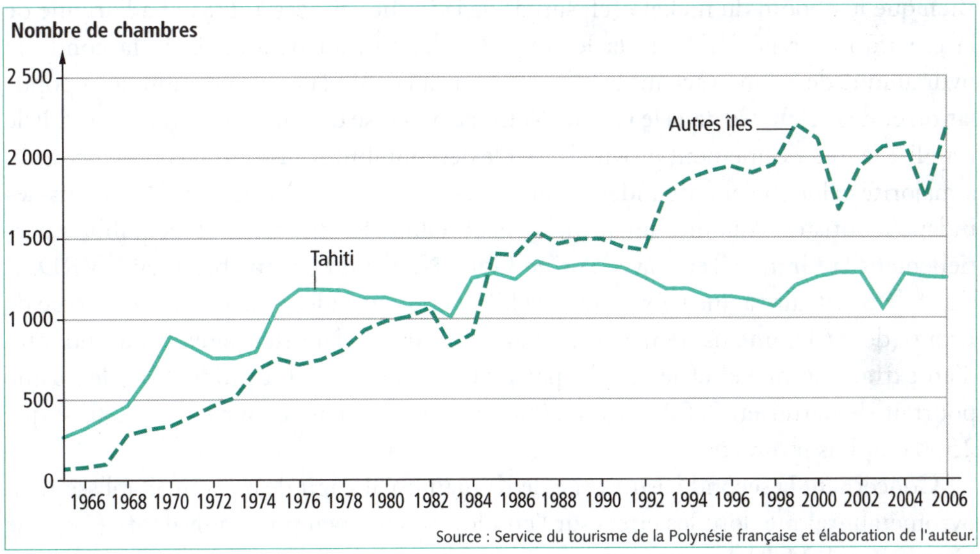

Document 60 : Évolution de la capacité d'hébergement en hôtels classés à Tahiti et dans les autres îles de Polynésie française.

Mais c'est surtout dans les Îles Sous-le-Vent que la mise en tourisme a été la plus forte avec Bora Bora évidemment, mais aussi les îles de Huahine ou Raiatea. Ainsi, la forte croissance de la population de Bora Bora entre 1983 et 2007, passant de 3 200 à 9 000 habitants, est à mettre au crédit du tourisme. Outre les hôtels classés, l'essor des pensions et de la petite hôtellerie (146 structures au total en 1996, 247 en 2001) a amplifié cette redistribution, car ce type d'hébergement est mieux réparti sur le Territoire et contribue au maintien de la population des îles éloignées, spécialement aux Tuamotu.

Dans cet archipel, la perliculture (cf. supra) s'ajoute au tourisme pour rendre compte de la forte progression démographique lors de la période intercensitaire 1988-1996 (+ 24 %). Cette activité, concentrée spécialement sur les communes d'Arutua, Manihi, Takaroa, Fakarava, Makemo et des Gambier, a vigoureusement dynamisé l'économie, traditionnellement vouée au coprah (cf. supra). Avec un millier de fermes environ, la perliculture occupe un actif sur trois. En perte de vitesse jusque dans les années 1970, la population des Tuamotu-Gambier a doublé de 1971 à 2007, avec le solde migratoire interne le plus élevé des archipels polynésiens entre 1988 et 1996. La fin du CEP (cf. supra) explique son déficit entre 1996 et 2002. Les communes de Hao et Tureia – cette dernière incluant Moruroa – ont ainsi perdu plus de 40 % de leur population en six ans. Mais à une échelle plus fine, les effectifs des six principales communes perlicoles citées plus haut ont été multipliés par 3,3 entre 1971 et 2002. La progression la plus forte revient à Marutea-Sud, un atoll de la commune des Gambier, qui n'avait que 8 habitants en 1988 et 214 huit ans plus tard, par l'installation des fermes perlières de M. Wan[58].

c. Les enjeux politico-spatiaux du nickel en Nouvelle-Calédonie

Bien que le « boom du nickel » (cf. supra) de la fin des années 1960 soit à l'origine de la création, par la SLN, de la localité de Népoui, au débouché de la conduite hydraulique de 8 km évacuant le minerai jusqu'à la mer, la concentration de la population et de la richesse dans le Grand Nouméa n'a cessé de s'accentuer (cf. supra). Elle fragilise le fonctionnement provincial par le déséquilibre accusé entre la province Sud, à majorité caldoche et anti-indépendantiste, et la province Nord, entre les mains des indépendantistes. Aujourd'hui, le nickel peut réduire les disparités et rééquilibrer partiellement la Grande Terre avec l'usine Goro-Nickel du groupe brésilien CVRD. Il s'agit de construire à une soixantaine de kilomètres au sud-est de Nouméa, en baie de Prony (doc. 61), une usine révolutionnaire traitant les latérites pauvres du Sud, afin d'en extraire le nickel et le cobalt, par hydrométallurgie. La production de l'usine pourrait démarrer en 2009, créant 1 000 emplois à l'usine et sur la mine, ainsi que 2 500 emplois indirects.

Concernant la seconde usine celle de Koniambo, il s'agit de créer un établissement pyrométallurgique dont les effets sur l'emploi seront à peu près équivalents à ceux de Goro-Nickel. Mais outre ces conséquences économiques, ce projet a des implications politiques fortes. Il associe en effet le groupe suisse Xstrata et la Société des mines du

Document 61 : Le nickel en Nouvelle-Calédonie.

Sud Pacifique (SMSP), acquise en 1990 par la province Nord. Au terme des accords de Bercy en 1998, la SMSP s'est vue attribuer le massif de Koniambo à la condition de construire cette « usine du Nord ». Longtemps uniquement entre les mains des Caldoches, le secteur du nickel est désormais aussi contrôlé par la société mélanésienne. Pour l'État, la priorité de cette usine tient plus à son rôle de stabilisateur politique qu'à ses effets sur le peuplement.

d. Les vertus de la périphéricité : le cas de Saint-Martin et Saint-Barthélemy

Naguère encore rattachées à la Guadeloupe, mais à plus de 200 km au nord, la partie française de Saint-Martin et Saint-Barthélemy forment deux nouvelles COM et concentrent 36 000 habitants en 1999. Par leur histoire, leur société et leur situation, elles se sont différenciées nettement du reste de la Guadeloupe. Saint-Barthélemy appartint à la Suède pendant presque un siècle (doc. 4), ce qui ne lui permit pas d'échapper à l'esclavage, les Suédois ne l'abolissant qu'en 1847[59]. Mais, eu égard à son exiguïté et à sa sécheresse, il n'y eut pas d'habitations sucrières. L'île connut une grande prospérité pendant les guerres de la Révolution et de l'Empire, car la neutralité suédoise favorisa son port, Gustavia. Les esclaves partirent quand celui-ci déclina, après 1814, alors que les domestiques émigrèrent eux aussi à l'abolition de l'esclavage en 1847. Ainsi, la population de l'île est aujourd'hui blanche, ce qui contraste avec le reste de la Caraïbe. À la différence de Saint-Barthélemy, Saint-Martin, qu'il s'agisse de la partie française ou néerlandaise, a une population noire, liée aux plantations de canne à sucre (cf. supra), et anglophone, en raison du rôle majeur des Britanniques dans sa mise en valeur. Mais tout ne différencie pas le Saint-Barth du Saint-Martinois, car ils bénéficient d'un régime fiscal particulier, résultat de leur histoire et de leur situation géographique.

En 1850, le Conseil privé de la Guadeloupe accorde à la partie nord de Saint-Martin des franchises commerciales et d'autres faveurs motivées par le grand isolement et la pauvreté de ce bout d'île. Un régime identique est accordé en 1878 à Saint-Barthélemy, quand elle redevient française. Pendant près d'un siècle, la France va bien peu s'intéresser à ces îles du Nord, et quand le Conseil général de Guadeloupe institue l'impôt sur le revenu dans la colonie en 1922, il n'est pas fait mention de ces îles. Quant au décret de 1948 portant sur les contributions indirectes, il les exonère de ces droits (cf. supra). Au final, on en arrive à une grande confusion. Les impôts indirects sont inexistants, hormis quelques taxes propres, de même que pour les impôts directs locaux à Saint-Barthélemy. Concernant les impôts directs nationaux, les contribuables de Saint-Barthélemy refusent à les acquitter, s'appuyant sur l'article 3 du traité de rétrocession de l'île signé entre la Suède et la France (10 août 1877) stipulant que « *La France succède aux droits et obligations résultant de tous actes régulièrement faits par la couronne de Suède pour la colonie de Saint-Barthélemy.* » Deux arrêts du Conseil d'État de 1985 et 1989 infirment l'interprétation qu'en font les Saint-Barths, en indiquant que l'exonération des impôts directs ou de l'impôt sur les sociétés est illégale. Face aux pressions de l'administration, les Saint-Barths se mobilisèrent. Le nouveau statut de ces îles prend en compte leurs spécificités, telle leur extraterritorialité, avec la non perception des droits de douane, reconnue par la CEE en 1992, ou leurs compétences normatives en matière fiscale.

À Saint-Martin, le voisinage sans barrière frontalière entre un fragment de RUP et de PTOM – Sint Maarten fait partie des Antilles néerlandaises – complique passablement la gestion de cette île franche. Trois monnaies y circulent des deux côtés, l'euro, le florin des Antilles néerlandaises et le dollar américain, ces deux dernières ayant une parité fixe depuis 1971, et Sint Maarten concurrence Saint-Martin en matière de coût du travail et de fiscalité.

La domination des transactions s'effectuant en dollars américains révèle une autre facette de l'altérité de ces îles, le poids économique écrasant du tourisme, dominé par une clientèle nord-américaine. L'île de Saint-Martin est un des hauts lieux de la croisière avec plus de 1,4 million croisiéristes en 2006, et la partie française s'est dotée d'une capacité hôtelière importante grâce à la « loi Pons », avec 500 chambres en 1985

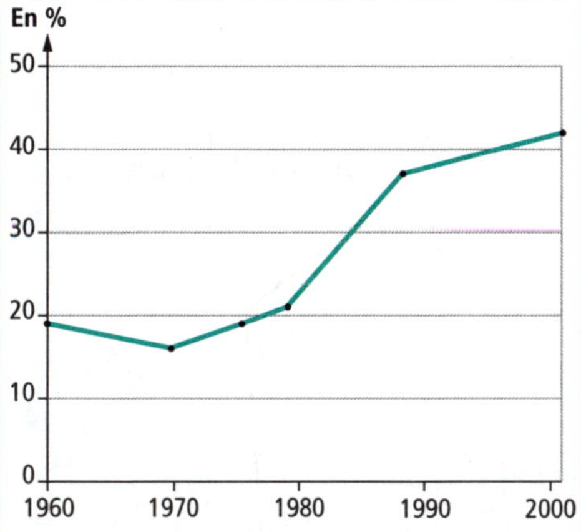

Source : IEDOM, *Le tourisme en Guadeloupe. État des lieux. Enjeux économiques*, Pointe-à-Pitre, coll. « Les notes de l'Institut d'émission », 2002, p. 20.

Document 62 : Évolution de la part de Saint-Martin et Saint-Barthélémy dans l'offre hôtelière guadeloupéenne.

et plus de 2700 en 2001 (cf. supra). D'où l'importance croissante que ces îles ont pris dans le tourisme guadeloupéen (doc. 62). En revanche, la défiscalisation n'a eu que peu d'effets à Saint-Barthélemy. Les autorités locales ont limité les infrastructures hôtelières pour maintenir le caractère très haut de gamme de son tourisme. Le parc hôtelier se limite à moins de 600 chambres, auxquelles s'ajoutent 450 villas de location, prolongeant la phase pionnière, dans les années 1960, qui a débuté avec l'achat de propriétés par David Rockfeller puis Edmond de Rothschild. L'île a une accessibilité aérienne réduite. La piste d'atterrissage est courte (650 m), coincée entre le col de la Tourmente et la baie de Saint-Jean. Son approche est délicate : un avion d'Air Caraïbes s'y est du reste écrasé en 2001, faisant 20 victimes. En venant d'Europe ou d'Amérique du Nord, un transit par Saint-Martin ou Pointe-à-Pitre est donc obligatoire (doc. 18) et contribue à la sélection de la clientèle.

3 Les mers, ultime marge

Par son caractère littoral et essentiellement insulaire, la France d'outre-mer dispose d'un domaine maritime important, mais incomplètement délimité puisque la moitié des frontières maritimes entre la France et les États voisins restent à établir. Au-delà des mers territoriales, dont la largeur est de 12 milles marins, les ZEE de l'outre-mer s'étendent sur 10,2 millions de km^2, soit 98 % de l'espace maritime national. Les quatre cinquièmes de cette immensité relèvent de la Polynésie française, des TAAF et de la Nouvelle-Calédonie, avec respectivement 4,8 millions de km^2, 1,75 million et 1,4 million. Ainsi, des domaines émergés modestes permettent de disposer de ZEE gigantesques, le rapport entre surface émergée et ZEE étant de 1/237 pour les TAAF, de 1/1 250 pour la Polynésie française et de 1/217 500 pour Clipperton, dont la ZEE couvre 435 000 km^2 (doc. 1) !

Une telle immensité est impossible à surveiller avec les maigres moyens de la Marine nationale. Elle ne dispose outre-mer que d'une flotte modeste, composée principalement d'une dizaine de patrouilleurs (type P 400), cinq frégates de surveillance (type *Floréal*) et de quatre bâtiments de transport léger (type *Champlain*). Par exemple, seulement deux navires en situation de pêche illégale ont été arraisonnés dans les TAAF depuis 2001, et une vingtaine au total entre 1997 et 2000. Or, un

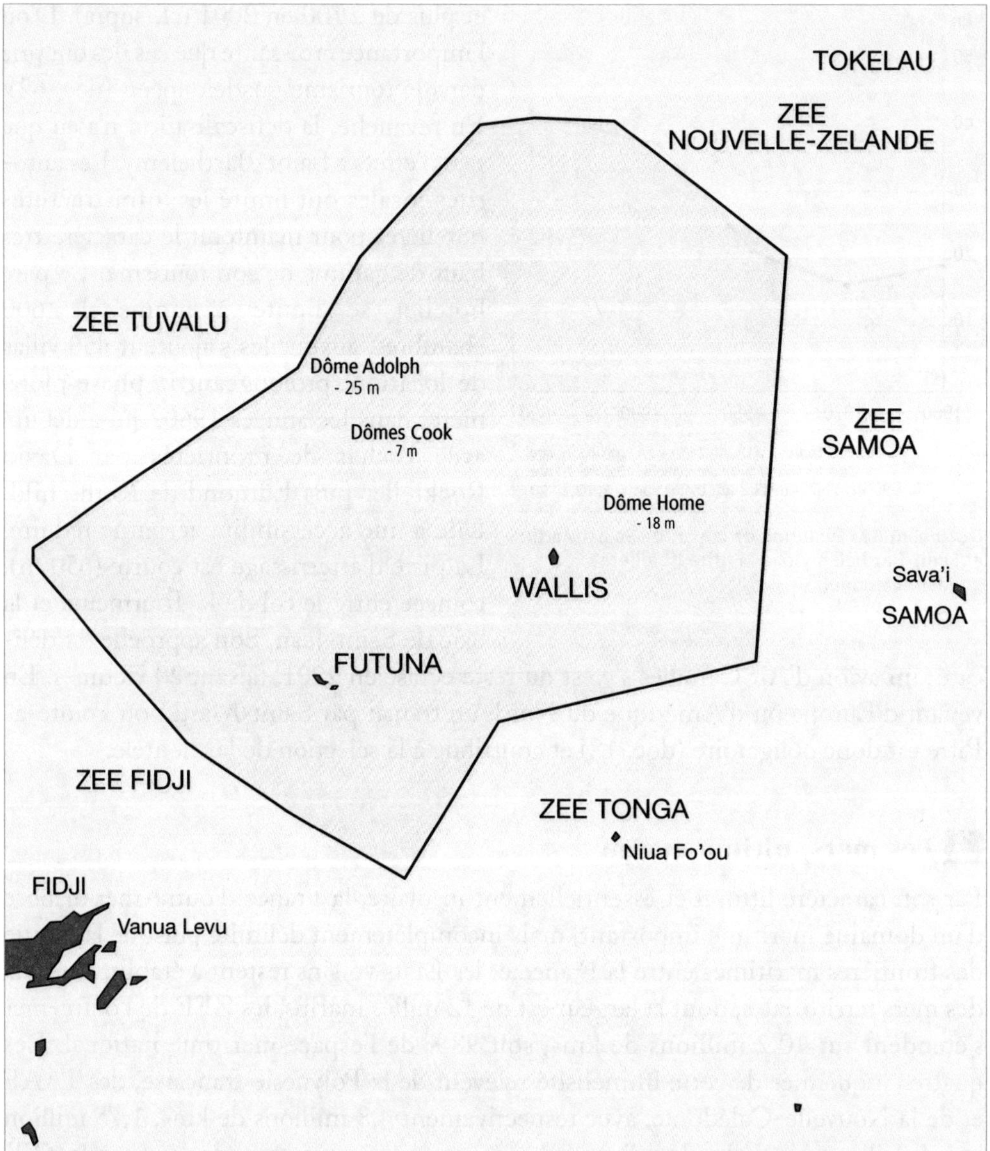

Document 63 : La ZEE de Wallis-et-Futuna.

pillage systématique est à l'œuvre avec l'île Maurice semblant servir de base arrière aux bateaux pirates, alléchés par les revenus tirés de la pêche à la légine – une sorte de morue antarctique très appréciée au Japon – et secondairement des langoustes. On estime que la pêche illégale est trois fois supérieure à celle autorisée dans les eaux de

Kerguelen. Une exploitation incontrôlée de la légine peut mettre l'espèce en péril, ce qui explique que l'octroi d'autorisations de pêche, accordé uniquement à des armements réunionnais avec obligation de débarquement à la Réunion (cf. supra), doit respecter un TAC (Taux autorisé de captures). Pour la période 2000-2001, un accord franco-japonais avait été signé afin que des navires nippons puissent pêcher dans la ZEE néo-calédonienne, de même qu'entre la Polynésie française et la Corée du Sud avant 2000. Le contrôle de la pêche est devenu un enjeu économique et écologique important. On évaluait, en 1988, que les prises annuelles illégales de thonidées dans la ZEE de Clipperton se situaient entre 15 000 et 20 000 tonnes, soit des millions d'euros de redevance non perçus.

En raison de l'étendue des ZEE, on en n'est encore qu'à la phase d'inventaire des ressources biologiques et minérales, tel le programme ZEPOLYF (zone économique de Polynésie française) ou les travaux sur les stocks halieutiques de la ZEE de Wallis-et-Futuna (doc. 63). Les prospections pétrolières se multiplient. Une zone potentiellement intéressante a été découverte dans la ZEE néo-calédonienne, et une campagne d'exploration a eu lieu au large de la Guyane. Reste que la France s'est longtemps désintéressée à ces espaces maritimes lointains. Nous n'en voulons pour preuve que le faible empressement qu'elle a mis à élargir sa souveraineté sur le plateau continental, ce domaine en avant de la ZEE que peut revendiquer l'État côtier à condition de prouver que son plateau se prolonge au-delà des 200 milles marins. Cette extension, jusqu'à 350 milles marins maximum de la ligne de base, concerne la Guyane, la Nouvelle-Calédonie et les TAAF et pourrait faire gagner jusqu'à 1 million de km^2 sur lesquels la France exercerait des droits sur les ressources minérales et les autres ressources non biologiques des fonds marins et de leurs sous-sols, ainsi que sur les organismes vivants sédentaires. En vertu de la Convention des Nations unies sur le droit de la mer signée à Montego Bay en 1982 et ratifiée par la France en 1996, les États n'ont que jusqu'en 2009 pour faire valoir ce droit devant la Commission des limites du plateau continental (CLPC). Le temps presse donc pour le programme français d'extention du plateau continental (EXTRAPLAC) véritablement lancé en 2003, compte tenu de l'ampleur des relevés. La Russie, la Nouvelle-Zélande ou l'Australie sont en avance sur la France, ayant compris l'intérêt économique de ces zones qui abritent la majeure partie des sédiments de la planète.

Conclusion

En dépit de ces quelques corrections, l'espace ultramarin reste donc particulièrement déséquilibré, et la majorité des évolutions actuelles renforce ce caractère. Hommes et richesses se concentrent toujours plus dans les lieux directement en relation avec la métropole, capitales et ports, où s'accuse la macrocéphalie de ces territoires. Ce n'est qu'un des nombreux effets d'une extraversion née avec la colonisation française et qui apparaît en filigrane tout au long de cet ouvrage.

Conclusion

Ligotée à l'État, la France d'outre-mer est une formidable machine à privatiser l'argent public, celui-ci jouant le rôle d'extincteur social tout en amplifiant les déséquilibres économiques. La nouvelle loi-programme ne fait que perpétuer les politiques précédentes, qu'elles soient de gauche ou de droite, en pérennisant la défiscalisation et en ancrant toujours plus l'outre-mer à la métropole, comme le révèle la mise en place d'une « continuité territoriale » qu'on devrait rebaptiser « continuité nationale », puisqu'elle ne porte que sur les liaisons avec la métropole. Où passe aujourd'hui la discontinuité entre celle-ci et l'outre-mer ? Probablement pas entre Pointe-à-Pitre ou Saint-Denis-de-la-Réunion et Paris. Plutôt entre Tahiti et les autres îles de Polynésie française, entre Nouméa et Wallis-et-Futuna ou les îles Loyauté, entre le littoral guyanais et la forêt amazonienne. Corrélativement, une ligne de partage divise la société ultramarine entre ceux qui bénéficient de la manne publique, directement sous forme de surrémunérations ou indirectement dans les services marchands, et les autres. Société de consommation peu productive, l'outre-mer français, caractérisé par une « croissance sans développement », vit dans une prospérité artificielle. Quand la richesse est à ce point découplée de la production, on peut légitimement se poser la question de la pérennité d'un système ne reposant que sur des transferts massifs, à l'évidence contre-productifs. Les multiples Cassandre qui se sont penchés sur ces lieux et qui prédisent depuis 20 ou 30 ans leur explosion sociale se seraient-ils trompés ? La France est riche, mais vit-elle au-dessus de ses moyens ? Combien de temps encore portera-t-elle à bout de bras son outre-mer, avec l'aide bienveillante de Bruxelles ? Y aurait-il dans cet indéfectible soutien une sorte de mauvaise conscience de l'homme blanc vis-à-vis des horreurs de la période coloniale, où la « mission civilisatrice » n'a jamais exclu la barbarie ? Et les revendications des Ultramarins ne résultent-elles pas d'un sentiment inconscient ou conscient d'une dette éternelle de la France envers eux, descendants des spoliés, exploités, opprimés ?

Mais l'outre-mer est-il si différent de la métropole ? N'est-il pas plutôt qu'une simple exagération de l'étatisme français, potentiellement tératogène ? L'outre-mer français est le résultat de la chimère intégrationniste. C'est une monstruosité économico-administrative, née du centralisme et du dirigisme. Sa transformation est concomitante de la réforme de l'État, tâche qui semble impossible en France. La question des salaires et des primes des fonctionnaires, dont nous avons montré les effets majeurs, est peut-être le plus bel exemple d'immobilisme. Si jadis un poste dans les vieilles colonies était rarement une sinécure, aujourd'hui c'est se retirer dans un fromage, car le système des salaires et des primes, en dépit des quelques modifications dues à la LOOM, repose sur des éléments qui ont une quarantaine d'années et qui ne reflètent plus du tout la situation présente. Mais on connaît l'opacité et la stabilité du système des rémunérations dans la fonction publique, maintes fois dénoncé par la Cour des comptes. Pourquoi l'outre-mer se singulariserait-il ? C'est une nouvelle preuve de cette continuité spatiale de l'État et de la proximité de ces contrées avec la métropole.

La somme élevée des altérités (fiscalité, droit civil, organisation administrative, etc.) aurait cependant tendance à ne pas valider cette position continuiste. Effectivement, tout au long de notre ouvrage, nous avons mis en relief les multiples bizarreries, d'un point de vue métropolitain, de ces territoires, prouvant que l'État a su remarquablement adapter ses lois, faisant de la France d'outre-mer un gisement d'expériences pour le renforcement de la décentralisation de la République française. Aurait-on alors à faire à une continuité dans l'altérité ? Cela est fort possible, dans la mesure où cette altérité relève principalement du domaine politique alors que la continuité relève du domaine économique et social dans les DOM. Depuis une vingtaine d'années, la France s'est engagée dans un processus post-décolonialiste, largement utopique, qui aboutit à toujours plus soutenir économiquement son outre-mer tout en lui donnant plus d'autonomie, conduisant à la formation d'une république ultramarine des copains, avec ses scandales et ses privilégiés. La France d'outre-mer semble s'acheminer vers des statuts entre souveraineté et dépendance, avec toutes les contradictions et les apories afférentes.

Si nous avons beaucoup insisté sur le passé tout au long de cet ouvrage, c'est qu'il nous est apparu fondamental de montrer la production de l'espace ultramarin pour mieux comprendre ses sociétés, son économie et son organisation spatiale, si mal connus en métropole. Des pans entiers de l'histoire de l'outre-mer français n'ont pas été abordés, car leur potentiel explicatif était faible. Pour ceux qui s'étonneront de la place prise par l'histoire dans notre travail, nous leur répondrons que la géographie n'est pas selon nous la chronique du présent. Karl Marx a écrit que « les hommes font l'histoire, mais ils ne savent pas l'histoire qu'ils font ». Ce sont aussi les hommes qui construisent l'espace, et leur ignorance dans le résultat est toute aussi grande. L'approche géographique que nous avons adoptée dans cet ouvrage éclaire l'espace ultramarin actuel, production ô combien singulière !

Quant au futur, laissons-le aux pythonisses. Les multiples vaticinations qui ont, ces dernières décennies, concerné l'outre-mer ne sont guère concluantes. On a souvent prédit la fin du système. Pour le moment, le calme règne... Jusqu'à quand ?

Les lieux de production des savoirs géographiques sur l'outre-mer français

L'institut de géographie de Bordeaux a longtemps joué un rôle hégémonique en géographie tropicale, spécialement sur l'outre-mer français. Il publie depuis plus d'un demi-siècle la revue *Les Cahiers d'Outre-Mer* dans laquelle on trouve régulièrement des articles sur ces lieux. Cette tradition ultramarine est prolongée aujourd'hui par l'UMR ADES-DYMSET de Bordeaux-III. Cependant, la création d'universités et de départements de géographie dans les DOM, puis en Polynésie française et en Nouvelle-Calédonie, a provoqué une dispersion et une augmentation des capacités de recherche sur la France d'outre-mer, avec aujourd'hui une proportion conséquente de géographes étudiant sur place ces territoires. Le département ultramarin de géographie le plus important se trouve à l'université de la Réunion, qui propose un cursus complet aux étudiants. De nombreuses thèses y sont soutenues, essentiellement sur la Réunion, mais aussi sur les espaces environnants (Maurice, Afrique du Sud, Comores...). De même, de nombreux travaux sont publiés par des membres du Centre de recherches en géographie de l'université de la Réunion (CREGUR). On trouve un autre département de géographie important sur le campus martiniquais de l'université des Antilles et de la Guyane, qui offre également un cursus complet du DEUG au doctorat. Le centre de recherche GEODE Caraïbe (Géographie, développement, environnement de la Caraïbe) rassemble les géographes de l'université des Antilles et de la Guyane et a une importante activité de publication (voir leur site www.univ-ag.fr/geode). Les universités de Polynésie française et de Nouvelle-Calédonie dispensent aussi des enseignements de géographie avec des enseignants-chercheurs géographes en poste.

En dehors des universités, l'Institut de recherche pour le développement (IRD) et le CIRAD mènent des études thématiquement et géographiquement ciblées en France d'outre-mer. L'IRD possède par exemple un grand centre à Nouméa, le CIRAD travaille en forêt guyanaise... À l'occasion de l'élaboration du volume *Les Outre-Mers* de l'Atlas de France (Reclus-La Documentation française), un ensemble de chercheurs a créé le Réseau outre-mers (ROM).

Notes

1. Cf. Berge F., « Le sous-secrétariat et les sous-secrétaires d'État aux colonies. Histoire de l'émancipation de l'administration coloniale », *Revue française d'histoire d'outre-mer*, n° 168-169, 1960, pp. 301-386.

2. Balzac H. de, *La Comédie humaine*, tome VI, *Étude de mœurs : scène de la vie parisienne*, Paris, Gallimard, coll. « La Pléiade », 1977, p. 622.

3. Etemad B., *La Possession du monde. Poids et mesures de la colonisation (XVIIIe-XIXe siècles)*, Paris, La Découverte, 2000, p. 25.

4. *Essai sur les maladies des Antilles*, Paris, Didot, 1804, p. 2, cité par G. Léti, « Les Antilles, tombeau de l'homme blanc : une vision médicale des îles au XIXe siècle » in *Les Îles, du mythe à la réalité*, Paris, CTHS, 2002, pp. 225-235, p. 229.

5. Cité par Léti G., *op. cit.*, p. 235.

6. *La Réforme intellectuelle et morale de la France*, 1871, cité par I. Merle, *Expériences coloniales. La Nouvelle-Calédonie (1853-1920)*, Paris, Belin, 1995, p. 56.

7. Cf. Donnet-Vincent D., « Les bagnes des Indochinois en Guyane (1931-1963) », *Revue française d'histoire d'outre-mer*, n° 330-331, 2001, p. 209-221.

8. *Dictionnaire de géographie universelle* cité par P.-M. Decoudras, *Atlas de la Guyane*, Paris, CNRS-ORSTOM, 1979, planche 36.

9. *Nouvelle géographie universelle*, tome XIX, *Amérique du Sud*, Paris, Hachette, 1894, p. 79.

10. *La Calédonie* du 3 mars 1894, cité par I. Merle, *op. cit.*, p. 207.

11. Cf. Bablet J.-P. *et al.*, *Les Atolls de Mururoa et de Fangataufa*, tome III : *Le Milieu vivant et son évolution*, Paris, Masson et DIRCEN (ministère de la Défense), 1995, pp. 245-253.

12. Cf. Verger F., dir., *Atlas de géographie de l'espace*, Paris, Belin, 1997, pp. 72-75.

13. Cf. Pastel H.-A., *La Question du tourisme en Martinique*, Fort-de-France, Désormeaux, 1986.

14. La thèse de J.-C. Baptistide est un document important pour comprendre l'histoire du tourisme dans l'outre-mer, bien qu'elle ne porte que sur la Guadeloupe : *Tourisme et développement de la Guadeloupe*, Doctorat de troisième cycle, université de Rouen, 1979, 361 p.

15. Defos du Rau J. *et al.*, *Atlas de la Réunion*, Paris, CNRS-IGN, 1975, planche 29.

16. *INSEE Première*, n° 819, 2001, p. 2.

17. Pour une analyse de la critique du tourisme, on peut se reporter à notre ouvrage collectif : Équipe MIT, *Tourismes 1. Lieux communs*, Paris, Belin, 2002.

18. Le Menestrel S., *La Voie des Cadiens, tourisme et identité en Louisiane*. Paris, Belin, 1999.

19. Aubert de la Rüe E., *L'Homme et les îles*, Paris, Gallimard, 1935, p. 163.

20. Cf. Météo-France, *Atlas climatique de la Réunion*, 1997, p. 41.

21. Cf. le très documenté article de J.-F. Dupon, « Les atolls et le risque cyclonique. Le cas des Tuamotu », *Cahiers des sciences humaines*, 1987, n° 3-4, p. 567-599.

22. Dupon J.-F., *Contraintes insulaires et fait colonial aux Mascareignes et aux Seychelles*, Thèse d'État, université d'Aix-en-Provence, 1976, p. 5 *sq.*

23. D'après Michalon Th., « Une voie pour les DOM : l'insularité à la carte » in Faberon J.-Y., dir., *L'Évolution du statut de département d'outre-mer*, Aix-en-Provence, Presses universitaires, 1999, p. 216 *sq.*

24. IEDOM, 2006, *L'Énergie électrique dans les DCOM*, Paris, coll. « Les notes de l'Institut d'émission », 48 p., p. 9.

25. Sur l'histoire des communes des départements français d'Amérique, voir l'ouvrage en six tomes de J. Adélaïde-Merlande, *Histoire des communes Antilles-Guyane*, s.l., Pressplay, 1986.

26. Cf. *Nordicité canadienne*, Ville LaSalle, Hurtubise HMH, 1980, p. 85.

27. Cf. Pauron A. et Quarré D., « Les agents de l'État : évolutions entre 1990 et 2000 », *INSEE Pemière*, n° 865, 2002. À titre de comparaison, deux régions sont largement au-dessus de la moyenne nationale en 2000 : la Corse avec 63,8 agents équivalents temps plein pour 1 000 habitants et l'Ile-de-France avec 58.

28. www.presidence.pf/index.php?22

29. Cour des comptes, *Les Pensions des fonctionnaires civils de l'État*, rapport au président de la République suivi des réponses des administrations intéressées, avril 2003. Voir également le rapport d'information de Jean-Pierre Brard, 2007, relatif à l'amélioration de la transparence des règles applicables aux pensions de retraite et aux rémunérations outre-mer, Assemblée nationale

30. Le RDB est le revenu primaire augmenté des transferts reçus (prestations sociales autres que transferts sociaux en nature) et diminué des impôts et des cotisations sociales versées.

31. Cf. la thèse de F. Piantoni, *Pouvoir national et acteurs locaux: l'enjeu des mobilités dans un espace en marges. Le cas de la Guyane française,* université de Poitiers, 2002.

32. Lasserre G., *La France d'outre-mer,* Paris, Larousse, coll. «Découvrir la France», 1974.

33. Cf. Schnakenbourg Ch., «Notes sur les origines de l'industrie sucrière en Guadeloupe au XVIIe siècle (1640-1670)», *Revue française d'histoire d'outre-mer,* n° 200, 1968, p. 267-315.

34. Cf. les articles de R. Chaudenson («Le cas des créoles») et de G. Gauvin («Créolisation linguistique et créolisation politique à la Réunion»), *Hérodote,* n° 105, 2002.

35. Bourdieu P., *La Distinction. Critique sociale du jugement*, Paris, Minuit, 1979, p. 376.

36. Paris, Hachette, 1997, p. 58.

37. Cf. la thèse de T. Nicolas, *Les Antilles françaises entre insularité et «continentalité»*, université Paris-IV, 2002, p. 237-256.

38. Stéhlé G., «L'économie des Antilles-Guyane en 1848», *Antiane-Eco,* n° 37, 1998, d'après des documents du ministère de la Marine et des Colonies.

39. «Les immigrants indiens à la Réunion. Évolution et assimilation d'une population», *Les Cahiers d'Outre-Mer,* n° 77, 1967, p. 49-88.

40. Domenach H. et Picouet M., *La Dimension migratoire des Antilles*, Paris, Economica, 1992, p. 59.

41. Cité par H. Domenach et M. Picouet, *op. cit.*, p. 92.

42. Cf. Marie C.-M., «Un quart des personnes nées aux Antilles vit dans l'hexagone», *Antiane-Eco*, n° 52, 2002, p. 15-18.

43. Cf. Giraud M., «Entre particularités épidémiologiques et spécificités culturelles: l'enquête sur les comportements sexuels aux Antilles et en Guyane française (ACSAG)», *Sciences sociales et santé*, n° 4, 1997, pp. 73-95.

44. Cf. Gautier A., «Les familles esclaves aux Antilles françaises, 1635-1848», *Population*, n° 6, 2000, pp. 975-1001.

45. Michalon T., «Sur les «spécificités» de l'Outre-mer: enquête et propositions», *Hermès*, n° 32-33, 2002, pp. 423-434.

46. *Ibid.*, p. 426.

47. *Ibid.*, p. 428.

48. Cf. Fuchs A., *Entre disparités régionales et stratégies politiques: exemple de la «bidep'» réunionnaise,* mémoire de maîtrise, Montpellier-III, 2001.

49. Cf. Bachimon Ph., *Tahiti entre mythes et réalités*, Paris, Comité des travaux historiques et scientifiques, 1990, p. 191.

50. Cf. la version révisée de la thèse en science politique de B. Saura soutenue en 1990: *Politique et religion à Tahiti*, Pirae, Polymages-Scoop, 1993.

51. Cf. Bullard A. et Dauphiné J., «Les Canaques au miroir de l'Occident» in Bancel N. *et al.* (dir.), *Les Zoos humains*, Paris, La Découverte, 2002, pp. 118-126.

52. Cf. Pinol J.-L. (dir.), 2003, *Histoire de l'Europe urbaine*, tome II, Paris, Le Seuil, 907 p., p. 365-366.

53. Cf. le dossier «La ville s'étale», *Économie de la Réunion*, n° 108, 2001, pp. 11-22.

54. Cf. Le Toqueux J.-L. et Moreau J., «Les zones urbaines sensibles. Forte progression du chômage entre 1990 et 1999», *INSEE Première*, n° 835, 2002.

55. Cf. Tetia W., *Les Transports collectifs dans les Hauts*, mémoire de maîtrise, université de la Réunion, 1998.

56. ONF, Région Réunion, *Cirque de Mafate. Étude de fréquentation année 1998*, 1998, p. 3.

57. Cf. notre article «La mise en tourisme des îles intertropicales», *Mappemonde*, n° 58, 2000, pp. 17-22.

58. Cf. Mathieu B., *Description et évaluation des ressources des atolls de Polynésie française*, mémoire de DESS, université de Nice-Sophia Antipolis, 2000, p. 39.

59. Cf. Ekman E., «Sweden, the Slave Trade and Slavery, 1784-1847», *Revue française d'histoire d'outre-mer*, n° 226-227, 1975, pp. 221-231 ou Nault F. et Mayer F. M., «L'abolition de l'esclavage à Saint-Barthélemy», *Revue française d'histoire d'outre-mer*, n° 296, 1992, pp. 305-340.

Bibliographie sélective

1. Références sur l'ensemble de la France d'outre-mer

1.1. Atlas

GODARD H., coord., *Les Outre-mers*, Montpellier-Paris, Reclus-La Documentation française, 1998.

1.2. Ouvrages géographiques

BENJAMIN D. et GODARD H., *Les Outre-mers français : des espaces en mutation*, Paris, Ophrys, 1999.

DOUMENGE J.-P., *L'Outre-mer français*, Paris, A. Colin, 2000.

« Ces îles où l'on parle français », *Hérodote*, n° 37-38, 1985.

GAY J.-Ch., *L'Outre-mer français en mouvement*, coll. « La Documentation photographique », n° 8031, Paris, La Documentation française, 2003.

LASSERRE G. *et alii*, *La France d'Outre-Mer*, Paris, Larousse, 1974.

« Les Outres-mers français », *Mappemonde*, n° 54, 1999.

1.3. Ouvrages historiques, sociologiques, juridiques et politiques

ALDRICH R. et CONNELL J., *France's Overseas Frontier*, Cambridge, University Press, 1992.

« Les Autochtones français d'outre-mer. Populations, peuples ? », *Droit et Cultures*, n° 37, 1999.

BELORGEY G. et BERTRAND G., *Les DOM-TOM*, Paris, La Découverte, 1994.

BINOCHE-GUEDRA J., *La France d'outre-mer 1815-1962*, Paris, Masson, 1992.

BRIAL F., *Décentralisation territoriale et coopération internationale. Le cas de l'Outre-mer français*, Paris, L'Harmattan, 1997.

CORNEVIN R. et M., *La France et les Français outre-mer. De la première croisade à la fin du Second Empire*, Paris, Tallandier, 1990.

FABERON J.-Y., dir., *La Mer outre-mer*, Paris, L'Harmattan, 2001.

« La France et les Outre-mers. L'enjeu multiculturel », *Hermès*, n° 32-33, 2002.

MATHIEU J.-L., *Histoire des DOM-TOM*, coll. « Que sais-je ? », Paris, PUF, 1993.

MATHIEU J.-L., *L'Outre-mer français*, Paris, PUF, 1994.

MATHIEU J.-L., *Outre-mer : statuts, cultures, devenirs*, *Ethnologie française*, n°4, 2002.

« Outre-mers : statuts, cultures, devenirs », *Ethnologie française*, n° 4, 2002.

PERVILLE G., *De l'Empire français à la décolonisation*, Paris, Hachette, 1994.

PERVILLE G., *Regards vers l'outre-mer français*, *Espaces, Populations, Sociétés*, n° 2, 2004.

« Regards vers l'outre-mer français », *Espace, Populations, Sociétés*, n° 2, 2004.

SALA-MOLINS L., *Le Code Noir ou le calvaire de Canaan*, Paris, PUF, 1987 (réédition 2002, coll. « Quadrige »).

YACONO X., *Histoire de la colonisation française*, coll. « Que sais-je ? », Paris, PUF, 1988.

ZILLER J., *Les DOM-TOM*, Paris, LGDJ, 1996.

Consulter également la *Revue française d'histoire d'outre-mer*, trimestrielle, dont de nombreux articles sont consacrés à ces contrées.

1.4. Ouvrage thématique

IEDOM-IEOM, *Le Tourisme dans les DOM-TOM*, Paris, 1993.

Pour suivre l'évolution de la France d'outre-mer, l'Institut d'émission des départements d'outre-mer (IEDOM) publie de très complets rapports annuels sur la Guadeloupe, la Guyane, la Martinique, la Réunion, Mayotte, Saint-Pierre-et-Miquelon, Saint-Martin et Saint-Barthélemy. L'Institut d'émission d'outre-mer (IEOM) publie les rapports annuels de la Nouvelle-Calédonie, de la Polynésie française et de Wallis-et-Futuna. Par ailleurs, l'INSEE dans les DOM, à Saint-Pierre-et-Miquelon et à Mayotte est une source fondamentale d'informations avec de multiples publications. On consultera tout particulièrement les *Tableaux économiques* de chaque DOM (les dernières éditions sont datées 2007-2008). Le dernier *Tableau économique de Mayotte* est paru en 2007. L'INSEE Antilles-Guyane et l'INSEE Réunion publient respectivement les revues trimestrielles *Antiane-Eco* et *Économie de la Réunion*. En Nouvelle-Calédonie, l'Institut de la statistique et des études économiques (ISEE), élabore triennallement des *Tableaux de l'économie calédonienne*. La dernière édition remonte à 2006. En Polynésie française, l'Institut statistique de Polynésie française (ISPF) publie également des *Tableaux de l'économie polynésienne*. Sur support papier, la dernière édition date de 1998 et 2007 sous forme électronique et en ligne.
Depuis 2003, l'INSEE, l'IEDOM, l'IEOM et l'AFD (Agence française de développement) collaborent pour produire des comptes économiques rapides de l'outre-mer (CEROM)

Quelques sites internet utiles :

IEDOM-IEOM : www.iedom.fr
INSEE : www.insee.fr
ISPF : www.ispf.pf
ISEE : www.isee.nc
Ministère de l'Outre-mer : www.outre-mer.gouv.fr
Réseau France Outre-mer (RFO) : www.rfo.fr (pour suivre l'actualité)
www.domtomfr.com (portail sur la France d'outre-mer)

2. Références ne portant que sur une partie de la France d'outre-mer

Deux ouvrages bibliographiques fournissent un très grand nombre de références, jusqu'aux années 1980, sur la France d'outre-mer :

– Doumenge F. *et alii*, *Contribution française à la connaissance des « mers du sud »*, coll. « Îles et archipels », n° 9, Talence, CRET, 1988.
– Burac M. *et alii.*, *Contribution française à la connaissance géographique des Antilles et de l'Atlantique au sud des Açores*, coll. « Îles et archipels », n° 15, Talence, CRET, 1992.

2.1. Sur les départements d'outre-mer

2.1.1. Ouvrages ou articles généraux

Desse M., *Acteurs et dynamiques spatiales insulaires depuis la départementalisation en Guadeloupe, Martinique Réunion*, thèse nouveau régime soutenue à Montpellier-III, Villeneuve d'Ascq, Presses universitaires du Septentrion, 1995.

DESSE M., « La récente transformation des acteurs économiques dans les DOM (l'exemple de la Guadeloupe, Martinique et Réunion) », *Annales de géographie*, n° 598, 1997, pp. 592-611.

DEVILLE R. et GEORGES N., *Les Départements d'outre-mer. L'autre décolonisation*, coll. « Découvertes », Paris, Gallimard, 1996.

FERNANDEZ MARTIN F., *Îles et régions ultrapériphériques de l'Union européenne*, La Tour d'Aigues, Ed. de l'Aube, 1999.

FORGEOT G. *et alii*, « Niveau de vie dans les DOM et en métropole », *INSEE Première*, n° 605, 1998.

FROUTE O., « La population des départements d'outre-mer. Recensement de la population du 1999 », *INSEE Première*, n° 665, 1999.

FROUTE O., « Les DOM : une population encore jeune, mais de moins en moins », *INSEE Première*, n° 747, 2000.

GRARD L. et RAULIN A. de, dir., *Le Développement des DOM et la Communauté européenne*, coll. « Notes et études documentaires », n° 5070, Paris, La Documentation française 1998.

JOS E. et PERROT D., dir., *L'Outre-mer et l'Europe communautaire*, Paris, Economica-CRPLC, 1994.

LISE C. et TAMAYA M., *Les Départements d'outre-mer aujourd'hui : la voie de la responsabilité*, Paris, La Documentation française, 1999.

RALLU J.-L., « La population des départements d'outre-mer. Évolution récente, migrations et activité », *Population*, n° 3, pp. 699-728, 1997.

Secrétariat d'État à l'outre-mer, *Atlas inter DOM*, Saint-Denis-de-la-Réunion, AGORAH, 2001.

2.1.2. Les départements français d'Amérique (Guadeloupe, Guyane, Martinique)

– Atlas

BARRET J., dir., *Atlas illustré de la Guyane*, Paris, IRD Éditions, 2001.

LASSERRE G., dir., *Atlas de la Martinique*, Paris, CNRS-IGN, 1976.

LASSERRE G., dir., *Atlas de la Guyane*, Paris, CNRS-ORSTOM, 1979.

LASSERRE G., dir., *Atlas de la Guadeloupe*, Paris, CNRS-IGN, 1982.

– Autres publications

ABENON L. R. *et alii.*, *Relire l'histoire et la géographie de l'espace caribéen*, Paris, Hachette éducation, 2001.

« Antilles-Guyane » (dossier), *Historiens & Géographes*, n° 335, 1992, pp. 245-383.

BEGOT M., BULEON P. et Roth P., *Émergences caraïbes, éléments de géographie politique*, Paris, Arec-L'Harmattan, 2001.

BURTON R. et RENO F., dir., *Les Antilles-Guyane au rendez-vous de l'Europe : le grand tournant ?* Paris, Economica, 1994.

CHARDON J.-P. et HARTOG Th., « Saint-Martin ou l'implacable logique touristique », *Les Cahiers d'Outre-Mer*, n° 189, 1995, pp. 21-34.

CHARDON J.-P. et HARTOG Th., « Saint-Barthélemy : un choix et ses limites », *Les Cahiers d'Outre-Mer*, n° 191, 1995, pp. 261-276.

DOUMENGE F. et MONNIER Y., *Les Antilles françaises*, coll. « Que sais-je ? », Paris, PUF 1989.

GARDEL A., « Les paysages urbains de l'île de Cayenne, Guyane française », *Mappemonde*, n° 63, 2001, pp. 16-21.

GEODE Caraïbe, *La Question de la terre dans les colonies et départements français d'Amérique 1848-1998*, Paris, Karthala, 2000.

GIACOTTINO J.-C., *Les Guyanes*, coll. « Que sais-je ? », Paris, PUF, 1984.

HARTOG, Th., « Les dynamiques touristiques dans les Antilles françaises : le cas de la Martinique », in *Îles et littoraux tropicaux*, Nantes, Ouest Éditons, 1998, pp. 213-220.

LEZY E., *Guyane, Guyanes. Une géographie « sauvage » de l'Orénoque à l'Amazone*, Paris, Belin, 2000.

MARTOUZET D., *Fort-de-France. Ville fragile ?* Paris, Anthropos, 2001.

PIANTONI F., « Les recompositions territoriales dans le Maroni : relation mobilité-environnement », *Revue européenne des migrations internationales*, n° 2, 2002, pp. 11-49.

SANGUIN A.-L., « Saint-Martin, les mutations d'une île franco-néerlandaise des Antilles », *Les Cahiers d'Outre-Mer*, n° 138, 1982, pp. 123-140.

TAGLIONI F., *Géopolitique des Petites Antilles*, Paris, Karthala, 1995.

2.1.3. La Réunion

– Atlas

BERTILE W., dir., *La Réunion : atlas thématique et régional*, Saint-Denis, Ed. Arts graphiques modernes, 1987.

LASSERRE G., dir., *Atlas de la Réunion*, Paris, CNRS-IGN, 1975.

– Autres publications

BERTILE W., *La Réunion, département français d'outre-mer, région européenne ultrapériphérique*, Thèse d'État, université de la Réunion, 2000.

DEFOS du RAU J., *L'Île de la Réunion. Étude de géographie humaine*, Bordeaux, Faculté des Lettres, 1960.

IEDOM, *La Réunion*, Paris, 1994.

JAÙZE J.-M., *Dynamiques urbaines au sein d'une économie sucrière : la région Est-Nord-Est de la Réunion*, Paris, L'Harmattan, 1997.

JAUZE J.-M., « L'urbanisation de l'île de la Réunion : évolution et modèles de villes », *Cahiers de géographie du Québec*, n° 116, 1998, pp. 195-221.

« La Réunion », *Bulletin de l'Association de géographes français*, n° 5, 1987.

ROBERT R., *Les Paysages naturels de la Réunion*, Saint-Denis, université de la Réunion, 1996.

ROBERT R., « La gestion et la valorisation du domaine public dans les Hauts de l'île de la Réunion (océan Indien) », *Annales de géographie*, n° 603, 1998, pp. 487-507.

SCHERER J., *La Réunion*, coll. « Que sais-je ? », Paris, PUF, 1994.

Travaux & documents (publication de l'université de la Réunion), n° 11, consacré au Sud-Ouest de l'océan Indien et spécialement à la Réunion, 1999, pp. 17-119.

2.2. Sur les territoires, pays et collectivités territoriales d'outre-mer

2.2.1. La Nouvelle-Calédonie, la Polynésie française et Wallis-et-Futuna

-Atlas

ARREGHINI L. et WANIEZ Ph., *La Nouvelle-Calédonie au tournant des années 1990*, Montpellier-Paris, Reclus-La Documentation française-ORSTOM, 1993.

DUPON J.-F., coord., *Atlas de la Polynésie française*, Paris, ORSTOM, 1993.

MERCERON F., coord., *Atlas de Tahiti et de la Polynésie française*, Singapour, Times Editions-Éditions du Pacifique, 1988.

SAUTTER G., dir., *Atlas de la Nouvelle-Calédonie et dépendances*, Paris, ORSTOM, 1981.

– Autres publications

BAUDCHON G. et RALLU J.-L., « Évolution démographique récente dans les TOM du Pacifique », *Population*, n° 4, 1993, pp. 885-918.

BAUDCHON G. et RALLU J.-L., « Changement démographique et social en Nouvelle-Calédonie après les accords de Matignon », *Population*, n° 3, 1999, pp. 391-426.

BENSA A., *Nouvelle-Calédonie : vers l'émancipation*, Paris, Gallimard (coll. « Découvertes »), 1998.

BONVALLOT *et alii*, *Les Atolls des Tuamotu*, Paris, ORSTOM, 1994.

CAMPBELL I. C. et LATOUCHE J.-P., *Les Insulaires du Pacifique. Histoire et situation politique*, Paris, PUF, 2001.

CERVEAU M.-P., *Les Iles Marquises : insularité et développement*, Pessac, CRET, coll. Îles et Archipels, 2002.

DOUMENGE F., *L'Homme dans le Pacifique Sud*, Paris, Musée de l'Homme, 1966.

DECKKER P. de (dir.), *Figures de l'État dans le Pacifique*, Paris, L'Harmattan, 2006.

FABERON J.-Y. et GAUTIER Y., dir., *Identité, nationalité, citoyenneté outre-mer*, Paris, CHEAM, 1999.

FABERON J.-Y. et AGNIEL G., dir., *La Souveraineté partagée en Nouvelle-Calédonie et en droit comparé*, coll. « Notes et études documentaires », n° 5113-14, Paris, La Documentation française, 2000.

FREYSS J., « L'éternel recours. Les impasses de l'économie assistée en Nouvelle-Calédonie », *Revue Tiers Monde*, n° 149, 1997, pp. 99-119.

GAY J.-Ch., « Le tourisme en Polynésie française », *Annales de géographie*, n° 577, 1994, pp. 276-292.

GAY J.-Ch., « Le tourisme en Nouvelle-Calédonie », *Les Cahiers d'Outre-Mer*, n° 189, 1995, pp. 55-70.

GUILLAUD D., HUETZ de LEMPS Ch. et SEVIN O., dir., *Îles rêvées. Territoires et identités en crise dans le Pacifique insulaire*, Paris, Prodig-Presses de l'université Paris-Sorbonne, 2003.

IEOM, *La Polynésie française*, Paris, 1993.

IEOM, *La Nouvelle-Calédonie*, Paris, 1996.

ILTIS J., « La mine, élément de la controverse écologique dans le Pacifique Sud », *L'Espace géographique*, n° 3, 1992, pp. 193-205.

LE BOURDIEC P., JOST Ch. et ANGLEVIEL F., dir., *Géo-Pacifique des espaces français*, Nouméa, Géopacifique-CTRDP Nouvelle-Calédonie, 1996.

Limes, 2000, n° 5, pp. 126-183 (plusieurs articles sur la France dans le Pacifique et la Nouvelle-Calédonie).

MATHIEU J.-L., *La Nouvelle-Calédonie*, coll. « Que sais-je ? », Paris, PUF, 1995.

PIMONT Y., *Les Territoires d'outre-mer*, coll. « Que sais-je ? », Paris, PUF, 1994.

POIRINE B., « Tahiti : is the melting pot melting down ? », *Pacific Viewpoint*, n° 1, 1994, pp. 57-82.

« Polynésie, dynamique contemporaine et enjeux d'avenir », *Les Cahiers d'outre-mer*, n°230, 2005.

ROUX J.-C., *Wallis et Futuna : espaces et temps recomposés. Chroniques d'une micro insularité*, coll. « Îles et archipels » n° 21, Talence, CRET, 1995.

« Spécial Wallis-et-Futuna », *Journal de la Société des Océanistes*, 2006, n°122-123.

VIGNERON E., *La Polynésie française*, coll. « Que sais-je ? », Paris, PUF, 1995.

2.2.2. Saint-Pierre-et-Miquelon

AUBERT DE LA RÜE E., *Saint-Pierre-et-Miquelon*, Paris, Horizons de France, 1970.

BELORGEY G., *Saint-Pierre-et-Miquelon et le droit de pêche dans l'Atlantique nord-ouest*, Paris, La Documentation française, 1993.

FLEURY Ch., « Saint-Pierre et Miquelon, îles frontières », *Norois*, n° 190, pp. 25-40.

LE GLEAU J.-P. et CASTAING D., « Le recensement de la population à Saint-Pierre-et-Miquelon », *INSEE Première*, n° 731, 2000.

SANGUIN A.-L., « Saint-Pierre-et-Miquelon, département français d'Amérique du Nord », *Norois*, n° 110, 1981, pp. 133-234.

2.2.3. Mayotte

BONNELLE F., dir., *Réflexions sur l'avenir institutionnel de Mayotte*, Paris, La Documentation française, 1998.

FONTAINE G., *Mayotte*, Paris, Karthala, 1995.

GOHIN O. et MAURICE P., dir., *Mayotte*, Saint-Denis, Université de la Réunion-LGDJ, 1996.

Mappemonde, 2001, n° 64, pp. 1-18 (dossier comportant plusieurs articles sur Mayotte).

2.2.4. Terres australes et antarctiques françaises

AUBERT DE LA RÜE E., *Les Terres australes*, coll. « Que sais-je ? », Paris, PUF, 1967.

VANNEY J.-R., « Ces îles du bout du monde : les terres australes françaises (Saint-Paul, Amsterdam, Kerguelen, Crozet) », *Hérodote*, n° 37-38, 1985, pp. 181-200.

2.2.5. Îles Eparses et Tromelin

BATTISTINI R. et CREMERS G., « Geomorphology and vegetation of Îles Glorieuses », *Atoll Research Bulletin*, n° 159, 1972, pp. 1-10.

HOARAU A., *Les Îles Éparses. Histoire et découverte*, Saint-Denis, Azalées éditions, 1993.

ORAISON A., « À propos du différend franco-malgache sur les Îles Éparses du canal de Mozambique », *Revue générale de Droit international public*, n° 3, 1981, pp. 465-507.

2.2.6. Clipperton

JOST Ch., 2003, « Clipperton – Île de la Passion : une aire française du Pacifique à protéger », in Lebigre J.-M. et Decoudras P.-M. (eds), *Les Aires protégées insulaires et littorals tropicales*, coll. « Îles et archipels », Pessac, CRET, pp. 223-243.

Il existe, en outre, de nombreux manuels scolaires pour le primaire et le secondaire en histoire et en géographie qui, dans le cadre de l'adaptation des programmes nationaux à la France d'outre-mer, proposent des synthèses très illustrées. Citons notamment :

ANGLEVIEL F. et LEXTREYT M., dir., *Hommes et espaces d'Océanie*, Nouméa, CTRDP, 1994.

ANGLEVIEL F. et LEXTREYT M., dir., *Wallis-et-Futuna. Hommes et espaces*, Nouméa, CTRDP, 1994.

BEGOT M., coord., *Histoire Géographie Antilles-Guyane*, Paris, Hatier international, 2001.

DESPORT J.-M. *et alii*, *Histoire Géographie 4e 3e. Programmes pour la Réunion*, Paris, Hatier international, 2001.

GUENNOU G. *et alii*, *Terres et civilisations polynésiennes*, Paris, Nathan, 1987.

JACQUIER Y. (dir.), *Géographie*, cycle 3 Nouvelle-Calédonie, Nouméa, CDP Nouvelle-Calédonie, 2007.

PROST G. et ZONZON J., *Géographie de la Guyane*, Paris, Maisonneuve & Larose-Servédit, 1997.

SPITERI J.-C., dir., *Découvrons Mayotte*, Paris, Hatier, 1994.

Index

Abréviations

GP : Guadeloupe
GY : Guyane
IE : Îles éparses
M : Martinique
MT : Mayotte
NC : Nouvelle-Calédonie
PF : Polynésie française
R : Réunion
SB : Saint-Barthélemy
SM : Saint-Martin
SP : Saint-Pierre-et-Miquelon
TA : Terres australes et antarctiques françaises
WF : Wallis-et-Futuna

D

E

F

G

H

N

O

P

Q

U

V

W

Z

Sigles utilisés

ACP (Afrique, Caraïbes, Pacifique)
ADCK (Agence de développement de la culture kanake)
ADRAF (Agence de développement rural et d'aménagement foncier)
AEC (Association des États de la Caraïbe)
AEF (Afrique équatoriale française)
ANPE (Agence nationale pour l'emploi)
ANT (Agence nationale pour l'insertion et la promotion des travailleurs d'outre-mer)
AOF (Afrique occidentale française)
APE (Agence pour l'emploi)
APEC (Coopération économique Asie-Pacifique)
ARC (Alliance révolutionnaire caraïbe)
BIT (Bureau international du travail)
BMP (Bataillon mixte du Pacifique)
BTP (Bâtiment et travaux publics)
BUMIDOM (Bureau pour le développement des migrations intéressant les DOM)
CAPES (Certificat d'aptitude à l'enseignement secondaire)
CARICOM (Communauté des Caraïbes)
CBI (Initiative du bassin caribéen)
CDCC (Comité de développement et de coopération des Caraïbes)
CEA (Commissariat à l'énergie atomique)
CEE (Communauté économique européenne)
CEP (Centre d'expérimentation du Pacifique)
CEROM (Comptes économiques rapides de l'outre-mer)
CFPO (Compagnie française des phosphates d'Océanie)
CIAT (Comité interministériel d'aménagement du territoire)
CJCE (Cour de justice des Communautés européennes)
CLI (Commission locale d'insertion)
CMU (Couverture maladie universelle)
CNES (Centre national d'études spatiales)
COI (Commission de l'océan Indien)
COMESA (Marché commun de l'Afrique australe et orientale)
CPER (Contrat de plan État-région, désormais appelé Contrat de projets État-région)
CPLC (Commission des limites du plateau continental)
CPS (Commission du Pacifique Sud)
CRPM (Conférence des régions périphériques maritimes d'Europe)
CSG (Centre spatial guyanais)
CST (Contribution de solidarité territoriale)
CWTC (Complexe World Trade Center)

DCT (Dotation de continuité territoriale)
DDASS (Direction départementale de l'action sanitaire et sociale)
DFA (Département français d'Amérique)
DGDE (Dotation globale de développement économique)
DIRCEN (Direction des centres d'expérimentations nucléaires)
DOCUP (Document unique de programmation)
DOM (Département d'outre-mer)
EADS (European Aeronautic Defense and Space Company)
EDF (Électricité de France)
EDM (Électricité de Mayotte)
EEPF (Église évangélique de Polynésie française)
EFO (Établissements français de l'Océanie)
ENSO (El Nino Southern Oscillation)
ESA (Agence spatiale européenne)
EXTRAPLAC (Programme français d'extension du plateau continental)
FCFA (Franc de la Communauté financière africaine, ex franc des colonies françaises d'Afrique)
FCFP (Franc de la communauté financière du Pacifique, ex franc des colonies françaises du Pacifique)
FDA (Fonds de développement des archipels)
FED (Fonds européen de développement)
FEDER (Fonds européen de développement régional)
FEOGA (Fonds européen d'orientation et de garantie agricole)
FIDES (Fonds d'investissement pour le développement économique et social)
FIDOM (Fonds d'investissement des départements d'outre-mer)
FIRT (Fonds d'investissement pour les routes et les transports)
FLNKS (Front de libération nationale kanake socialiste)
FRDE (Fonds régional pour le développement et l'emploi)
FREPF (Fonds pour la reconversion économique de la Polynésie française)
FSE (Fonds social européen)
GDPL (Groupement de droit particulier local)
GEREC (Groupe d'études et de recherches en espace créolophone)
GLA (Groupe de libération armé)
GONG (Groupe d'organisation nationale de la Guadeloupe)
ICRI (International Coral Reef Initiative)
IDH (Indice de développement humain)
IEDOM (Institut d'émission des départements d'outre-mer)
IEOM (Institut d'émission d'outre-mer)
IFOP (Instrument financier d'orientation pour la pêche)
IFRECOR (Initiative française pour les récifs coralliens)
IGN (Institut géographique national)
ILO (Irrigation du littoral ouest)
INSEE (Institut national de la statistique et des études économiques)
INSERM (Institut national de la santé et de la recherche médicale)
IOR-ARC (Association pour la coopération des pays du pourtour de l'océan Indien)
IPEV (Institut polaire français Paul-Émile Victor)
IRD (Institut de recherche pour le développement, ex-ORSTOM)
IRSN (Institut de radioprotection et de sûreté nucléaire)
ISEE (Institut de la statistique et des études économiques, ex-ITSEE)

ISPF (Institut statistique de Polynésie française, ex ITSTAT)
ITSTAT (Institut territorial de la statistique)
IUFM (Institut universitaire de formation des maîtres)
IVG (Interruption volontaire de grossesse)
KLNG (Konwa pou libéwasyion nasyonal Gwadloup)
LBU (Ligne budgétaire unique)
LMS (London Missionary Society)
LOADT (Loi d'orientation pour l'aménagement et le développement du territoire)
LOOM (Loi d'orientation pour l'outre-mer)
LOPOM (Loi de programme pour l'outre-mer)
MAB (Man and Biosphere)
MDES (Mouvement de décolonisation et d'émancipation sociale)
MIM (Mouvement indépendantiste martiniquais)
MTR (Mission territoriale de reconstruction)
NASA (National Aeronautics and Space Administration)
NTIC (Nouvelles technologies de l'information et de la communication)
OACI (Organisation de l'aviation civile internationale)
OCMB (Organisation commune du marché de la banane)
OCMS (Organisation commune du marché du sucre)
OCTA (Association des PTOM de l'Union européenne)
OECS (Organisation des États de la Caraïbe de l'Est)
OJAM (Organisation de la jeunesse anticolonialiste de la Martinique)
OMC (Organisation mondiale du commerce)
OMM (Organisation météorologique mondiale)
OMS (Oragnisation mondiale de la santé)
ONF (Office national des forêts)
ORSTOM (Institut français de recherche scientifique pour le développement en coopération)
OSP (Obligation de service public)
OUA (Organisation de l'unité africaine)
PAC (Politique agricole commune)
PAH (Plan d'aménagement des Hauts)
PAPIR (Programme d'action prioritaire d'intérêt régional)
PATA (Pacific Asia Travel Association)
PDU (Plan de déplacement urbain)
PIB (Produit intérieur brut)
PLU (Plan local d'urbanisme)
PME (Petites et moyennes entreprises)
POM (Pays d'outre-mer)
POSEICAN (Programme d'options spécifiques à l'éloignement et à l'insularité des Canaries)
POSEIDOM (Programme d'options spécifiques à l'éloignement et à l'insularité des DOM)
POSEIMA (Programme d'options spécifiques à l'éloignement et à l'insularité de Madère et des Açores)
PSS (Plan de secours spécialisé)
PTOM (Pays et territoires d'outre-mer)
QG (Quartier général)
RDB (Revenu disponible brut des ménages)
RDO (Route de dégagement Ouest)
RFO (Réseau France outre-mer)

RIL (Revenu d'insertion des Loyauté)
RMI (Revenu minimum d'insertion)
RPCR (Rassemblement pour la Calédonie dans la République)
RPR (Rassemblement pour la République)
RTT (Réduction du temps de travail)
RUP (Région ultra-périphérique)
SADC (Communauté de développement de l'Afrique australe)
SAR (Schéma d'aménagement régional)
SATEC (Société d'aide technique et de crédit)
SAU (Surface agricole utilisée)
SCOT (Schéma de cohérence territoriale)
SIDA (Syndrome d'immunodéficience acquise)
SIMAG (Société immobilière Martinique-Guyane)
SIDR (Société immobilière du département de la Réunion)
SITO (Société immobilière et touristique d'outre-mer)
SLN (Société le nickel)
SMA (Service militaire adapté)
SMG (Salaire minimum garanti)
SMIC (Salaire minimum interprofessionnel de croissance)
SMIG (Salaire minimum interprofessionnel garanti)
SMVM (Schéma de mise en valeur de la mer)
TAAF (Terres australes et antarctiques françaises)
TAC (Total admissible ou Taux autorisé de captures)
TCSP (Transport collectif en site propre)
TFAI (Territoire français des Afars et des Issas)
TICE (Traité d'interdiction complète des essais nucléaires)
TIPP (Taxe intérieure sur les produits pétroliers)
TOM (Territoire d'outre-mer)
TRDP (Territoire rural de développement prioritaire)
TSC (Taxe spéciale sur les carburants)
TVA (Taxe sur la valeur ajoutée)
UE (Union européenne)
UGTG (Union générale des travailleurs de Guadeloupe)
UNESCO (Organisation des Nations unies pour l'éducation, la science et la culture)
VDE (Voie de dégagement Est)
VTT (Vélo tout-terrain)
XPF (eXchange Pacific Franc ou FCFP)
ZCIT (Zone de convergence intertropicale)
ZEE (Zone économique exclusive)
ZEPOLYF (Zone économique de Polynésie française)
ZFU (Zone franche urbaine)
ZNIEFF (Zones naturelles d'intérêt écologique, faunistique et floristique)
ZRU (Zone de redynamisation urbaine)
ZUS (Zone urbaine sensible)

Table des figures

Table des matières

Imprimé en France par Chirat – 42540 Saint-Just-la-Pendue
N° d'édition : 004889-01 - N° d'imprimeur : 9860
Dépôt légal : mai 2008